某个国家，当然，就是美国，以各种可能的方式跨越了自身的国界。这一点在它强加给其他国家的经济、政治、文化和教育等政策上是显而易见的。

——俄罗斯总统普京

超限帝国

——美国实力揭秘

拓正阳◎著

新　华　出　版　社

图书在版编目（CIP）数据

超限帝国：美国实力揭秘 / 拓正阳著
北京：新华出版社，2014.8
ISBN 978-7-5166-1131-9
Ⅰ.①超… Ⅱ.①拓… Ⅲ.①综合国力—研究—美国
Ⅳ.①D771.2
中国版本图书馆CIP数据核字（2014）第165757号

超限帝国：美国实力揭秘
作　　者：拓正阳

出 版 人：张百新　　**责任编辑：**刘　飞
封面设计：伍民力　　**责任印制：**廖成华

出版发行：新华出版社
地　　址：北京石景山区京原路8号　　**邮　　编：**100040
网　　址：http：//www.xinhuapub.com　　http：//press.xinhuanet.com
经　　销：新华书店
购书热线：010-63077122　　**中国新闻书店购书热线：**010-63072012

照　　排：新华出版社照排中心
印　　刷：河北鑫宏源印刷包装有限责任公司

成品尺寸：170mm×240mm
印　　张：17.75　　**字　　数：**300千字
版　　次：2014年8月第一版　　**印　　次：**2014年8月第一次印刷

书　　号：ISBN 978-7-5166-1131-9
定　　价：38.00元

目　录

再给我50年，40年或30年时间，我将让你们掌握美洲大陆并控制全世界。

——19世纪60年代美国国务卿威廉·西沃德

不要怀疑华尔街已经成为一个可与超级大国比肩而立的金融帝国。

——经济历史学家约翰·戈登

世界上有两种力量,一种是利剑,另一种是思想,而思想最终总是战胜利剑。

——拿破仑·波拿巴

提供有竞争力的工资和科研条件，让美国成为对全世界的科学家和工程师们最具吸引力的生活与工作的地方。

——兰德公司《美国科技竞争力》

美利坚合众国将永远保有一支全世界最强大的、无可匹敌的军队——这就是我们的使命。

——贝拉克·奥巴马

引 言

美国，当它在北美13块英属殖民地上宣布独立的时候，只不过是一个弱小的邦联国家。然而，在随后两百多年的岁月里，它的发展令世界瞩目：19世纪中叶初步完成了在北美大陆的扩张，19世纪末成为世界第一工业大国，20世纪40年代成为世界第一强国，90年代后成为世界唯一的超级大国……两百多年以来，美国人完成了数不清的时空和疆界的穿越，其中既有黩武的地域跨越，比如在越战中、在伊战中；也有高科技的太空穿越，比如“阿波罗”号登月飞行和“好奇”号的火星探测飞行；既有穿越国境的文化渗透，比如它通过书刊、影视、互联网等媒介将其文化和价值观推向全世界；也有在全球化的条件下对国际经济，特别是他国金融市场的跨界操纵，比如从20世纪80年代中后期开始的对日本经济的打击，以及90年代中期对东南亚经济的打击……

这就是美国，一个颇具进攻性的超限帝国。许多人爱它，因为它崇尚自由、平等和创新；许多人恨它，因为它对外太过自以为是和太多的强权行为。

不过，2008年始自华尔街的金融危机再一次给美国带来了麻烦。

“我不接受美国坐在世界第二的位置上。”——奥巴马在出任美国总统的首次国情咨文演讲中如是说。该演讲发表于2010年1月27日，正值美国深陷金融危机泥潭。

美国总统讲这样的话并不是第一次。尼克松在20世纪70年代就曾这样说：“国会决不应该让我以第二强国首脑的身份坐到谈判桌边上去。”[1]

当时的美国也处在经济危机之中。

保持世界霸主地位一直是美国精英们的追求，而在面临经济衰退的时候，美国总统们誓言只做第一不做第二，则更是明白无误地表达了美国的官方意志。这个“第一”指的是国家综合实力的第一，对美国来说就是要拥有对世界的主导权，或称为“世界霸权”。美国人很清楚，谋取利益需要这种权力——当然，制度也是一种权力——而谋取权力则需要实力。

在这里，有一点必须明确——一个国家是否在这个世界上占有主导地位，并不取决于其经济总量是否排名第一。比如，1870年是大英帝国最强盛的时期，它是当时世界头号霸权国家，但此时英国国内生产总值和军费开支二者的排名均不过是世界第三，而不是第一！[2]

事实证明，一个国家是否能够主导世界，起决定作用的是这个国家的综合实力。那么，在人类走进21世纪不久的今天，美国到底具有怎样的综合实力，其背后又隐藏着怎样的战略企图和不为人知的奥秘呢？

多年来，由于美国在全球的龙头老大地位，无论是美国人自己，还是它的朋友，甚至是它的对手，都对美国倍加关注。人们谈论美国、研究美国；对美国的行为点赞或点踩；对美国的未来看好或唱衰……于是，有关美国的信息量不断积累、增大。

尽管如此，有关美国综合实力的论著却并不多见。然而，在大数据时代，最为缺乏的，也最为需要的，就是对巨量信息的分析和提炼。而这正是本书希望做的——对美国综合实力的一个既简明清晰，又系统求实的分析和阐述。

不过，本书并非要面面俱到地讲述美国的实力，而是试图通过对美国核心竞争力的分析来阐述它的综合实力，因为一个国家的核心竞争力是其综合实力的主干。事实上，本书中所谈及的美国实力也多指其核心竞争力。

在最初的大陆扩张年代，美国核心竞争力主要体现在武力和基督教文化两个方面，可谓是“一硬一软”。20世纪初，在实行了近百年贸易保护主义之后的美国已成为世界第一制造大国，于是它开始主张自由贸易；为了维护这种秩序，二战结束后它主导建立了布雷顿森林体系，直至20世纪70年代初；在这一阶段，美国的核心竞争力主要体现在制造业、军事和文化三方面，可谓是“两硬一软”。从20世纪70年代中期至今，面对欧洲和日本在制造业后来居上的优势和其他发展中国家的廉价劳动力优势，美国对普通制造业的依赖逐渐下降，甚至将相当一部分制造业迁移到海外，而将发展的重点转移到了金融和科技创新方面；从此，最能体现美国经济实力的是一种以维护美元霸权为核心的、包括国际金融和贸易在内的经济制度主导力；于是，经济制度主导力、文化影响力、科技竞争力和军事实力，可谓是“三软一硬”，共同构成了当今美国的核心竞争力，也体现了当今美国的综合实力。其中，经济制度主导权的核心是美元的主导地位；文化影响力的核心是美国的价值观；科技竞争力的核心是人才和创新；军事实力的核心是高科技。可见，软实力在美国综合实力中的重要性与日俱增。

尽管美国核心竞争力的内涵在不同的时代有所变化，但美国人追求的目的却始终如一，这就是他们自身的利益，有所不同的是取得利益的方式。他们现在主要是通过权力、制度及相关的战略来取得利益，而这一切都需要有足够实力作为后盾。

现在，2008年金融危机后持续低迷的美国经济终于出现了复苏的迹象。不过，对美国的实力和今后的发展趋势，人们的看法依然是大相径庭，见仁见智。当然，这并不奇怪。

美国的实力既依靠自身，也依靠在它主导下的各种联盟对其主要对手的遏制，无论是在过去还是现在都是如此；它的影响力具有立体、多维、超限的特点。

应该看到，即便在短期内美国经济的复苏并未达到美国人自己的预期，断言美国已经走上衰退之路也还为时尚早。回顾历史，自美国建国以来，人们已很多次听到过美国已走向衰退的预言，即所谓的“美国衰退论”，但迄今此类预言并没有一次真的兑现。其原因就在于，所有这些预言——也包括这次金融危机以来的此类预言——都缺乏根据，或者说，这些预言家们对美国实力的认识，都不是一种历史的和全面的认识。正像美国著名学者，“软实力”概念的首创者约瑟夫·奈（Joseph S. Nye）在其书中所说的那样：“学者、权威评论家和总统对美国世界地位的评估常常出现错误。例如，20年前的传统智慧认为，由于帝国的过度扩张，当时的美国正在衰落。10年后，冷战结束，新的传统智慧又认为世界是美国霸权主导下的单极世界。一些观察家得出结论：美国已经强大到可以决定什么是对的，其他国家除了接受之外别无选择……但这种新的单边主义对于世界政治中权力的本质及优势资源能够产生偏好结果的情境的认识存在深刻误解。”[3]

在笔者看来，今日美国是否真的进入了不可逆转的衰退通道还有待时间给出答案，至少在一个相当长的时期里，美国综合实力的优势还不会很快消失；因此，当今美国绝非不堪一击，美元崩溃论也是缺少根据的。事实上，现在的美国还很强大，它不仅仍然是一个经济和军事大国，更是一个金融、文化和科技强国，美国的综合实力仍然位居全球首位。当然，美国的这种强大也并不像一些人认为的那样可以使它为所欲为，美联储也不能毫无忌惮地去“点石成金”。

现在，美国有一个新的战略动向很值得引起人们的注意，这就是，伴随“北约东扩”和“亚太再平衡”战略，美国正在加紧打造旨在将诸新兴国家边缘化的TPP（Trans-Pacific Partnership）体系，即跨太平洋战略经济伙伴关系体系，和TTIP（Transatlantic Trade and Investment Partnership）体系，即跨大西洋贸易和投资伙伴关系协议的体系——各主要新兴国家正面临新的挑战。

美国前国家安全顾问布热津斯基在他1997年出版的一本书中写道：“在今后一段时间内，或者说在一代人以上的时间内，不可能有任何单个国家向美国的世界首要大国地位提出挑战。”他接着写道：“国家实力有四个主要方面，即军事、经济、技术和文化。它们合在一起造成决定性的全球政治影响力，而在这四个方面没有任何一个民族国家能与美国相比拟。”[4]

时至今日，这位著名战略家发表上述观点后已过去了15年，世界也已发生了不少变化。那么，今天美国的实力究竟如何呢?

本书将以美利坚崛起之路作为开篇，然后依次从经济、文化、科技和军事四个方面探讨当今美国实力及其奥秘。

中国的未来离不开世界，认识世界首先需要了解美国。不过，美国实力问题涉及面广，囿于笔者学识所限，书中疏谬之处难免，在此敬请指正。

注 释

1. 尼克松著，裘克安等译：《尼克松回忆录》中册，世界知识出版社，2000年，第496页。

2. 约瑟夫·奈著，王吉美译：《权力大未来》，中信出版社，2012年，第209页。

3. 约瑟夫·奈著，王吉美译：《权力大未来》，中信出版社，2012年，第291页。

4. 布热津斯基著，中国国际问题研究所译：《大棋局》，上海人民出版社，1998年，第255页。

第一章　美利坚崛起之路

再给我50年，40年或30年时间，我将让你们掌握美洲大陆并控制全世界。

——19世纪60年代美国国务卿威廉·西沃德[1]

美国在世界舞台上崭露头角始自20世纪初，但它成为这个舞台的主角，即成为世界公认的头号强国，则是在第二次世界大战以后。不过，美利坚在崛起之路的最初起步却要早得多——一直可以上溯到18世纪70年代。

纵观历史，人们可清晰地看到，美国走过了一条从领土扩张通向权力扩张、从地域上的有形跨越延伸到文化上的无形穿越的道路。这是一条新兴帝国的超限发展之路。在这条道路上，美国人走了两百多年，它大体上可分为三个阶段，即第一个阶段的大陆扩张时期（1775—1897年），第二阶段的海外利益扩张时期（1898—1945年）和第三阶段的全球称霸时期（1946年至今）。在上述三个阶段中，美国人主要采用了“孤立主义”、“门户开放”、“遏制”、“自由贸易”、“全球化”、“亚太再平衡”等战略。

在这条时间跨度长达两百多年的扩张道路上，美国人文武兼施——以武开路，以文收官——打造了一个被称为美利坚的超级帝国和一个在美国规则治下的世界。

美国给这个世界带来了许多创新、进步和精彩；美国给这个世界也带来了许多不应有的危机、对抗和战争。

一、美国的诞生

17世纪20年代，当时还没有美国，但欧洲的列强们已开始在北美大地上建立自己的殖民地了。

早期从英国移民北美的人们来历各不相同，他们有的是为了逃避英伦政治与宗教的束缚，有的是为了淘金挣钱，有的是为了还债，有的则是为了免遭牢狱之灾，等等，但几乎他们每个人都怀揣自己的梦想。为了实现梦想，他们义无反顾地踏上移居北美的艰难行程，其中的大多数人实际上是将自己的后半生当作赌注，因为作出这样的选择，就意味着他们此生再也没有机会重返自己的欧洲故土了……

图1-1 普利茅斯港内的“五月花”号，油画，威廉·哈尔索（William Halsall）作于1882年。

1620年9月，一艘从欧洲启程的三桅杆轮船“五月花”号，搭乘着102名清教徒及其他移民，驶向北美大陆。船上乘客的目的地原本是弗吉尼亚，因为在那里13年前已经建立了英国的第一个殖民地。可是由于当时风向改变，使“五月花”号无法按原计划抵达那里，这条船只好停靠在现在为马萨诸塞州的普利茅斯。然而，船上移民们所持有的土地许可状在普利茅斯一带并没有法律效力，而且在这里也没有任何现成的生活条件，更没有任何管理制度。于是，为避免在移民中产生混乱影响到他们此后的定居生活，他们在上岸前共同协商制定了著名的《五月花号公约》。就这样，12月他们在普利茅斯登陆。然而，接踵而来的却是异常寒冷的冬天和缺衣少粮的困境。严冬过后，原来的102人中活下来的不到50人。即便是在这种情况下，这些人的决心依然坚定——第二年，当“五月花”号要返回英国时，他们中间并没有人要回去。在接下来的时间里，这些人仍充满乐观，他们在印第安人帮助下建设家园并在秋天喜获丰收。他们为此而感谢上帝，感恩节也由此产生。

总的来说，这些美国的先驱们是一群有梦想、敢冒险的人，在追求自由和理想的过程中，他们勇于进取和冒险，在很多时候也颇具进攻性甚至是侵略性。在追求理想和自由的过程中，以及在后来的美利坚宪法的制定时，美国的先驱们特别强调个人的自由和国家的民主；同时，他们的进攻性和侵略性也使得美利坚自建国之日起便马不停蹄地开始了在北美大陆的扩张，并一路走向今天的全球霸权。

说到美国的诞生，人们常常会联想到美洲大陆，想到哥伦布，以至于有人甚至说，是这位意大利航海家的美洲新大陆的发现之旅催生了美利坚。然而事实并非完全如此。

哥伦布探险之旅的目的地原本是亚洲的印度。其实哥伦布当时已经知道，从欧洲向东通过欧亚大陆或海路经过好望角都可以到达印度，因为早在两百多年前，意大利探险家马可·波罗就曾两次远行东方；而著名的“丝绸之路”则更是早于一千多年前就将欧亚大陆联系在一起了；而且，当时的葡萄牙还掌握了向东经过好望角到达东方的海上通路。不过，这时由于地理上的“地圆说”已很盛行，使哥伦布更加深信，人类是生活在一个圆形地球上的，因此从欧洲向西通过海路也一定可以到达东方的印度。于是，经过多年锲而不舍的游说，他终于得到了西班牙王室对他的这一“东辕西辙”的海上探险之旅的支持。

1492年8月3日，哥伦布带领一支由87名水手和三艘船组成的探险队，从西班牙的巴罗斯（Palos）港启程，向西驶入茫茫的大西洋，开始了具有划时代意义的探险之旅。他们所预期的目的地是亚洲的印度。

经过两个多月的航行，当哥伦布的团队对此次航行几乎已濒临绝望的时候，他们终于看到一个从未见过新的大陆，即现在的美洲大陆。不过，当时他们以为是到了亚洲的马六甲附近。

后来人们将哥伦布发现的这块大陆称为“美洲新大陆”。其实，对于这里的原住民来说，这个大陆一点也不“新”——这里的土著人已在此生息繁衍上万年了。由于哥伦布们当时以为是到了东方的印度，于是他们便将在这个大陆上生活的原有居民称为“印第安人”（即印度人）。就这样，美洲的原住民从此便有了一个新的称呼——“印第安人”。

1405年，即明永乐三年，明成祖命郑和率领两百四十多艘海船、两万七千多名船员远航西太平洋和印度洋，史称“郑和下西洋”。至1433年，此类远航共计七次。这些远航不但其船队规模远远大于后来哥伦布、麦哲伦等的探险船队，在时间上也比后者早了八九十年。另外，据一些专家推测，郑和远航不但到过南亚和非洲的诸多国家，很可能也到过美洲和大洋洲。毫无疑问，当时中国是世界上具有最庞大的船队和海军的国家。

此外，根据欧美史学家的研究，早于哥伦布此行约400年前，被称为维京人的北欧海盗也曾到过北美大陆。可见，哥伦布并不是世界上最先发现美洲大陆的人。不过，正是哥伦布的这次发现之旅拉开了欧洲人开发这块新大陆的序幕。因此对欧洲人来说，这一发现其意义十分重大。尽管如此，无论从当时的航海技术还是商业需求来看，即使当时没有哥伦布，其他的欧洲人在不久后也一定会发现这一大陆。

说并非是由哥伦布催生了美国主要有这样一个重要原因：细心的人应该会注意到，后来在北美大陆建立的那13个英属殖民地，比西班牙、葡萄牙人在哥伦布探险之旅以后在中南美洲开始建立殖民地晚了一百多年！

而且，即便是在一百年后，即当人类刚刚跨入17世纪的门槛、欧洲列强们也刚刚开始在北美跑马圈地的时候，英国人、法国人，还有荷兰人几乎是站在同一“起跑线”上的——英国此时在北美的扩张速度不但不占任何优势，而且还明显落后于西班牙，此时西班牙人已占据了佛罗里达和北美西南部的大片土地。然而，无论是在其他欧洲人最先建立殖民地的中南美洲，还是后来在北美的法属、荷属或西属殖民地上，均没有孕育出类似美国这样的新型国家。很明显，孕育美国仅凭哥伦布发现新大陆还是远远不够的。

美国为什么没有诞生在西属、葡属、荷属或法属殖民地，这的确是一个值得讨论的问题。无论如何，我们有充分的理由认为，并不是哥伦布催生了美国，而是生活在北美大陆上的那13个原英属殖民地上的那些具有独立和创造精神的人们缔造了美国。

在随后的约一个半世纪的时间里，历史看到了上述情形开始发生变化——伴随着这几个欧洲列强在北美大陆的经营，当然更多的是争夺、掠夺、杀戮和战争，英国人在取得英法“七年战争”的胜利后，终于在北美占据了压倒性优势。这个“日不落帝国”此时迎来了它的巅峰时期。

不过，这个傲视全球的帝国很快就要为它的骄横跋扈和专制贪婪而付出代价了。北美13块英属殖民地正是在此时开始酝酿走向独立的。

这时在北美大陆的英属殖民地已有150年的历史了，因此这些殖民地在经济上、技术上，以及思想文化上都有了长足的进步，人口也不断增加。到独立战争前后，北美13块英属殖民地的总人口已达到两百多万。从观念上说，此时这里的人们已基本完成了从英国人到美国人的转变。因此在“七年战争”后，当英国政府为继续保留一支强大军队服务于帝国，以及为支付巨额战争债务而在税务等方面向北美殖民地人民提出诸多不合理要求时，立刻遭到这13个殖民地人民的反对。于是殖民地和宗主国的矛盾日趋尖锐，先是造成了5名平民被杀的“波士顿屠杀案”，后又发生了“波士顿倾茶事件”……这一切使双方矛盾愈演愈烈，从而加快了这

13块殖民地走向独立的脚步。

说到美国独立，就不能不说到当时北美大陆13个殖民地代表召开的两次大陆会议。

1774年9月5日，为了争取自己应有的权利，这13个殖民地的55名代表在费城召开了第一届大陆会议，旨在争取一些应有的基本权利。不过，此时这些殖民地的代表们并没有准备脱离英国，更没有打算将13个殖民地组成一个统一的合众国，他们此时做的只不过是要联合起来向英王陈述他们的不满，提出“生存、自由和财产”权利的要求。这种诉求集中体现在他们于10月14日向英王提交的《权利和悲情宣言》（Declaration of Rights and Grievances）里。该文实际上是一个请愿书，它既陈述了美洲殖民地人民所遭遇的痛苦，要求取消英国殖民者强加给他们的不合理税收等规定，也明确提出了他们坚决维护自己合法权利的立场。然而，对于殖民地人民的这一诉求，英国政府的回答是“必须要重重打击”，对此不惜采取武力。这样，英国与北美殖民地的矛盾已变得不可调和。随后，1775年4月19日，在马萨诸塞殖民地的列克星敦（Lexington，亦被译作“莱克星顿”）来自英国的军队与殖民地民兵发生了武装冲突，美国独立战争由此拉开序幕。

在列克星敦枪击事件发生后不久，1775年5月10日，第二届大陆会议召开，地点仍在费城。会议决定组建“大陆军”抵抗英军，并任命乔治·华盛顿为总司令。该届大陆会议实际上行使着类似于中央政府的职能，该职能一直持续到1789年。尽管决定对抗英军，但在该届会议初期，来自各殖民地的代表仍然没有准备脱离英国而完全自立门户。当时由杰斐逊起草的《关于拿起武器的原因和必要的公告》中明确表示：“并不怀有野心，想要同大不列颠分离和建立独立的国家。”[2]但不久后，杰斐逊等人终于认识到，他们与英国的矛盾不可调和。于是，大陆会议便委托杰斐逊执笔起草《独立宣言》，13个原英属殖民地从此决意独立，与英国决裂。

1776年7月4日，以《独立宣言》的通过为标志，这13个原英属殖民地上的一群自己称为美利坚民族的人们向世人宣布，美利坚合众国诞生了。请记住这13个原英属殖民地，即美国最初的州（邦）——新罕布什尔、马萨诸塞、罗德岛、康涅狄格、纽约、新泽西、宾夕法尼亚、特拉华、马里兰、弗吉尼亚、北卡罗来纳、南卡罗来纳、佐治亚。

图1-2 这是挂在美国国会圆形大厅里的油画《宣布独立》，约翰·特朗布尔（John Trumbull）作于1819年。

6年以后，合众国打败了英国，取得了独立战争的决定性胜利。这意味着，在北美大陆上长达一百多年的角逐中，原本由英国人取得的对其他列强的胜利，此时已被一场更为根本性的胜利取代了——美国人战胜了英国人。

美国的先驱们发表独立宣言的时候，正是中国清王朝的乾隆四十一年，这是清朝的鼎盛时期。此时中国国土面积超过1200万平方公里，人口约2.6亿，这是一个真正的超级大国。不过，由于技术和文化上的落后，与欧洲列强相比，此时的中国并不是一个强国。

让我们看一下在鸦片战争爆发前的几个数据：根据英国著名经济史学

家安格斯·麦迪森的研究，1820年，中国的人均GDP为600美元（1990年美元价格）为同期西欧该值的1/2，但此时中国人口已达到3.81亿，而西欧人口只有1.33亿，因此当时中国的GDP以2286亿美元（1990年美元价格）排名稳居世界第一，约占全球GDP总值的1/3（此时美国总人口近1千万，GDP约125亿美元）。[3]然而，此时中国作为经济总量排名世界第一的大国，在综合实力上却是一个弱国，这一点在20年后爆发的鸦片战争中暴露无遗。可见GDP是会误导人的。

另外应注意到，GDP所代表的是国内生产总值，它并没有将帝国主义国家的殖民地的产值包括在其宗主国之内，如果考虑到其殖民地经济对宗主国的贡献，当时英法等欧洲列强的实际经济实力无疑要比其GDP所体现的大得多。

尽管美国人将《独立宣言》通过之日确定为他们的建国日，但此时的美国，或确切地说是上述13个邦，只是一个松散的联合体，还不能算是一个严格意义上的国家——既没有真正意义上的中央政府和总统，也没有国家宪法。其实，美国的缔造者们在起草《独立宣言》时也已经认识到这一点，因此早在1776年6月，第二届大陆会议便委托约翰·迪金森（John Dickinson）等人起草了《邦联永久联合条例》，简称《邦联条例》。独立战争过后，1781年3月1日，《邦联条例》生效。此时的大陆会议（有人也将其称为“国会”）在一定程度上行使着中央政府的职责。也就是说，此时美国的这个“国会”集立法、行政和司法权于一身，尽管此时这些权力并不完整。就这样，上述条例作为一个法律文件，第一次将北美分散的13个邦组成了一个联合体。不过，美国的缔造者们渐渐发现，上述《邦联条例》和政府组织存在诸多弊端，无法适应这个新生合众国的发展需要。于是，在1787年5月，除罗德岛以外，其他12个邦派代表在费城召开了制宪会议。共有55名代表出席了这次会议，会议决定要制定一部联邦主义的新宪法。

然而，这个宪法的产生并不容易。宪法草案提出后引起了很大的争议，尽管各邦的大部分代表对草案表示赞同，但反对的声音也异常坚定。在国会议员选举方式、总统选举方式和每任期限、政府权力范围等问题上都出现了很大的分歧。应该说，这次会议的参加者都是美利坚合众国的缔造者，其中有后来的美国第一任总统乔治·华盛顿，有德高望重的科学家、思想家和政治家本杰明·富兰克林，有后来的美国第四任总统麦迪逊，还有后来美国的第一任财政部长汉密尔顿等，可谓是精英群集。后来当选为美国第二任总统的约翰·亚当斯和第三任总统托马斯·杰斐逊由于此时分别担任驻英和驻法大使而没有出席这次制宪会，但他们一直给予制宪积极的支持。

这次会议有一个特点令人瞩目：这些美国的缔造者们对他们其中的任何人，即便是在独立战争中功勋卓著的华盛顿，都没有那种东方君主通常所享有的“个人崇拜”。在这次会议上他们每个人都可以畅所欲言，或表示赞成或表示不满，有的人甚至中途退出会议。因此可以说，这次会议是民主政治的典范。经过近4个月的激烈争辩，联邦宪法于1787年9月17日终于定稿了。这是人类历史上第一部成文的国家宪法。美利坚合众国的缔造者之一托马斯·潘恩有一句名言：“在专制制度中国王便是法律；同样的，在自由国家中法律应该成为国王。”[4]美国的缔造者们有这样一个共识：美国宪法（以及后来的修正和补充）要体现法制和对权力的限制，它的主旨是要建立一个能体现制约与平衡原则的，由立法、行政和司法三权分立的联邦政府，同时强调个人的权利。这部联邦宪法是美国的缔造者们为美国的政治制度勾画的蓝图，它不但对美国具有划时代的意义，同时对世界的影响也是巨大的。由于该宪法主要出自詹姆斯·麦迪逊起草的“弗吉尼亚方案”，同时他在会议上协助会议主席华盛顿对制宪起到积极作用，因此他被后人称为“美国宪法之父”。该宪法很快得到了大多数邦（州）的同意。随着北卡罗来纳邦和罗德岛邦在联邦政府成立以后分别于1789年11月和1790年5月加入联邦，一个拥有13个州的联邦体制的共和国——美利坚合众国终于出现在北美大地。

1788年7月2日，联邦国会宣布：《美利坚合众国宪法》生效，随后将举行国会议员和总统选举人的选举，并确定纽约为美国首都。1789年2月4日，69名总统选举人全票选举乔治·华盛顿为美国首任总统；4月30日，57岁的华盛顿在纽约宣示就任美国总统。至此，美国的联邦政府终于成立了。

此后不久，美国便开始了大规模的领土扩张，首先是向西。

二、大陆扩张

与历史上其他列强类似，美国最初的扩张也是从领土的扩张开始的。不过应该认识到的是，扩张的范畴并不仅限于此，从广义来说，一个帝国的扩张还会体现在其权力的扩张，20世纪以后的美国就是以此类扩张为主。

一般认为，美国是从20世纪初才开始逐步放弃孤立主义的。事实上，尽管在美国建国初期曾奉行过约30年的自由贸易，但在英国的经济政策压制下，美国从19世纪初开始，在对外经济关系方面逐渐走上了贸易保护主义的道路；同时在外交关系方面，在整个19世纪里，美国基本上都奉行了一个被称为“孤立主义”的路线。不过，这决不意味着在这约一百年的时间里美国人真的是闭关自守，不谋进取；恰恰相反，事实上从《独立宣言》发表的那一天起，美国人没有一天停止过为自己的独立、领土的扩张、联邦的统一，以及后来为“全球的领导权”（或称为“霸权”）而抗争，而杀戮，而劳师劳民。美国人自己把它们的上述行为说成是为了上帝赋予的崇高使命而做的努力，而深受其害的人们则更多地将其称为谋求“扩张”或“霸权”。

1796年，美国历史上的第一位总统华盛顿在连续两任总统期满后便执意不再连任了。他在《告别辞》中提出了后来形成美国孤立主义的三个原则，即中立、不结盟和不介入欧洲事务。

尽管“孤立主义”一词给人的表面印象是孤立和与世隔绝，但其实不然。1776年美国在建国初期只有13个州，总面积也仅有94万平方公里。此时它首要的任务是摆脱欧洲国家，特别是英国的干涉而得到真正的独立。那时的美国无论在经济上、军事上，还是在所控制的势力范围上，与当时的英、法等欧洲强国相比都有巨大的差距。因此，与其说此时美国没有扩张的意愿，不如说它还没有具备向美洲以外扩张的实力。

独立战争胜利后，确切地说是在联邦政府成立后不久，美国人继续马不停蹄地进行领土的扩张，主要是向西。它所采用的手段既有购买，亦有掠夺。1803年，美国从法国人手里购入路易斯安那地区（该地区远大于今天的路易斯安那州），此举使得美国领土比此前增加了一倍多，达到了四百多万平方公里。此次购地案意义深远，尽管它属于和平交易，但亦折射出复杂的大国博弈身影：法国之所以同意这一交易，一是因为当时拿破仑急需资金支持法国军队在欧洲的战争，二是出于下述考虑，如果法国人此时不将这块领地卖给美国人，他们也将很难将其保住，即它不是被英国人抢去，就是被美国人蚕食。不过，即便是在这样的交易中，由于涉及一些与西班牙领地划界等纠纷，后来也发生了一些武力冲突。

根据英国著名经济史学家安格斯·麦迪森的研究，从1700年到1870年的170年里，美国的欧洲和非洲移民从25万增长到了4006万；而原住居民人口则从75万下降到了18万。可以推论，引起原住民人口急剧下降的主因有二，一是欧洲移民带来的传染病，二是他们对原住民的杀戮，[5]比如对特库姆塞（Tecumseh）领导的肖尼人的杀戮。

1812—1814年美国和大英帝国又爆发了一场战争，人们常将其称为“第二次独立战争”。这场战争主要源于双方的贸易争端。尽管这场战争以平局结束，但此战过后，欧洲列强开始对美国刮目相看，以至于后来当美国人提出孤立主义的时候，它们也都能够买账。

1817年美国的第五任总统詹姆斯·门罗走马上任，此时美国的版图已扩展到五百多万平方公里，实力也有了很大改观。面对欧洲强国对拉美的野心，门罗总统于1823年12月2日在向国会作年度报告时，提出了著名的“门罗主义”。他主张美洲是美洲人民的，要求欧洲国家不再殖民美洲，且不得干涉美国、墨西哥等美洲国家的内政；他同时也表示，美国对欧洲事务保持中立。门罗主义的提出，在一定程度上是在向全世界宣告，中南美洲应属于美国的势力范围；同时它也为美国在几十年后真正走向世界埋下了伏笔。在这里，人们看到的是，当时美国无意插足欧洲事务的主要原因是它实力不足；与它对待欧洲有所不同的是，美国此时不仅在北美继续扩张其领土，而且已将中南美洲放入自己的视野，同时美国也已开始觊觎非洲和亚洲。

此时英、法、俄等欧洲国家正把主要注意力放在争夺黑海和巴尔干地区的控制权上，基本上无暇顾及北美，这也为美国的大规模扩张提供了机会。

门罗主义的提出实际上也是在为美国向美洲其他地区的利益扩张行为张目。

1845年7月约翰·奥萨利文在《联邦杂志和民主评论》上发表一篇题为“兼并”的文章，明确主张对得克萨斯的兼并，认为美国的扩张是基于“爱国主义和对国家的共同责任感”，即所谓的“天定命运”，美国要“拓展到上帝为我们逐年增殖的几百万人口的自由发展而提供的整个大陆”。[6]在这一时期，美国人高举“民主”的大旗，全力向英国人的俄勒冈、墨西哥人的加利福尼亚，甚至包括加拿大在内的整个美洲大陆推进，其结果可谓是大有斩获。不过，人们所看到的绝不仅仅是“民主”的扩张，与其结伴而行的更有血腥杀戮及暴虐的奴隶制度。

今天，我们在美国的加州仍然可以发现，许多地名来自西班牙文，这是因为这里曾经是墨西哥的领土，而墨西哥在独立之前的300年里一直是西班牙的殖民地，因此西班牙语就成了他们的官方语言。美国在1846—1848年间的美墨战争中打败了墨西哥，迫使墨西哥将一大半的领土割让给了美国。这块两百多万平方公里的土地不但包括现在的加利福尼亚、内华达和犹他州的全部面积，还包括科罗拉多、亚利桑那、新墨西哥和怀俄明州的部分面积。

至此，美国已将自己的疆土从最初的大西洋沿岸扩展到了太平洋沿岸，变成了一个名副其实的世界大国。在美国长达百年的领土扩张过程中，我们看到，美利坚版图的每一次增大都伴随着殖民地民众、宗主国及原土著族人群之间的矛盾、冲突、流血和战争。

在这一时期，美国人也开始了跨越大洋的海外扩张。比如，在19世纪30年代前后，美国在西非利比里亚的扩张；1844年，美国逼迫清政府与其签订《中美望厦条约》；1858年，美国伙同英、法、俄等国攻占了中国天津附近的大沽口，然后逼迫清政府签订了《天津条约》；在此之前，美国海军还曾两次侵入日本浦贺港，其后通过签订《日美亲善条约》攫取在日本开港通商、设立领事馆和最惠国待遇等特权，等等。

早在1804年，美国费城和巴尔的摩商人就开始从地中海贩运鸦片到中国，此后又将土耳其的鸦片通过走私贩运到中国。1839年，林则徐在广东查抄的19187箱鸦片中，就有1500箱是美国商人的。当时美国领事馆人员也参与了这些非法勾当。鸦片战争爆发后，美国海军也曾将军舰开入中国内海示威。此后不久，在美国人的威逼之下，在澳门附近的望厦村签订了中美之间第一个不平等条约——《中美五口贸易章程》（即《望厦条约》）。[7]

到19世纪50年代，除了阿拉斯加和夏威夷，美国本土的版图已基本定型。然而不久之后，1861年，由于美国南部七个州宣布脱离联邦，从而引发了美国南北战争。这是美国历史上最大规模的一场内战，一方是联邦政府领导的北方，另一方是被称为“邦联”的南方。尽管当时美国南北两方在南方各州的奴隶制、联邦的货币及公共土地制度等问题上都有很大矛盾，但这场战争的最主要起因却是南方与联邦政府在关税问题上的巨大分歧。

当时美国还远不如欧洲国家发达，因此联邦政府制定了严格的贸易保护主义关税政策，即它要提高关税保护北方还很羸弱的工业。这样，欧洲国家自然也就提高了它们进口美国农产品的关税。这就给以农业为主要经济的南方带来明显不利，一则农产品出口受到打击，二则从欧洲进口工业品成本升高。当然，在蓄奴问题上的不同理念也加深了南北双方的矛盾。

图1-3　林肯纪念堂，华盛顿

其实，在林肯上任时，南方已有6个州脱离联邦，组建了自己的政府。而此时的林肯，尽管从观念上对蓄奴制并不认同，但他在总统就职演说中仍然申明："我无意直接或间接干涉蓄奴的奴隶制度，我认为我没有干涉的合法权利，也没有干涉的意图。"[8]也就是说，林肯政府当时已明确表明无意取缔蓄奴制。不过即便这样，依然没能阻止南方在走向独立的路上越走越远——战争终于不可避免了。

1861年4月12日，萨姆特要塞的炮声拉开了美国南北战争的序幕。接下来是血雨腥风的4年，数十万双方的士兵在战争中死去。最后，北方的联邦军队取得了胜利，避免了美国的分裂。这一胜利加速了奴隶制的废除，同时也保证了美国得以继续实施高税率的贸易保护主义。

耗时4年的战争，使得美国的领土扩张稍有停滞。内战结束后不久，美国从俄罗斯手中购入了阿拉斯加，美国西部地区也再次加速开发。随着欧洲移民的大批涌入、连接全国的铁路网的逐步建立，以及与其相伴的钢铁、煤炭、机器制造等工业的迅速发展，美国进入了高速发展的“经济革命”时代。不过，高速发展的经济又带来了一个问题——美国需要更大的消费市场。

于是，当完成了从东到西的大陆扩张后，出现在美国人眼前的那一望无际的太平洋再次激发了他们的扩张欲望。此时美国人的扩张理念已悄然发生了转变。在19世纪60年代初曾担任林肯政府国务卿的威廉·西沃德（William Henry Seward，也被译作西华德）被许多人认为是一个十足的扩张主义者，他是阿拉斯加土地购买案的主要参与者。他曾说：“再给我50年，40年或30年时间，我将让你们掌握美洲大陆并控制全世界。”[9]此时的他，已经看到了今后商贸对于美国的重大意义，他预言，美国在大西洋的利益在今后会有一天让位于太平洋——太平洋地区必将成为“这个世界更伟大未来的主要舞台”。[10]在西沃德看来，军事征服和土地掠夺并不是扩张的最佳手段，美国的真正目标应该是建立一个世界性的商贸帝国，封闭式的殖民体系必将被门户开放式的商贸帝国所代替；他认为，能够支配海洋的帝国才是真正的帝国——“我们帝国的海外空间广阔无垠，如同大海在无边的区域汹涌翻腾。”[11]

美国著名外交史学家迈克尔·亨特更是明确指出：“美国人在加勒比地区确立霸权的同时，他们正越过太平洋以扩大他们的影响。他们认为，这既是通向亚洲之路，又是对合众国最有力的保护。”[12]

三、海外扩张

1898年，夏威夷并入美国。至此，现代美国的整个版图均告定型。就在美国将夏威夷收入囊中的这一年，爆发了美西战争，它标志着美国开始登上世界政治舞台——美国大规模海外扩张的序幕悄然拉开。

美西战争有两个战场，古巴和菲律宾，这两个国家此前都属于西班牙人的势力范围。由于此时的西班牙已日趋没落，与美国实力相差悬殊，因此在不到3个月的时间里，古巴和菲律宾便相继落入美国人手中，实际上成了美国的殖民地。由于美国人占领了菲律宾，他们从此便有了向亚洲扩张的桥头堡，其他列强此时对这个日益强大的美国更是不敢小觑了。

美国对外扩张的下一个目标显然是广袤的中国。可此时其他列强在这块古老而又衰弱国家的土地上已经营多年了，各自占据着自己的地盘，在这种情况下，美国作为后来者，要想在与诸多列强的争夺中得到一杯羹，除了需要实力外，当然也需要策略。此时虽然美国已成为世界头号工业大国，但在军事上与英、法、俄相比还有差距；同时美国也不希望为瓜分中国而与其他列强兵戎相见，于是一个被称为“门户开放”的政策便应运而生了——美国人相信，依靠其强大的经济实力，通过自由贸易，他们就能够在与其他列强的竞争中胜出，从而建造一个能够控制海洋的真正帝国。

其实，被西方人视为海洋战略权威的美国历史学家艾尔弗雷德·马汉早在1890年出版的一本书中就提出了“海上实力论”。他指出：海军、商船队、海外殖民地和海军基地，这几个因素密不可分；他认为：一个国家欲获得繁荣和强大，就必须有庞大的商船队，同时还要有一支能够确保其海路畅通的海军，以及为商船和海军提供港口和基地的海外殖民地。[13]西奥多·罗斯福（老罗斯福）后来正是这样做的，他提出，“我们的舰船应是第一流的——这是迫在眉睫的，而且应该数量庞大……”[14]到1900年，美国海军的实力已从1880年的世界排名第12位跃升为第3位，仅次于英、法两国，它的主要作用当然是为了海外扩张。

当时美国人提出的所谓“门户开放”政策，从表面上看是一个针对中国的外交政策，而实际上是美国对外扩张的总政策。

“门户开放”政策最初起源于当时美国国务卿约翰·海（John Hay）授意的一份“门户开放照会”。1899年8月24日，约翰·海训令美国驻华公使柔克义起草一份致各列强国家政府有关在中国保持门户开放的照会。该照会经约翰·海修改后在9月6日分别发送美国驻英、法、德、俄、日、意等国大使，要求他们向各国提交该照会并希望对其内容给予认可。该照会的主要内容是，在承认各列强势力范围的同时，这些势力范围内的任何口岸对任何国家均应平等开放。显然，美国的目的是要以其雄厚的资本与其他列强在中国角逐。后来，这些国家除了俄国对部分内容表示有所保留外，都对这一照会作出了肯定的回复——毕竟在中国取得最大利益才是这些列强们的真正目的，为此其他列强并不想与美国对抗。正是由于这一照会，使得约翰·海成为了美国历史上最著名的国务卿之一。

此时人类即将跨入20世纪的门槛，美国的工业总产值已经超过英国而跃居全球第一。美国人此时当然清楚，他们已经有资本将战略目光更多地投向整个世界了——一个属于美国人的世纪就要来到了。

此时人们看到，在向海外扩张问题上，美国的想法与其他帝国主义列强的确有所不同。比如在对待远东国家问题上，美国希望的是，有一个相对强大一些的中国和日本等国家，因为只有这样才能确保这些国家有能力向美国提供“门户开放”，而英、法、俄等列强则更希望使用武力威逼。为什么会有这样的不同呢？最主要的当然并非出于美国人的仁慈，而是此时美国所面临的是一个已被其他列强瓜分完毕的中国和世界。在中国，美国人所面对的现实是，他们有被其他列强完全排除在外的可能，因此对他们来说，欲在中国等远东国家获得更大、更长远的利益，采用更显“怀柔”一些的“门户开放”政策——而不是更可能引起远东各国敌意的政策——来建构美国人的商贸帝国无疑对他们是更为有利的。应该说，美国此时的对华政策对避免列强们立刻瓜分大清帝国起到了一些作用。总的来说，这样的政策与其他列强对外政策相比，至少所引起的对抗性要小得多。在1900年再次连任美国总统的麦金利曾明确说，他的“最大抱负是为美国在世界市场上赢得优势地位”。[15]在麦金利遇刺身亡后，老罗斯福继任美国总统，他也同样热衷对外扩张，认为今后与中国的贸易将决定着20世纪的美国是否能占有世界经济的优势地位。[16]在这一时期担任美国国务卿的约翰·海在远东问题上也同样秉承了西沃德几十年前的政策，甚至更加侧重利用“门户开放”，即通过一些条约（当然是更有利于美国的条约）和商贸活动来扩大美国的利益；他不主张以威逼他国割让领土的方式为美国取得利益。可见，美国人此时已经看到，要引领今后的世界，成为真正的世界帝国，他们主要依靠的将不是坚船利炮，而要依靠垄断资本之下的经济扩张作为主要对外政策。要做到这一点，他们就要积极主张建立一系列经济扩张的“游戏规则”，而其总的战略主张就是“门户开放”。

美国的海外扩张其主要目的是利益扩张，体现在将美国商品大量出口到全世界。而两次世界大战在给人类带来巨大灾难的同时，让远离战火的美国从中受益，它的商品，特别是军需物资，大量销往全世界。

四、参加第一次世界大战

20世纪初，欧洲以英、法、俄为主的与以德、奥、匈为主的两大军事集团已经形成，而且矛盾不断加深，不久后第一次世界大战便爆发了。此时从美国本意来讲，如能与交战双方均保持友好关系并扩大贸易则最为理想，因此在一战开始时，美国便采取了隔岸观火的策略。但美国人很清楚，由于制海权在英国手里，协约国市场比中欧集团要大得多，如果协约国失败，将给美国经济带来巨大损失，因为战时美国与协约国贸易量巨大，协约国欠着美国的债务高达20亿美元，如果协约国战败，至少这笔欠债就会打水漂了。因此美国总统威尔逊打定主意：“如果必须有一方失败的话，那么，这个失败者肯定是同盟国。”[17]

于是，从1917年1月底起，威尔逊总统便开始考虑，如何才能让美国公众相信，美国应该帮助协约国打败德国人。很快，他就找到了几个很好的理由——德国当局宣布它将于2月1日起重新恢复“无限制潜艇战”；与此同时，德国还鼓动墨西哥说，如果美国加入协约国，则墨西哥应向美国宣战；不久后德国又击沉了三艘美国商船……所有这些行动，就像美国一些学者说的：“德国人却帮了威尔逊的忙。”[18]也就是说，德国人的这些行为正好为美国对以德国为首的同盟国宣战提供了借口。

此时威尔逊总统再次举起了道德的大旗，他说："正义比和平更加珍贵，我们应该为自己所珍惜的东西而战。"[19]1917年4月，美国对德宣战；同年12月对奥匈宣战。

一战期间，美国政府对一切与战争相关的消息都要进行严格审查和封锁。对此，老罗斯福非常不满，他抱怨说："有关战争的仅有的真实消息都是从德国方面听说的。"[20]因此，许多信息的准确性便难以判断了。其实，德国人当时无疑知道美国人正在暗地里大力支持协约国，并非常担心美国也加入协约国，他们希望美国公众能知道这些真相，为此德国当局公开表示欢迎美国新闻记者进行现场采访，并愿意提供相关帮助。[21]不过，这时美国政府为了达到其借机参战的目的，并不愿意让美国公众得知全部的事实真相。

此时德国已元气大伤，但仍有一定实力。1917年初，德国决定恢复潜艇战。德国人为什么要在此时恢复无限制潜艇战呢？这是因为受挫后的德国，工业原料和粮食缺乏，经济困难，想要挽回败局的唯一出路就是在英国的海上运输线上进行潜艇战。此举可以封锁英国海军的航道，削弱英国的制海权，迫使英国在6个月内投降。与此同时，为避免与美国的矛盾，德国向美国声明，从1917年2月1日开始，德国潜艇在指定海域，如遇到协约国或中立国船只一律击沉，但对美国船只"破格相待"，允许美国船只每周通过一次，但该船桅杆上须悬挂红白相间的旗帜。德国的这一和平建议遭到美国的拒绝。准备参战的美国以此声明为借口，2月2日，驱逐德国大使，并与德国断交，美德两国矛盾激化。但德国人认为他们可以在美国人参战前打败英国，所以并不准备放弃上述计划。在德国恢复潜艇战的头几个月，协约国与中立国船只遭受损失惨重。1917年1月被击沉181艘，2月257艘，3月325艘，4月423艘，4—12月，被击沉船只达478万吨。可见，德国此举对协约国打击很大，特别是对英国打击尤为严重。到1917年夏初，英国海上运输处于瘫痪状态，此时的英国有史以来第一次失去了海上优势，海洋第一次为德国潜艇所控制。不过，德国的潜艇战并没有挽回从凡尔登战役以后战略上所处的被动局面。随着战争的发展，英国加强了反潜艇作战的能力，用护航、深水炸弹、水雷、海底电网等逐渐扭转局面，当然主要是在美国参战后，德国人的无限制潜艇战终于在1918年破产。这同时也意味着德国进行战争的最后手段失灵了。

1914年8月4日，威尔逊总统曾发表中立声明；8月19日，他号召美国人民在思想行动上不偏不倚。美国在战争初期持中立态度有几个原因。其一，所谓的孤立主义是美国传统的欧洲政策，欧洲每有战事，美国总宣布中立；其二，在美国国内反战运动及和平主义组织的影响下，有不少大资本家资助和平团体；其三，威尔逊要在1916年选举中争取连任总统；其四，美国从垄断资产阶级的利益出发，要坐收渔人之利，因此，它与双方同时做生意，大发战争横财。

1918年底一战结束。第二年初，在法国巴黎的凡尔赛宫战争双方签订了《凡尔赛和约》。然而，正是这个“强盗和掠夺者的条约”，造成了战败国和战胜国之间不可调和的矛盾，也播下了仇恨的种子。

不过，一战期间，美国获益颇丰，从一个债务国变成了债权国，其国际地位也空前提高。美国的海外贸易额从1913年的6.9亿美元增加到1916年的30亿美元；仅战争的头三年，美国就新增百万富翁八千余人。[22]

这场战争极大地削弱了欧洲各列强的实力，却使得美国变得更为强大了。

五、参加第二次世界大战

一战结束后，德国经济迅速恢复，到1929年，德国经济已跃居资本主义世界的第二位。

一战后世界经济的发展并不均衡。1929年10月24日，以纽约股票市场股指暴跌为标志，世界开始了长达十年的经济大萧条。在这场经济危机期间，整个资本主义世界工业产值下降了36%，国际贸易总额下降了66%。[23]

此时的德国既没有殖民地可被用来转嫁危机，也无力组织其他国家进行合作，因而所遭受的经济损失就更为严重。在这种情况下，德国人便对《凡尔赛和约》产生了更大的仇恨，这就给希特勒上台创造了条件。于是希特勒极力宣称，要打碎《凡尔赛和约》的枷锁，重新武装德国……从此德国走上了发动第二次世界大战的不归路。一战后建立的凡尔赛-华盛顿体系就这样坍塌了。

危机中的日本国内矛盾加剧，同时由于看到张学良控制下的中国东北已统一在国民政府的旗下——此举显然对日本图谋中国东北不利，于是对此觊觎已久的日本终于在1931年9月18日发动了震惊中外的“九一八事变”。该事变引起了国际社会对日本的普遍谴责，美国国务卿史汀生（Henry Lewis Stimson）也建议应采取有力行动制止日本占领中国东北。然而此时的美国总统胡佛却指责史汀生说，他“像一个武士而不像外交家”。[24]言外之意是，美国在中国东北并没有大的利益，不应该为此得罪日本。可见，面对此类情形，美国人考虑的主要是本国的利益，而并不像他们自己经常标榜的那样坚持所谓的“道义”或关心他国的“民主”和“自由”。美英等国家此时仅提出了空洞的停火呼吁，并没有任何具有实质意义的行动；日本随后决定大量增兵；而东北军在南京政府不抵抗的指令下随后撤入关内。就这样日本人不久便占领了中国东北全境。

第二次世界大战爆发初期，美国人依然采取了“坐山观虎斗”的绥靖策略，试图再次坐收渔人之利。

当时美国的对日贸易额远远超过对华贸易：1937年美国对日出口额为28859万美元，对华出口额仅为4970万美元；1938年美国对日出口额为23958万美元，对华仅为3477万美元。在上述美国的对日出口物资中，约62%是日本侵华的军需品；日本所需的石油也大多来自美国。直至

1940年10月，日本仍在利用美国生产的战斗机来侵略中国；美国人甚至在1940年11月仍然坚持“先欧后亚”的战略，拒绝对日本实行全面石油禁运，避免与日本发生战争，尽管它同时也给予中国一定的援助，让中国拖住日本。[25]毫无疑问，美国当时的政策取向是重“利”而轻“义”。

1940年6月希特勒称霸欧洲大陆。随着不列颠之战的开始，英伦三岛岌岌可危。英国首相急忙向仍处“中立”的美国求援。罗斯福决定帮忙，但即便在此时美国人也没有忘记向英国人开出“高价”，其中包括要求英国将其在加勒比海的七个海、空军基地租借给美国99年等条款。代价固然很高，但英国人别无选择，只好接受。对此美国人颇为得意，认为此举是自他们购入路易斯安那以来美国在国防方面最重要的事件。

1941年7月2日，日本决定占领印度支那南部，为此不惜与英美开战。得到这一情报后，美国于8月1日宣布对日实行全面禁运，并警告日本：继续向南太平洋扩张将会导致美日战争。

然而，日本人对此的回答是，对美国人实施先发制人的突然打击。1941年12月7日，日本海空军偷袭美海军太平洋舰队的大本营珍珠港，给美军造成巨大损失。第二天，美国终于对日、德宣战。

由于美国的参战，战争的天平很快向英、苏、中、美等国组成的同盟国方面倾斜。1942年6月初，日本海军在中途岛战役中遭到惨败，元气大伤，此战也成为日本人在太平洋战争中走向失败的一个转折点。

不久，在欧洲战场上苏德之间进行了一场决定人类历史进程的血腥搏杀——斯大林格勒战役，这是一场围绕着争夺斯大林格勒（今伏尔加格勒）的战役。是役开始于1942年6月底，历时199天，最后以法西斯德军的投降而告结束。此战双方均付出了巨大代价，仅伤亡人数就达到了两百万人。此役使苏军与德军的力量对比发生了根本性转变，是有利于同盟国的重大转折点。

尽管美、苏、英三国此时同属对抗法西斯德国的同盟国阵营，但在做战略安排的时候，各国也都有着各自的盘算。自1941年6月22日德军以突然袭击的方式大举进攻苏联后，苏联便成为二战的主要战场。很快，德军就在这里集中了近400万人的精锐之师，莫斯科受到了前所未有的压力。

从1942年初开始，斯大林曾多次向丘吉尔和罗斯福提出在欧洲西部开辟第二战场的建议，希望以此减轻德军对苏联的压力。对此罗斯福虽然表示同意，但丘吉尔却一直以种种理由予以拖延。直到苏军取得斯大林格勒战役的胜利，并继续扩大战果将战场逐步推向苏联西部边境后，丘吉尔和罗斯福才终于在1943年8月的魁北克会议上达成了开辟第二战场的共识，开始着手制订以盟军横渡英吉利海峡在法国登陆为主要内容的作战计划（即“霸王”计划）。

1944年6月6日，“霸王”计划，即诺曼底登陆作战计划开始实施。从6月初到7月中旬，这一规模空前的登陆行动持续了一个多月，此间约280万盟军部队横渡英吉利海峡在法国诺曼底登陆。这样，希特勒德军的东西两面分别受到苏军和盟军的强大压力，其失败的命运便由此注定了。

希特勒就要垮台了，美、苏、英等大国的首脑们开始考虑战后世界可能会出现的格局了。他们每个人都知道，谁的军队的所到之处，那便是谁的势力范围。显然，无论是丘吉尔还是罗斯福，都不愿意看到今后欧洲大陆全部被苏军占领，更不愿意看到那里完全成为社会主义的领地。

于是美国总统罗斯福便提议，应举行一次由苏、美、英三国首脑参加的会议。对这一建议斯大林尽管表示赞同，但在与罗斯福商定会议地点时，斯大林表现出了他不应有的傲慢。当然，这也许是他故意采取的一个策略，希望此举有助于他在其后的谈判中得到更多的利益。最后，这个会晤仍然是按斯大林的建议，在苏联黑海之滨的克里米亚半岛雅尔塔附近的一座前沙皇别墅利瓦吉亚宫举行，史称“雅尔塔会议”。

该会议讨论了战后对德国的处置及关于波兰与东欧政府、联合国、苏联对日作战等重大问题，并重申纳粹德国必须无条件投降。该会议所达成的协议和确认的战后世界格局的基本原则后来被人们称为“雅尔塔体系”。

二战爆发前曾成立了一个国际联盟，其本意也是促进沟通、维护和平，但二战的爆发让人们看到，这一组织是无法担当维护世界和平之重任的。因此，建立一个与此不同的联合国便成了罗斯福的夙愿。出于这一理念，1941年8月14日，他与英国首相丘吉尔签署了《大西洋宪章》，希望建立一个“广泛而永久的普遍安全制度”。[26]在罗斯福的倡议下，1943年10月，美、苏、英三国外长在莫斯科签署了《关于普遍安全的宣言》，各大国首次明确表示要尽快建立一个新的国际组织：“根据一切爱好和平国家主权平等原则，建立一个普遍性的国际组织，所有这些国家无论大小，均得加入为会员国，以维持国际和平与安全。”[27]此时盟军在二战中已胜券在握，罗斯福把建立联合国看作战时大国合作的继续。

从罗斯福政府过去两年中有关建立联合国的预备工作、苏美两国首脑的书信，以及雅尔塔会议文件，人们都可以看到，罗斯福对美国的实力和竞争力充满信心，他所追求的是通过联合国建立一个以大国一致为基本原则的国际和平保障机制，然后在此基础上建立一整套既对美国更为有利，同时也能被其他国家普遍接受的游戏规则，并以此来规范世界，确保美国自身的利益。

在开罗会议期间，罗斯福总统在写给儿子的一封信里说：“我们有能力做到这一点，因为我们是大国，是强国……美国是能在世局中缔造和平的唯一的大国，这是一项伟大的职责。”[28]

美国著名专栏作家李普曼在一篇文章中也这样说：“在外交上，美国在第二次世界大战中已经意识到，它不再与许多大国并驾齐驱，而是一个领导大国，整个西方世界将依靠它来维护其安全和领导地位。”[29]

遗憾的是，罗斯福总统在参加完雅尔塔会议回国后仅两个月便去世了。一个多月后法西斯德国投降；六个月后日本投降；八个多月后联合国成立。这一切罗斯福都没能看到。

六、向日本投放原子弹

根据美国法律，罗斯福逝世后其总统职位由副总统继任。就这样，杜鲁门便成为美国历史上的第32任总统。杜鲁门上任后，已年过77岁的陆军部长史汀生和当时负责曼哈顿项目的格罗夫斯少将便向他报告说，美国即将掌握一种大规模杀伤性武器——原子弹。在此之前，由于高度保密的关系，时任副总统的杜鲁门对研制原子弹一事竟然一无所知。此时，也许主要是出于杜鲁门本人的立场和秉性，也许与美国即将掌握原子弹有关，也许上述二因素兼而有之，总之，这位新总统在面对国际问题时，特别是在对待美苏关系问题上，与其前任有着很大的不同——他一改其前任与苏联合作的态度，立刻表现出了对待苏联的强硬立场。

1945年7月16日，人类历史上的第一颗原子弹在美国新墨西哥州索科罗市东南56公里处的沙漠上成功试爆。当时杜鲁门为参加波茨坦会议刚刚到达德国柏林郊外的波茨坦，当得到这一期盼已久的消息后，杜鲁门立刻感到，美国人主宰世界的时代来到了。他在回忆录里这样写道："我们现在拥有了一种战争武器，它不但能彻底扭转整个战局，而且能够掉转历史和文明的方向。"[30]

在杜鲁门担任美国总统的随后数年时间里，他不但摒弃了其前任的"大国一致"原则，而且采取了一系列举措，将苏联当作首要敌人予以遏制。其中最具影响力的事件有：向日本投放原子弹，提出"杜鲁门主义"，成立北约军事同盟，以及决定与日本"单独媾和"等。

杜鲁门接任总统时二战已接近尾声。在欧洲方面，苏军与盟军在德国中部的易北河会师后，苏联红军攻克柏林，德国人在5月9日投降。在东亚，日本人此时也认识到他们的失败已不可避免。

从1944年6月起，美国空军开始对日本本土的60多座城市实施大规模战略轰炸。时至1945年3月，这种轰炸不但规模不断加大，而且使用的机型也由过去的B-25升级为更为先进的、被称为“超级空中堡垒”的B-29战略轰炸机，使用的炸弹也由过去的爆破弹改为燃烧弹。这种大规模轰炸一直持续到日本宣布投降。

在著名的“东京大轰炸”中，仅1945年3月10日这一天，美国空军就出动了279架次的B-29轰炸机，向东京投掷了上千吨的燃烧弹，使该市区的四分之一成为废墟，116万人无家可归，死亡者达8万人。

日本已是一片废墟，曾经不可一世的日本帝国即将崩溃。在这种情况下，从1945年5月到6月，日本驻葡萄牙、德国、瑞士、瑞典等国的外交人员频频向美国方面传话说，日本准备投降。比如一位驻柏林的前日本海军军官代表东京方面说，日本愿意投降，但希望尽可能保留一些面子，主要是保住天皇，以免引起混乱；他还坦承道，日本此时已无法保证基本的粮食供应了。[31]

此时，担任太平洋战区总司令的麦克阿瑟、美国海军司令欧内斯特·金和美国陆军航空兵司令阿诺德都认为日本马上就会投降，完全无须美军在日本本岛登陆作战，[32]更不需要向日本投放原子弹。更权威的结论来自战后美国官方对投放原子弹必要性的一次专门调查研究，其结论是：“根据对事实的详细调查，并经过当时一些日本领导人的证实，本调查的结论是：即使不投放原子弹、俄国人也不参战，甚至也不必通过登陆作战，日本也一定会在1945年11月1日之前投降。”[33]

然而，当时杜鲁门却不愿意错过向世界，特别是向苏联炫耀原子弹巨大杀伤力的机会。因此，尽管在投放原子弹的几天前，盟国向日本发出了一份由美国人起草的最后通牒，即《波茨坦公告》，但其中既没有提到日本天皇问题，也没有提到原子弹——显然杜鲁门政府此时还不想让日本人马上投降，因为这样就没有机会展示原子弹的巨大威力了。

杜鲁门在7月18日的日记中写道：“首相（丘吉尔）和我一起单独吃饭。讨论了曼哈顿项目，决定告诉斯大林。斯大林已经把日本天皇发来求和电报的事情告诉了首相。斯大林也把他的答复告诉了我。我相信在俄国人来之前日本就会完蛋，并肯定当曼哈顿（原子弹——引者注）出现在他们国土上时，他们是一定会完蛋的。我将在适当的时候对此予以告知。”[34]

杜鲁门当时的如意算盘是：在使用原子弹后，在苏联对日宣战前日本就会投降。不过，后来遭受原子弹轰炸的日本并没有马上投降，苏联也终于抓住了对日宣战、分享太平洋战争成果的最后机会。

不过，杜鲁门的如意算盘落空了。事实上几天以后美国人还是同意了日本保留天皇的请求。日本天皇随后于8月15日宣布投降。

美国人投放原子弹对世界，特别是对苏联产生了巨大的震撼。苏联人民委员会第一副主席兼外交人民委员莫洛托夫认为："虽说炸弹投在日本，但这些炸弹当然不是针对日本，而是针对苏联的，言下之意是：你们应该记住，我们有什么东西。你们没有原子弹，我们有，要是你们轻举妄动，会遇到什么后果。"[35]

的确，1945年8月6日和9日升腾在广岛和长崎上空的那两柱巨大的蘑菇云无疑是在向世人昭告，美国是当今世界的头号霸主！它也同时预示了战后美苏两强的冷战将难以避免。

图1-4　1945年8月6日和9日，美国向日本的广岛（左图）和长崎（右图）投下了人类战争史上的第一颗和第二颗原子弹。

七、"遏制"与霸权

二战后的世界出现了一个以苏联为首的社会主义阵营，尽管其经济总量与资本主义世界相比有很大差距，但美国却将其视为对西方“自由世界”的主要威胁，苏联也因此成为美国的新对手。于是美国对其实施了全面的“遏制”战略——直至1991年苏联解体。

这样，在整个冷战时期，美国的对外战略基本上分为两个方面：

一方面是美国对以苏联为首的若干社会主义国家的遏制，主要体现在对这些国家政治上的孤立、经济上的封锁、文化上的攻击，以及军事上的围堵和甚至发动战争（比如美国对朝鲜战争和越南战争的介入）。

另一方面是美国主导了战后非共产主义世界的经济，这主要体现在制定了一系列诸如布雷顿森林协定、关贸总协定（GATT）等国际经贸关系游戏规则，并凭借美国在经济和技术方面的压倒性优势，确保美国在“自由世界”的主导地位。当然，随着经济的发展，美国还会对有关规则不断修改，使其对自己更为有利。

1. 冷战及遏制战略

第二次世界大战的帷幕终于落下了，但同时新的危机也出现了，这正验证了那句老话，“没有永恒的朋友，只有永恒的利益”。

如果说美、英、苏三国首脑举行的雅尔塔会议意在这几个大国合作划分世界范围的话，那么，当罗斯福逝世、杜鲁门继任美国总统后不久，美国对待苏联的态度及美国的全球战略便开始发生改变。原因之一是，二战即将结束，在杜鲁门政府看来，此时美国不但完全不再需要苏联帮忙了，而且苏联业已成为它在战后的主要对手；原因之二是，美国将在今后相当长一段时期里拥有独享原子弹的优势。因此，从这时开始，美国所追求的目标，就是在战后建立一个以美国为主导的，并在最大限度上确保美国利益的国际政治与经济秩序，一种事实上的美国霸权。

其实，美国人建立此类“新秩序”的想法由来已久，正像恩道尔先生在书中说的：“他们（美国人——引者注）的计划是建立‘世界新秩序’……这是美国主导势力的机制性共识，它从19世纪末美国进行第一次帝国冒险，军事征服菲律宾、古巴和波多黎各时就已形成。”[36]在二战结束时，美国终于有了这样的实力。于是，二战后的美国以其超强的经济与军事实力走到了世界权力的中心。正像丘吉尔在1947年2月的铁幕演讲中所说的，此时的美国正处于世界权力的巅峰。

在对待苏联问题上，美国的敌视态度也同样是由来已久。

当德军大举进攻苏联时，时任密苏里州参议员的杜鲁门认为希特勒和斯大林都是恶魔，因此他建议美国应鼓励他们互相残杀。他说："如果我们看到德国占了上风，就应该援助俄国；如果俄国要赢了，就去帮德国，这样才能让他们大拼个够，尽管我可不希望看到希特勒获胜！他们都不是守信诺的人。"[37]

杜鲁门继任美国总统20多天后，法西斯德国投降。就在德国投降的同一天，杜鲁门签署了一道命令，禁止一切物资运往苏联或欧洲其他国家，甚至要求一些已经前往欧洲和苏联的船只中途返航，把物资运回美国港口。在苏联人看来，此举无疑是美国人迫不及待地"过河拆桥"。斯大林警告说，如果美国指望用这种方式使苏联在欧洲问题上做更多让步，那就"犯了重大的错误"。斯大林同时暗示，在此情况下他不宜参加即将召开的波茨坦会议。尽管杜鲁门后来下令，恢复已承诺的对苏租借物资的运送，斯大林后来也如期参加了波茨坦会议，但上述插曲无疑暴露了，也让世人看到了，美国此时已将苏联当成新的竞争对手了。

在苏联方面，根据莫洛托夫的回忆，战后的一天，在莫斯科斯大林的住所，斯大林指点着他眼前的世界地图对苏联在战争中的得失作了一番评论。尽管他对苏联周边的大部分情形表示满意，但对高加索以南，也就是黑海和波斯湾地区当时的状况表示了明确的不满。为什么呢？

原来，这一带在二战前属于英国和苏俄的势力范围，而此时的英国早已雄风不再，但美国人的势力却已渗透其中。鉴于这种情况，特别是考虑到这一带的石油资源和战略地位，斯大林决定向相关国家——伊朗和土耳其——施加压力。正是出于这一原因，他曾一度拒绝将二战时驻扎在伊朗的苏联军队按时撤走，并在土耳其边境大量陈兵，试图以此让这两个国家屈服，从而得到一些便宜。就这样，从1946年初开始，在中近东陆续出现了伊朗危机和土耳其危机。

斯大林的举动立刻遭到了伊朗和土耳其的反对，同时美、英等国也提出了强烈抗议。为了阻吓苏联，迫使苏联从伊朗撤军，杜鲁门甚至给斯大林送去了一封颇有最后通牒味道的书信；[38]为应对土耳其危机，美国方面还以护送在华盛顿逝世的土耳其驻美大使回国为名，将巨大的“密苏里”号战列舰派往位于黑海海峡的土耳其最大港口伊斯坦布尔港，以示威慑。

虽然此后伊、土危机还出现过一些反复，但在当年10月份之后，这两个危机均以苏联方面的退却而告结束。

显然，苏联对伊、土的扩张图谋是非常不明智的，结果是不但目的未能达到，而且还为美国扩大在伊、土的经济与军事影响力提供了机会，也为华盛顿政府夸大苏联的威胁、进一步实施遏制苏联的举措提供了借口。尽管斯大林已选择了退却，并在后来还多次明确表示苏联愿意同美国和平相处，但杜鲁门政府此时却不打算放过进一步遏制苏联的机会。不久，“杜鲁门主义”便出笼了。

1947年3月12日，杜鲁门在国会众议院大厅发表的那篇被称为“杜鲁门主义”的演讲中说：“除非我们愿意帮助各自由国家的人民维护他们的自由制度和国家完整，抵抗企图将极权主义政权强加于他们的侵略活动，我们的目标就无法实现。这不过是坦率承认，无论通过直接或间接侵略将极权主义政权强加于自由的人民，都破坏了国际和平的基础，从而也危害了美国的安全……我认为，我们必须帮助那些以他们自己的方式来挽救他们自己命运的自由人民……”[39]其实杜鲁门主义的重点是向苏联乃至全世界宣布：“不论什么地方，不论直接或间接侵略威胁了和平，都与美国的安全有关。”[40]

美国政府针对苏联的上述政策一直持续到20世纪90年代初冷战结束。后来人们将美国对苏联的上述政策概括地称为“遏制”政策。

随着冷战的开始，美苏两家的猜疑、防范日益增加，美国人发现，在许多重大国际问题上美苏两国很难达成共识，而由于美苏两国在安理会都有否决权，因此在许多问题在联合国安理会也同样难以解决。

此时的美国，自恃拥有无与伦比的经济与军事实力，对这个状况自然感到不满。于是，美国在南美先搞了一个区域安全条约（《里约热内卢条约》）组织，即所谓“里约模式”。而后，从1947年12月17日开始，美国开始策划西欧的结盟。[41]不久，在美国的支持下，西欧军事联盟《布鲁塞尔条约》签字。紧接其后，从3月22日至4月1日，美国、英国和加拿大三国在华盛顿的五角大楼，连续召开秘密会议，商讨建立北大西洋军事联盟问题。[42]经过一年多的秘密筹划和磋商，1949年4月4日，美国与加拿大、英国、法国、比利时、荷兰、卢森堡、丹麦、挪威、冰岛、葡萄牙、意大利共12个国家在华盛顿签订了《北大西洋公约》。该公约于7月25日得到杜鲁门批准，并于8月24日起生效。至此，这个具有军事同盟性质的北大西洋公约组织（简称“北约”）正式成立。

长久以来，美国惯于在压制某个国家时寻找借口，最常见的借口就是说对方有扩张威胁。1949年在建立北约军事政治集团时就采用了这样的理由。其实当时美国人让苏联人感到了更大的威胁，于是作为一种应对，苏联和东欧国家后来在1955年成立了以苏联为首的八国军事政治同盟——“华约”组织。几十年后，随着苏联的解体，冷战结束了，“华约”组织也随之宣布解散。按说，北约至此应已没有存在的理由了。然而，当时将防御苏联扩张作为其组建理由的北约并没有随着苏联的解体而退出历史舞台，相反，北约组织成员国却在不断地扩大——从1991年以前的16个国家增加到后来的28个。

显而易见，无论是过去还是现在，北约的真实目的从来都不是美国人所宣称的“防御”。目前的北约将“集体防务”、“维持和平与安全”及“民主、法治和福利”等标签挂在自己的身上，但其真实的目的是不言而喻的——它数次抛开联合国单独充当“世界警察”的事实正是其存在之真实目的的最好诠释。对此人们自然是心中有数的。

在远东方面，日本战败投降后，伴随着美国战略的调整，它的敌友界线随之重新划分：苏联已从战时的盟友转变为它重点遏制对象；日本则很快被纳入到它的盟友行列。然而，俄日之间却存有很深的历史恩怨。虽然在苏联对日宣战后苏联红军以其在远东对日作战的巨大胜利已一雪他们的前辈们在40年前日俄战争中的耻辱，但此后斯大林对来自日本方面的威胁一直保持高度警惕。因此他一直期待着美军从日本撤军，也期待着日本的中立化和非军事化。然而，时至1949年，斯大林所看到的是，美国人已将日本划入了他们在远东及太平洋地区的防卫圈，并看到了美英等国决意要不顾苏联和中共方面的反对而同日本单方面媾和。

1949年3月1日，麦克阿瑟在东京接受记者采访时不无自傲地声称："如今太平洋已成为盎格鲁-撒克逊的内湖，我们的防线贯穿了亚洲海岸边缘的一连串海岛。这条防线从菲律宾开始，延伸到包括它的主要堡垒冲绳岛在内的琉球群岛，然后折向日本，经阿留申群岛直到阿拉斯加。"[43] 半年后， 9月13日至17日，艾奇逊和贝文分别代表美英两国在华盛顿举行的会谈中就对日问题达成了共识，他们在随后发表的声明中宣称，即使没有苏联的参加也将举行对日和会、也将与日本签署和平条约。[44]

在长达45年的冷战时期，美国对外的核心战略就是遏制以苏联为首的社会主义国家，主要表现在：在政治和军事上遏制、在文化和意识形态上渗透和影响、在经济和技术上封锁。

不过，虽说是在冷战期间，各方之间的矛盾有时也会激化，导致局部爆发"热战"。冷战时期最大的两次"热战"就是朝鲜战争和越南战争。

美国及其同盟在二战结束后不久，便开始构建旨在遏制以苏联为首的社会主义阵营的两条战线：一条在欧洲，即东欧和西欧之间的分界线，美国通过北约军事政治集团沿该线西面部署，对苏联和东欧形成遏制之势；另一条是太平洋弧形"防卫线"，即北起阿留申群岛，到日本列岛、琉球群岛、冲绳岛、台湾岛，直至菲律宾的一条战线——该线与人们现在经常说到的"第一岛链"基本相同。

这两条线当时给苏联带来了巨大压力。不过，直至1949年8月底，面对美国的压迫战略，斯大林基本上采取了退守的姿态，这不仅因为苏联此时经济实力不济，更因为它还没有核武器。1949年8月29日苏联成功试爆原子弹，这使得世界军事和政治力量的对比发生了改变。但美国人一则不愿意看到这种改变，二则也不准备做任何改变，甚至还加大了对苏联的遏制，比如，美国明确表示将无限期驻军日本，并决定抛开中苏等国，与日本单方面签订和平条约等，这一切让斯大林对远东局势感到担忧。苏美两强在远东日益尖锐的对峙，加上朝鲜半岛南北两方的矛盾，最终导致了1950年朝鲜战争的爆发。

朝鲜战争爆发两天后，美国海军第七舰队开入台湾海峡，此举让中国感到极为愤怒。此后由于美军为首的联合国军对朝鲜战争的大规模干涉，朝鲜战争局势急转直下，这让中国在感到愤怒的同时又感到了巨大的威胁。于是中国终于决定派出志愿军赴朝作战。三年后，在三八线附近的板门店，美国终于选择在其历史上第一个没有取胜的停战书上签字。

随之而来的是中美之间长达20年的敌对局面。

在朝鲜战争临近结束时，艾森豪威尔已从杜鲁门手中接过总统权杖。在这一时期里，反苏反共是美国政府在这个时代的最明显标志，艾森豪威尔政府当然也不例外。不过，到1953年，美国和苏联都已成功试爆了比原子弹威力高出上百倍的氢弹。这让艾森豪威尔开始认识到，一场热核战争不会有赢家，因此，美国应该寻找其他的方法来促进美国的权力和影响，包括建立同盟和进行其他隐蔽行动。在他任职期间，美国签署了43个与防卫和反共有关的协定。比如美国与南朝鲜和台湾签订了军事防御协定；与东南亚诸国达成了一个多边协定，即成立东南亚条约组织；在1957年美国正式加入了英国、伊朗、巴基斯坦、土耳其及伊拉克之间的《巴格达条约》(后来在伊拉克退出后该组织被称为中央条约组织)；在欧洲美国重新武装了西德并让其加入北约组织。作为应对，此后不久苏联领衔成立了由东欧各国组成的华约组织。[45]

尽管美国表面上总是强调它是要防御苏联等社会主义国家的进攻，但它所谓的“防御”却时常伴随着明显的霸权和挑衅行为。举一个例子：

1960年5月，正当美苏等国领导人在巴黎举行首脑会议时，美国的一架U-2间谍飞机侵入苏联上空后被击落，并俘获了飞行员。起初美方否认该飞行是蓄意的，而是偏离了航线，并说这是一架气象飞机；后来当苏联方面展示出飞机残骸照片，以及飞行员鲍尔斯少校的资料后，美方才无话可说。不过仍在巴黎的艾森豪威尔虽然承担了全部责任，但他却拒绝为这一飞行道歉！他的理由居然是，该飞行的目的是要防止一次“核珍珠港”事件的发生！美国人的霸权姿态可见一斑。鉴于这种情形，参加会议的赫鲁晓夫愤然退出了这次首脑会议。[46]

在美国国内，从艾森豪威尔执政时期开始，美国民众开始享有较高水准的生活。伴随着家庭汽车的普及，这种安逸的生活尤其体现在富裕的郊区生活和不断增长的文化消费。许多中产阶级将家庭迁到郊区，在他们看来这是“美国梦”的一部分。

在科技方面，20世纪60年代初的苏联在空间技术方面曾一度明显走在了美国的前面：1961年，苏联宇航员加加林成功完成了环绕地球轨道的飞行。于是，刚刚上台的肯尼迪决意不能输掉这场太空的竞争。美国随后制订了“阿波罗登月计划”。8年后，1969年，美国人在花费了330亿美元后，终于将阿姆斯特朗和爱德林送上了月球，使阿姆斯特朗成为第一个在月球表面行走的人。

美国霸权的一个重要特征就是对其他国家的控制，其方法通常有三种：一是让其成为盟友，二是利用经贸手段加以控制，三是采取秘密手段推翻其政府。

拉丁美洲是美国的“后院”，但从20世纪60年代初开始，这个“后院”里距离美国最近的古巴一直让它感到头疼——卡斯特罗不买美国人的账。于是，新上任的总统肯尼迪决定实施他的前任所制订的推翻卡斯特罗政府的秘密计划。1961年4月17日，1400多名由美国中情局组织的、由古巴流亡分子和雇佣兵组成的“解放者”在古巴的猪湾登陆。然而这次行动遭到惨败，大部分入侵者被消灭或逮捕。同艾森豪威尔对待U-2飞机入侵苏联一样，肯尼迪尽管并未拒绝为猪湾登陆惨败承担责任，但他也未为此感到遗憾，更未对此表示道歉，而是发誓要继续同卡斯特罗和共产主义斗争。

此后，美苏关系日趋紧张，1961年8月，在东西柏林之间建起了一堵墙——它后来成为了东西方冷战的象征。

一年以后，1962年10月14日，美国一架U-2间谍飞机在古巴上空发现，那里正在修建中程核导弹基地。如果从这里向美国发射导弹，美国几乎没有反应时间。对此，美国政府大为震惊，立刻组成了一个小型的危机参谋部，并准备与苏联摊牌。顷刻间美苏两强剑拔弩张，一场核大战一触即发。美国随后封锁了古巴岛，并用180艘军舰阻止苏联的军舰和补给舰船，同时，战略空军全天候保持有一个装载核武器的B-52战略轰炸机在空中。经过一系列秘密沟通，双方以赫鲁晓夫传递的一个信息为基础达成了一项协议：美国同意不入侵古巴，苏联将撤出他们的导弹。古巴导弹危机终于有惊无险地结束了。后来这两国的许多政治家都认为，这是冷战史上距离爆发核大战最近的一场危机。

接踵而来的是越南战争。第二次世界大战前，越南是法国的殖民地，战争期间被日本占领了，日本战败后，越南与朝鲜半岛类似，南北两方各有一个政府，各方都希望自己能统一整个越南。出于意识形态等因素，中国和苏联都支持北越，而美国则支持南越。时至1961年，看到北越在与南越的斗争中逐渐取得优势，美国人不能容忍。于是，美国总统肯尼迪决定进行军事干涉，在越南问题上显示出美国的力量和对抗共产主义的决心。由于美国人对南越领导人吴庭艳不满，于是策划了一次政变将他推翻，并成立了一个新政府。然而，其效果并不理想，南越与北越的作战依然不能令美国满意。不久肯尼迪在得克萨斯州被暗杀。究竟是谁策划了这次暗杀，一直众说纷纭，成为了一个世纪谜案。

为了避免南越政府的失败，约翰逊在继任美国总统后选择了向越南增派美军，使越战不断升级。于是，从1965年开始，大批美军开入越南，越南战争不断升级。

进入70年代以后，出于美国国内经济持续低迷、苏美的对抗、国内的反战浪潮，以及缓和美中关系的需要等原因，尼克松政府终于决定结束越南战争。1973年1月各方在巴黎达成和平协议，随后美军开始逐步撤出越南。

1975年4月30日，美国最后一批士兵——11名陆战队员，撤离美国驻越使馆，几个小时后北越武装占领西贡。至此，越南战争落下帷幕。

美国对越南战争的干涉失败了。

尽管美国在冷战时期的两场大规模“热战”中均未取胜，但它却在20世纪90年代初成为冷战的最后胜利者。不过，正像苏联部长会议主席雷日科夫所说，“只靠外部力量，谁也不能把我们国家怎么样”，他认为：“苏共之所以能走到酿成悲剧的一步，是因为几十年来它把权力视为自己的专利，它已经丧失了现实的日常斗争的能力。”[47]他的说法不无道理，也就是说，苏联解体的主要原因出于它的内部。布热津斯基在他的《大棋局》一书中也认为：“苏联最后从内部爆炸和瓦解了。”

20世纪80年代，里根在担任美国总统初期一直将苏联看作“邪恶帝国”。他大幅度提高了军备预算，为了对付苏联他还下令开始建立导弹防御系统。不过，自1985年戈尔巴乔夫担任苏联最高领导人后，里根很快发现，苏联这位新首脑与以往不同，这让他看到了可以利用的机会。以改革和“新思维”为特征，戈尔巴乔夫做出了一系列大胆，但又显失稳妥的事情，比如所谓的“公开性”使文化传媒等在短期内完全开放，没有设定任何的渐进过程，也没有辅之必要的管理与控制，这让人们在可以通过各种媒体看到许多事实真相的同时，也让恶意诽谤和谣言大行其道；突然“取消意识形态垄断”、开放党禁，使大批苏共各级领导人陷入茫然，社会不稳定因素急剧上升；不干涉包括东欧国家在内其他国家事务原本属于理所当然，但戈尔巴乔夫对这一立场的表述却被当作对东欧国家脱离苏联控制的鼓励，更为严重的是，此举也鼓励了西方势力肢解苏联的行为——尽管戈尔巴乔夫的本意并非要将苏联肢解……

美国人此时显然比苏联人更清醒，他们自然不会放过这一彻底击倒这个强大对手的绝佳机会。于是，美国人一方面以全球伙伴关系诱惑戈尔巴乔夫，另一方面在背后支持东欧国家转向西方，同时怂恿并资助苏联的其他加盟共和国走向独立。苏联的解体终于不可避免。

1991年12月25日，苏联总统戈尔巴乔夫宣布辞职。到此，苏联也终于走完了它长达69年的历程。

对苏联的解体，美国当然高兴，但它并不愿意给这位民主世界的新兄弟真金白银的援助，相反，它希望苏联崩溃得更彻底些，同时也不希望涅槃重生的俄罗斯很快站立起来。于是它通过一系列行动完成了对俄罗斯的“去现代化”。

苏联解体初期，面对俄罗斯国内所遇到的巨大经济困难，美国方面安排了包括哈佛大学杰弗里·萨克斯在内的一批经济学家，作为俄罗斯经济改革顾问。从表面上看，这些人是为俄罗斯的改革提供帮助的，实际上他们是设法让俄罗斯采用一个最符合美国利益的、以市场化、私有化为特点的新自由主义改革方案，这就是著名的“休克疗法”。之所以说它著名，并非因为它的成功，而是因为它给俄罗斯带来了巨大的灾难；当然也可以说它是成功的——对美国来说它无疑是成功的，它给美国带来了巨大利益。

所谓“休克疗法”，就是让俄罗斯在一夜之间开放包括外贸、金融等在内的各种市场，当然也开放价格。由于苏联过去几十年形成的计划经济体系已经瓦解，新的体系尚未形成，此时让毫无市场经济经验的俄罗斯企业立刻面对西方企业及其产品的竞争，结果可想而知——大批俄罗斯企业亏损、倒闭或濒临倒闭。1992年通胀率达2500%。恶性通胀不但导致了大多数人的极度贫困，也使得俄罗斯过去几十年积累的财富损失殆尽；国有资产大量流失到西方金融大鳄和俄罗斯少数人手中。就这样，始自“休克疗法”的改革，此时又顺理成章地走向了“私有化”，金融寡头开始控制俄罗斯。从此俄罗斯开始了长达10年的噩梦。

苏联解体后，起初俄罗斯还对美国抱有不少幻想。然而一个国家的地位是靠实力搭建的。此时美国对雄风不再的俄罗斯开始明显表现出不屑："美国对俄国新领导有意作出的友好姿态鼓励着俄国外交政策部门中的后苏联的'西化派'……他们很容易自欺欺人地把自己也看作一个超级大国的领导人。"布热津斯基如是说。他接着评价道："新俄国的国力虚弱不堪，社会极其落后，已不能充当美国真正的全球性伙伴。"[48]显然此时的美国已不把俄罗斯看成一个势均力敌的对手，同时也没有真心将其当成一个平等的合作伙伴。

2. 主导非共产主义世界经济

在美国人主张建立的战后国际关系游戏规则里，有两个最重要的协定：第一个协定是1944年7月在美国新罕布什尔州的布雷顿森林会议上由44个国家签署的有关国际金融体系的协定，即布雷顿森林协定。它决定了布雷顿森林体系的建立，其主要内容有：建立以美元为主的国际储备货币系统，让美元直接与黄金挂钩，各国货币和美元挂钩（即"双挂钩"），实行可调整的固定汇率制度；建立了永久性的国际金融机构；建立了现代国际货币管理所必需的各项制度。第二个协定是1947年10月由22个国家在日内瓦签订的有关国际贸易与关税的总协定，即"关贸总协定"(GATT)。该协定的目的是为成员国提供一种国际经济贸易的交流渠道，并建立一种控制和减少关税，以及解决贸易争端的机制，鼓励成员国之间的自由贸易。关贸总协定相关组织是世界贸易组织（WTO）的前身。截至2013年，世界贸易组织有159个成员。

战后的美国踌躇满志，在遏制苏联的同时，自信凭借强大经济技术实力，在上述游戏规则之下，美国通过自由贸易完全可以统治世界。

的确，在战后的世界上，欧洲、亚洲都已成为废墟，只有地理位置远离二战战场的美国成为鹤立鸡群的经济强国，它当然有理由这样自信。

不过，战后西欧和日本经济迅速恢复，到20世纪70年代初期，西德和日本的经济已开始形成对美国经济的竞争之势。美国经济和美元的主导地位遇到了新的挑战。此时美国发现，他们的经济已经无法维持布雷顿森林协定中所规定的美元与黄金的固定兑换比率了。在这种情况下，尼克松总统宣告了布雷顿森林体系的解体。

该体系的解体无疑是世界经济的一件大事。它实际上标志着，在以美国为首的资本主义世界，产业资本主义经济开始逐渐走向金融资本主义。

不久后，为了维持美元在国际货币中的主导地位，美国人依靠其强大的综合实力，通过与主要石油输出国合作的方式，建立了以石油报价和结算用美元计价为特征的“石油美元”，并以此为基础，开始着力打造一个以美元霸权为核心的世界金融霸权体系。

从经济的观点看，二战后美国首先采用的战略是，凭借其绝对优势的商品，通过自由贸易，取得世界经济的主导权，并获得巨大经济利益；但20多年后，美国的这种优势却难以为继了，它的产品已开始受到来自日本和西德的竞争威胁，于是美国调整了经济战略，即抛弃布雷顿森林体系，并找到新的经济增长点——建立一个以石油美元为核心的金融资本主义经济，并从中获利。金融资本主义体系也经常被人们简称为金融“自由化”和“全球化”。显而易见，美国在这方面具有绝对优势。

从20世纪八九十年代日本经济泡沫的产生到破灭，以及东南亚经济泡沫的产生到破灭，人们都可以清楚地看到，美国在全球金融领域具有巨大优势。

美国所选用的战略从来都是自己最擅长的和对自己最为有利的。譬如，在美国不够强大时，它采用“贸易保护主义”和“孤立主义”，以避免欧洲列强的竞争；在美国缺少殖民地的情况下，它主张“门户开放”，以便与其他列强争夺国外市场；在美国商品具有明显竞争力时，它便开始主张自由贸易，因为此时它不必担心其他国家产品的竞争；当美国商品竞争力有所下降，而它的美元霸权及操控国际汇率等金融优势日益明显时，它就又开始不遗余力地宣扬并实施金融的“自由化”和“全球化”。

对此下一章还将详细讨论。

八、后冷战时代的美国

苏联解体后，美国成为了世界上唯一的超级大国。不过，此后的世界并没有变得更加太平。

面对过去40多年老对手的消失，美国人看来并没有时间体会缺少对手的孤独。当看到这个世界上已无人与之抗衡，美国人在感到自得的同时，开始追求美国权力独大的“单极世界”，在他们看来，美国独霸世界领导权的时机已经来临。于是，在随后的20年里，美国人几乎是马不停蹄地发动了一系列战争：索马里战争、沙漠之狐行动、科索沃战争、伊拉克战争、阿富汗战争和利比亚战争等。至今已持续了十几年的阿富汗战争仍然没有结束。

仅从力量对比这一点就不难看出，美国在上述这些战争中取胜是没有任何悬念的。然而，美国的这些胜利并不一定意味着它的正义，也不一定意味着它最后得到了它所期望的东西。譬如，美国虽然取得了伊拉克战争的胜利，但却胜之不武，付出高昂的道德代价。

在美国发动的上述几场战争中，规模最大的是伊拉克战争和阿富汗战争。人们对美国将阿富汗战争作为对“9・11”恐怖袭击的反击并没有大的争议；但美国以萨达姆具有大规模杀伤性武器为名发动的伊拉克战争，却引起了人们的强烈质疑。事实证明，伊拉克根本没有什么大规模杀伤性武器；布什政府发动这场战争的理由是根本不成立的、完全是别有用心的——这场战争的主要目的显然并不仅仅在于推翻萨达姆政权。虽然有人认为美国发动伊拉克战争的主要目的是石油，但笔者更赞同另一种看法，即这场战争的最主要目的是要打击诞生不久的欧元，从而确保美元的霸权地位。从这个意义上说，在这段时间里，美国将欧盟当作了它争夺全球利益的主要对手。

实际上，自苏联解体后，美国便逐渐走上了一条以美元霸权为核心的全球权力扩张的道路。欧元的出现向美元霸权提出了挑战，美国人当然要打击欧元；同时，在美国人看来，中国经济的崛起也对美元霸权构成了潜在威胁，于是他们紧接着就将中国当成了主要对手。

1991年，即苏联解体的这一年，中国GDP为4092亿美元，还不到美国当年GDP的7%；然而14年后，2005年，中国的GDP已增长到22576亿美元，比1991年增加了451%！该值相当于美国当年GDP的18%。（2013年，中国GDP为91850亿美元，约为美国的55%。）

看到中国经济如此快速发展，美国人再次有了强烈的危机感。2006年1月31日，布什总统在一年一度的国情咨文中第一次明确将中国定义为美国的竞争者："在充满活力的世界经济中，我们面临着像中国和印度这样新的竞争者。"小布什如是说。也就是说，在苏联解体14年后，美国人再次将另一个大国——中国——当成了他们的最主要对手。

为了在美中两国的竞争中占得优势，美国不仅在经济，特别是在金融领域向中国施压，比如要求人民币汇率升值，想让中国能像20多年前的日本那样全面开放对金融领域的监管，实行所谓的"自由化"和"全球化"；同时，美国还加强了对中国的文化攻势，比如利用"民主"、"人权"等理念施加影响。

纵观美国历史，美国人在对外战略上一直存有忧患意识——它在不同时期里总会树立一个主要对手或假想敌，对其防范或实施某种战略打击。

在美国宣布独立初期，美国的主要对手是英国，美国人不但将英国人当成政治上的对手，而且也将其作为经贸方面的主要对手。于是美国人在维护自身独立的同时，从19世纪初便开始实施严格的贸易保护主义，并将这一政策坚持了100多年。此外，美国人在19世纪里之所以提倡"孤立主义"，主张美洲是美洲人民的，实质上是主张自己在美洲的权力，而反对欧洲列强对拉丁美洲的任何觊觎和渗透。

19世纪末，当美国人开始大规模海外扩张时，其主要对手是欧洲各帝国主义国家，美国所提出的口号是"门户开放"。其实该口号的实质是，美国依靠其全球第一的工业生产能力，向世界推销美国产品，以此来取得它在全球的经济统治地位。随后爆发的两次世界大战的主战场都远离美国，同时战争又给美国军需产品提供了巨大市场，这使得美国在二战结束时，其综合实力遥遥领先于世界其他国家。

二战后，美国人环顾全球，发现当年所谓的“日不落帝国”英国，早已沦落为二流国家；有可能对美国构成威胁的只有苏联了，于是美国从这时起就将苏联作为其主要对手。

应该说，美国将苏联当成对手，并不仅仅源于意识形态，更主要的是它所具有的实力本身（几十年后美国仍然对俄罗斯保持遏制态势就是证明）。在冷战时期，整个世界被割裂为两部分——共产主义世界和非共产主义世界。由于在此期间，美国对共产主义世界采用的是经贸封锁政策，因此在这一时期美国的对外经济政策主要是指它对非共产主义国家的政策。在冷战时期的前20余年里，美国经济在资本主义世界一枝独秀，超强的实力使它只需依靠自由贸易便可保证其自身的利益。但自20世纪70年代起，经过20多年的经济高速发展，西欧，特别是德国和日本，它们的工业生产能力都已接近美国，也就是说，在资本主义世界此时再次出现了美国的竞争对手。新对手的出现自然会影响到美国的利益，美国当然要想出应对的办法。于是，美国再次改变其战略和相应的口号，美国新的经济战略是，建立以石油美元为核心的金融主导优势，将世界经济从产业资本主义推向金融资本主义；其口号是金融“自由化”和“全球化”。此举果然见效，不久后，日本、东南亚、俄罗斯等国的经济发展都陆续受到了不同程度的遏制。

2001年11月，中国终于加入世界贸易组织（WTO）。此后，中国在全球经贸中扮演越来越重要的角色。看到中国的快速发展，几年后，美国开始将中国当成了主要对手，不但在军事上制定了所谓的“重返亚太”，即后来的“亚太再平衡”战略，在经贸领域也加大了施压力度，企图让中国也像过去的日本那样全盘接受经贸和金融“自由化”和“全球化”的理念。

但中国不是日本。显然，中国对美国的如意算盘已有所认识；美国也终于意识到它难以仅凭军事和经济实力在现有的WTO框架里通过竞争战胜中国这个对手和其他新兴发展中国家，于是它在对付中国的战略里开始特别强化两方面的力量，一是在经贸制度方面，二是文化影响力方面。前一种力量主要体现在目前正紧锣密鼓推动的TPP组织，和TTIP组织，这两个协议组织实际上是WTO的升级版，不言自明的是，美国欲将其打造成它在全世界进行权力寻租的新工具，并遏制中、俄及其他新兴发展中国家。对此，后文会有更详细的介绍。

美国在其崛起、争霸的道路上习惯于不断地树立新的对手，然后制定战略战胜对手。可以说，这种做法在过去的两百多年里一直都是比较成功的。在这漫长的历程中，美国也从最初由13个州构成的弱小国家，发展成今天这样一个世界上最强大的国家。不过，在进入21世纪的今天，美国面对政治崛起的中国和新的世界，其战略是否奏效，目前还难以预测。

2008年，美国遭遇了金融危机，虽然现在经济有所好转，但尚未完全走出困局。尽管如此，应该认识到的一点是，美国的综合实力依然位居全球第一；其军费仍然大大高于其他国家；它的文化影响力和科技竞争力也仍远超其他国家……

如今，奥巴马政府提出了“亚太再平衡”战略，其本质是将他们的战略重点放在亚洲和太平洋地区。当然，笔者并不认为美国的目的是要同中国直接对抗，而是要保持一种对美国自身更为有利的战略态势。

在当今世界，美国与其他大国竞争的主要武器一是文化，二是金融和经贸制度，三是科技；当然，美国也绝不会放弃在军事方面的绝对优势。

美国当然知道，如果不发生意外，若干年后中国的经济总量一定会超过美国；但他们也同样清楚，只要确保美元的霸权地位和美国在国际贸易中游戏规则制定者的地位，同时保证美国在文化、科技和军事上的主导地位，美国就仍然能够保持综合实力的世界第一，美国在全球的霸主地位也就能够继续，这也就保证了美国国家利益的最大化。

面临挑战，但依然强大——这便是今日的美国。

注　释

1. Farrar, Victor J. (1937) .The Annexation of Russian America to the United States. Washington: W.F. Roberts Co.p. 113。

2. 何顺果：《美国史通论》，学林出版社，2001年，第47页。

3. Angus Maddison, The World Economy: Historical Statistics, OECD, 2003。

4. 何顺果：《美国史通论》，学林出版社，2001年，第248页。

5. Angus Maddison, The World Economy: Historical Statistics, OECD, 2003. p. 71。

6. Avery Craven, A Documentary History of the American People, Ginn, New York, 1951. p. 282。

7. 杨生茂主编：《美国外交政策史》，人民出版社，1991年，第112-113页。

8. 戴尔·卡内基著，李占颊等译：《林肯传》，远方出版社，2004年，第174页。

9. Farrar, Victor J. (1937) .The Annexation of Russian America to the United States. Washington: W.F. Roberts Co. p. 113。

10. 泰勒·丹涅特著，姚曾广译：《美国人在远东》，商务印书馆，1959年，第347-348页。

11. Ernest N. Paolino, the Foundations of the American Empire: William.H. Seward and United States Foreign Policy, Cornell University Press, 1973.p. 9, 11, pp. 25-28。

12. Michael H. Hunt, ed, American Foreign Relations Reconsidered. p. 4。

13. Charles A. Beard, A Foreign Policy for America, New York, 1940, p. 43。

14. H. W. Brands, Bound to Empire: the United States and the Philippines, Oxford University Press, 1992. p. 14。

15. 杨生茂主编：《美国外交政策史》，人民出版社，1991年，第229页。

16. 杨生茂主编：《美国外交政策史》，人民出版社，1991年，第246页。

17. 博斯科著，孙宝寅译：《美国人眼中的第一次世界大战》，当代中国出版社，2006年，第56页。

18. 博斯科著，孙宝寅译：《美国人眼中的第一次世界大战》，当代中国出版社，2006年，第60页。

19. 博斯科著，孙宝寅译：《美国人眼中的第一次世界大战》，当代中国出版社，2006年，第61-62页。

20. 博斯科著，孙宝寅译：《美国人眼中的第一次世界大战》，当代中国出版社，2006年，第81页。

21. 博斯科著，孙宝寅译：《美国人眼中的第一次世界大战》，当代中国出版社，2006

年，第81页。

22. 博斯科著，孙宝寅译：《美国人眼中的第一次世界大战》，当代中国出版社，2006年，第56页。

23. 杨生茂主编：《美国外交政策史：1775—1989》，人民出版社，1991年，第340页。

24. 杨生茂主编：《美国外交政策史：1775—1989》，人民出版社，1991年，第342页。

25. 杨生茂主编：《美国外交政策史：1775—1989》，人民出版社，1991年，第376、377、388、389、390页。

26. Townsend Hoopes and Douglas Brinkley，FDR and the Creation of The United Nations，New Haven，Conn.： Yale University Press. 1997. pp. 36-40。

27.《国际条约集》(1933-1944)，世界知识出版社，1961年，第403页。

28. 罗永宽编著：《罗斯福传》，湖北长江出版集团，2010年，第357页。

29. Oscar Handlin，ed.，American Principles and Issues：The National Purpose，New York， 1981. p. 474。

30. 杜鲁门著，李石译：《杜鲁门回忆录》，第一卷，世界知识出版社，1966年，第314页。

31. Foreign Relations of the United States （FRUS）， Vol.6. pp. 484-486。

32. 麦克阿瑟著，上海师范学院历史系译：《麦克阿瑟回忆录》，上海译文出版社，1984年，第154页。Ernest J. King and Walter Muir Whitehill， Fleet Admiral King：A Naval Record，W. W. Norton Company， New York City，1952. p. 389. Henry Harley Arnold， Global Mission， Harper， 1949。

33. United States strategic bombing Survey： Summary Report （Pacific War）， U.S. Government Printing Office， 1946. p. 26。

34. www.trumanlibrary.org/whistlestop/study_collections/bomb/large/index.php

35. 费・丘耶夫著，王南枝等译：《同莫洛托夫的140次谈话》，新华出版社，1992年，第101页。

36. 威廉・恩道尔著，吕德宏等译：《霸权背后：美国全方位主导战略》，知识产权出版社，2009年，前言。

37. 基辛格著，顾淑馨等译：《大外交》，海南出版社，1998年，第380页。

38. 杜鲁门著，李石译：《杜鲁门回忆录》第二卷，世界知识出版社，1966年，第107页。

39. 杜鲁门著，李石译：《杜鲁门回忆录》第二卷，世界知识出版社，1966年，第120页。

40. 杜鲁门著，李石译：《杜鲁门回忆录》第二卷，世界知识出版社，1966年，第119页。

41. FRUS，1948，Vol. 3， pp. 1-6。

42. FRUS，1948，Vol. 3， pp. 59-75。

43. 艾奇逊著，上海《国际问题资料》编辑组等译：《艾奇逊回忆录》下册，上海译文出版社，1978年，第233页。

44. 卫林等编：《第二次世界大战后国际关系大事记》，中国社会科学出版社，1983年，第77页。

45. 卡罗尔·帕金等著，葛腾飞等译：《美国史》（下册），东方出版中心，2013年，第137、138页。

46. 卡罗尔·帕金等著，葛腾飞等译：《美国史》（下册），东方出版中心，2013年，第145、146页。

47. 雷日科夫著，徐昌翰等译：《大国悲剧》，新华出版社，2008年，第3、8页。

48. 布热津斯基著，中国国际问题研究所译：《大棋局》，上海人民出版社，1998年，第132页。

第二章 美国如何主导世界经济

不要怀疑华尔街已经成为一个可与超级大国比肩而立的金融帝国。

——经济历史学家约翰·戈登[1]

我们知道，在拳击赛场上，选手们是按体重分为不同量级参加比赛的，这是为了保证竞赛的公平性。然而，在当今世界经济的“赛场”上却没有这样的公平。自16世纪起，世界各国之间的经济交往开始增多，国际间的游戏规则也逐渐出现了。尽管随着时代的进步，这些规则的公平性和合理性有所增加，但直至今日，主导世界的主要还是丛林规则，即强者为王，强者制定规则。无论是罗马帝国、波斯帝国、蒙古帝国，还是后来的大英帝国，直至当今的美国，它们都是各自时代游戏规则的制定者，其规则也更能代表了它们自己的利益。

二战结束后，美国以其超强的综合实力走到了世界权力的顶峰，制定了布雷顿森林协定、关贸总协定（GATT）等国际经贸制度，搭建了一个以美国为主导的世界经济体系。由于以苏联为首的社会主义国家拒绝加入该体系，当然还有诸多政治和意识形态方面的因素，美国在这一时期对苏联等国家实行了包括经济在内的全面遏制。后来，随着西欧和日本经济的快速发展，美国发现，一些原有的经济制度已不能适应它主导世界经济的要求了，于是从20世纪80年代起，美国开始推行一种被称为新自由主义的经济战略，它实际上是一种以美元主导乃至美元霸权为核心的经济发展战略，它在提倡自由贸易的同时，更强调金融自由化和全球化。从此，以美国主导的世界经济开始了从产业资本主义向金融资本主义的转变。就这样，美国也从一个商贸帝国逐步演变成为一个金融帝国。

“自由化”和“全球化”的主张听起来诱人，好像也挺公平，但事实上这就如同一个强壮的重量级专业拳手要求同一个轻量级业余拳手同台竞技一样，对后者来说既危险又不公平。然而，这就是当今世界的现实。在美国看来，如欲继续保持对世界经济的主导，美国就必须保持金融主导权，即美元霸权，这是美国的核心利益。此外，对粮食和石油等经济命脉的主导无疑也有助于美国确保这一核心利益。

不过，2008年的金融危机让美国人意识到，金融自由化和全球化并不能包治百病，美国欲保持世界经济的主导地位还需要想出新的办法。于是，美国再次借助于国际游戏规则制定者的优势地位，开始在东西两个半球分别构建TPP和TTIP协议体系，这实际上是要打造一个升级版的WTO，并通过它们对世界经济格局做一次“洗牌”。也就是说，美国是要将这两个协议打造成它在世界经济中的新一代权力寻租工具。

一、从金融主导到金融霸权

“霸权”一词在中文里既有“主导权”的意思，又有“强权”的意思，通常是指某一国家或国家集团在世界或世界相当大的范围内享有较高程度的主导或支配权。人们也经常将霸权国推行的支配性政策称为强权政治。尽管我们通常将英文单词“Hegemony”译作中文的“霸权”，但这两者的含义还是有差异的。英文“Hegemony”一词出自古希腊语，其原意是“领导（Leadership）”、“支配（Domination）”，并不属于贬义词；而“霸权”一词虽然与“Hegemony”意思类似，但它在中文里常用作贬义词，有“蛮横、无理”的含义。为此，本章将美国在二战以后对世界金融经济的主导分为两个阶段：第一个阶段是“美元主导”；第二个阶段才是

"美元霸权"。这两个阶段的不同之处在于，在第一个阶段里，美元货币主要是在商品交换中起到媒介作用；而在第二个阶段里，美元在很大的程度上，已演变成为美国在国际经济与政治竞争中可资利用的"武器"了。

在历史上，在传统金本位制度下，英国曾经长期占据金融的主导地位，当时的主要世界货币是英镑。由于英国在二战中的巨大消耗，使得英镑终于将其世界货币的主导权让位给美元。上述变化的标志便是布雷顿森林体系的建立。

1. 布雷顿森林会议

1944年7月，在罗斯福政府的积极倡导下，44个国家的代表云集美国新罕布什尔州的布雷顿森林，举行了具有历史意义的"联合国货币金融会议"。此时联合国也在筹备之中。正是根据这次会议的决议，建立了对战后世界经济产生了深远影响的"布雷顿森林体系"，美元也从此成为首要世界货币。

图2-1新罕布什尔州布雷顿森林的华盛顿山大饭店。1944年7月在这里举办了著名的布雷顿森林会议。

其实，为重建战后国际货币与金融秩序，美国早在1941年秋就开始准备他们的计划了，而大名鼎鼎的英国经济学家凯恩斯则更是早在1940年9月就开始对此有所准备了。[2]于是，英美两方分别在1941年秋和1942年初推出了他们的最初计划。

1944年2月，二战已近尾声，美英两国对今后国际金融体系问题也已讨论多时了，并在此时有了较大的进展。在这种情况下，罗斯福向斯大林和丘吉尔提出了设立一个战后国际经济合作机构的建议。随后，美国当时的财政部长摩根索制订了一个召开国际金融会议的计划，该计划很快得到罗斯福总统的批准。[3]这个会议便是后来召开的布雷顿森林会议。

7月，在美国新罕布什尔州布雷顿森林召开了联合国货币金融会议，史称布雷顿森林会议。会议的议题是商讨战后世界贸易和金融秩序安排。在这次会议上，除了美国方面提出了“怀特计划”，英国方面也提出了由其财政部首席顾问、著名经济学家凯恩斯领衔制订的“凯恩斯计划”。

“凯恩斯计划”主要包括三个建议：一是建立一个统一的世界货币“班克”（Bancor）；二是建立一个世界中央银行；三是建立一个国际清算联盟。尽管许多经济学家认为，凯恩斯的建议更公平合理一些，但大国之间博弈的结果并不一定取决于谁更“有理”，而往往取决于谁更有实力。正像美国财政部长摩根索当时在日记里所写的：“在与怀特开始谈判之前，凯恩斯已经明白由于美国强大的财富与国力，英国将最终不得不屈服。”[4]由于二战后美国的强大经济实力，该会议最后还是采纳了美国方面提出的“怀特计划”方案，只是对其再作了一些修改。就这样，布雷顿森林会议达成了以下共识：一是建立以美元为中心的国际货币体系，并确定35美元可兑换一盎司的黄金的官价，即每一美元的含金量为0.888671克黄金；二是建立世界银行（当时被称为国际复兴开发银行），为促进成员国经济复苏提供中长期信贷；三是建立国际货币基金组织，为保障国际货币体系的稳定向成员国提供短期资金借贷。

美国积极筹建的国际货币基金组织和世界银行，最直接的作用是为国际收支失衡融资提供充足的资源，从而使各国能够推行自由放任的贸易政策，使世界金融体系重归平衡，同时也使相关国家向美国出口商开放其国内市场；向前殖民地国家提供发展贷款，以及向身处困境的国家提供的收支平衡贷款，使这些国家无须采取货币贬值和关税壁垒的政策。

不过，后来人们看到的是，美国人不但一直在上述过程中得到利益，而且布雷顿森林体系也让世界进入了美国制定的国际游戏规则的轨道。美国经济学家迈克尔·赫德森在他的《金融帝国》一书这样写道，人们终于开始认识到，美国政府的根本目标是将外国经济体转化为美国的卫星国。

2. 构建商贸帝国

二战结束后，在对外经贸关系方面，美国根据不同的国家主要采取了三种不同的策略：第一，它在将苏联及其他社会主义国家当作政治和军事上的遏制对象的同时，也将其当作经贸封锁的对象；第二，实施“马歇尔计划”，即向欧洲国家（其实是西欧国家）提供战后经济援助，实施重建贷款的计划；第三，向第三世界国家提供投资和发展贷款。对于第一个策略，美国用意很明显，它要把苏联等社会主义国家限制、隔离在一个封闭的范围内，使其远离与世界其他国家的经贸合作和交流。下面我们着重讨论上述的第二和第三个策略。

马歇尔计划既是一个“利他”的计划，更是一个“利己”的计划。之所以要提出这样一个计划，是因为美国有“前车之鉴”。在第一次世界大战结束后，美国借战争之利已成为当时世界上主要的债权国，这种情形在美国历史上并不多见。不过，此时财大气粗的美国对欠债的外国政府并未报以同情与怜悯之心，没有充分认识到一战所带来的债务负担远远超出了一些债务国的偿还能力——除非债权国向债务国提供新的贷款，这些国家将无力偿还所欠的债务；美国也未曾考虑以其优势的经济地位在世界范围内建立一个稳定的经贸和金融秩序；更未认识到建立一个对己有利的金融体系将有助于美国称霸世界。事实上，那时的美国更希望看到的是欧洲各个帝国的衰退，使其财富流向美国，从而带动美国经济与军事实力的增长。然而美国人的算盘打错了，其结果是，美国不但失去了一次重建世界经济和取得经贸和金融领导地位的机会，而且接下来发生的情况是：世界收支体系崩溃、各国间贸易保护主义盛行、货币贬值，最终导致了长达十余年的经济大萧条。美国在一战中为欧洲国家提供的贷款最终也没能完全收回。美国的自私和贪婪反而使其自食其果。

大萧条和二战的爆发让美国人得到了教训。

二战后的美国已今非昔比，无论在经济、技术还是在军事等方面，美国在世界上都处于遥遥领先的地位，于是，自信的美国人除了出于对苏联共产主义的担心而在政治和军事上对其采用遏制战略外，他们此时已不再惧怕来自其他国家的技术与经济方面的竞争了，因此也就不再像过去那样需要严格的贸易保护主义了（当然，后来当美国经济再次出现危机时，他们还会一次次地祭出贸易保护主义的大旗）。在美国人看来，当美国具有明显的技术、产品与资本优势的时候，制定一系列国际游戏规则，用来保证自由贸易、自由资本流动和稳定的汇率等国际环境，这对美国是有利的。于是他们甚至早在二战结束前就已经开始着手打造新的国际金融体系了，并且在战后不久就提出了欧洲复兴计划，即“马歇尔计划”。

为什么说“马歇尔计划”既是“利他”的也是“利已”的计划呢？

首先，马歇尔等人当时已经意识到，二战期间在美国国内建立起来的巨大生产能力在战争结束后已经过剩，这些过剩的产能、产品亟须新的市场，否则很快就会出现大量失业，甚至产生经济危机。而“马歇尔计划”却可以很好地化解这个问题——借钱给欧洲人，让他们购买美国的机器设备和其他商品，这样就为美国的产能和产品找到了市场。

其次，美国为西欧提供的贷款、机器设备、商品等援助，可以有效地促进西欧经济实力的恢复，进而帮助美国遏制苏联以及东欧的共产主义。

可见“马歇尔计划”是一个真正的“双赢”计划。“马歇尔计划”成功的原因也在于此。从1948年到1952年，美国向欧洲16个国家共提供了130亿美元（相当于1997年的880亿美元）的援助。

在布雷顿森林会议上确定成立的国际货币基金组织（IMF）和世界银行其中的一个目的是要为第三世界国家提供经济发展和投资贷款援

助。这听起来同样是一个非常令人鼓舞和钦佩的“利他主义”行为。然而，从这两个机构成立以后数十年里所发生的事情来看，它们在向第三世界国家提供贷款时都附带了许多条件，甚至是很苛刻的条件，从长远的观点看，这些条件往往对那些接受贷款的国家却是很不利的。这主要体现在这些国家的民族工业被摧毁，经济体系严重依赖国外，债务负担严重，等等。

那么，在美国控制下的上述两个金融机构通常会提出什么样的援助条件呢?

最主要的条件就是，让这些国家放弃自己的关税、出口补贴和外汇管制等，美其名曰“自由贸易”。

那么，接受这些条件的结果是什么呢?

我们通过下面几个例子来了解一下。

2002年由于IMF要求加纳取消食品关税，致使来自欧盟的进口食品大量涌入加纳，导致该国食品工业和农产品供应者的生意毁于一旦。而就在IMF让加纳取消进口税的时候，它却没有让欧盟取消给予自己巨额的农业补贴。

赞比亚曾一度用进口关税保护着约140家本地企业，后来由于IMF的压力而被迫废除。很快，廉价的二手服装潮水般涌入，致使132家企业倒闭。

20世纪90年代初，IMF根据其在秘鲁的经济结构调整计划，要求其大幅度削减玉米进口关税，结果导致美国的玉米大量涌入；而美国自身对农民却提供了大约400亿美元的农业补贴！在这种情况下，许多秘鲁农民只好改行了——本来自产自足的玉米产业，如今成了美国产品的市场。[5]

那么，既然美国的这些条件会产生如此后果，这些第三世界国家为什么还会接受呢?

一是某些贫困国家出于迫不得已，只好签署此类“城下之盟”；二是某些国家的一些利益集团出自自身利益的考虑而决定接受那些条件——毕竟大量的美元贷款可以让利益集团直接受益，同时也可以带来短期的

GDP增长。另外，还有这样的情形，有时一些为美国利益服务的、被人们称为“经济杀手”的人对一些国家的决策人物的威逼利诱也起到了不可低估的作用。于是乎，这些发展中国家，特别是南美的一些靠政变起家的独裁政府纷纷接受美国人提出的“自由贸易”理念。对此乌拉圭作家爱德华多·加莱亚诺在他的那本《拉丁美洲：被切开的血管》一书中这样讥讽地写道：“独裁政府像拉皮条的人介绍淫妇那样将整个国家拱手让出，试图勾引外国资本家，并恰如其分地说道：‘在对待外国人方面，巴西是世界上最开明的国家……’”[6]

说到“自由贸易”，我们不妨再看一个发生在南美国家智利的例子。

1973年9月11日，智利发生军事政变，民选的阿连德政府被推翻，取而代之的是以军事独裁者皮诺切特为首的、代表既得利益集团的政府。尽管当时美国人极力否认参与并支持了皮诺切特的政变，但在2000年11月13日解密的美国中央情报局的文件表明，美国政府的确秘密资助了政变发动者皮诺切特。美中央情报局发言人说，中央情报局的一切行动都是按照白宫和情报机构政策协调委员会的指令进行的。美国官方承认：“美国政府在这一时期同意采取的行动加剧了（智利）政治的分化，影响了智利民主选举和尊重法治的传统。”[7]

政变后不久，智利便陷入了经济危机。此时，智利的既得利益集团希望新自由主义能解决他们所面临的问题，于是在1975年，由一个有背景的私人基金会出面，邀请美国芝加哥大学经济学教授、新自由主义学派著名理论家弗里德曼（Milton Friedman）到智利讲课。弗里德曼不但到智利讲了课，还会见了皮诺切特。此后不久，一大批被称为“芝加哥男孩们”的来自芝加哥大学经济学院的毕业生进入智利的新政府。就这样，弗里德曼提倡的新自由主义，即“自由贸易”在智利大行其道。尽管弗里德曼在1976年因其对消费分析、货币历史和理论方面的成就，以及他对稳定政策的复杂性的证明而获得诺贝尔经济学奖，但在他的经济思想指导下进行的智利经济改革实验，即以国有企业私有化、贸易自由化、货币与资本市场开放化等为特征的新自由主义的实验却失败了。这个经济自由化没有给智利带来经济的发展和独立，而只有短期GDP数字的提升；自由涌入的大量国际资本摧毁了智利的民族工业；许多企业被国际资本廉价收购。总之，智利在过去几十年里建立起来的产业基础很快土崩瓦解。事实上，美国芝加哥大学经济学系为智利培养学生的计划早在20世纪50年代就开始了。从此类所谓的经济改革实验结果来看，自由贸易政策的真正受益者只有美国和智利的大资本利益集团。正像一些学者所说，在这些南美洲的国家里，利益集团绑架了国家利益。

仅凭自由竞争就能带来经济的繁荣吗？显然不是。智利自1975年初开放了牛奶价格，但同时并没有配套的监管，于是两家企业很快控制了国内的牛奶市场，牛奶的销售价格也很快上升了40%，而收购价却下降了22%。[8]显然，简单的自由主义并非是解决第三世界经济发展的灵丹妙药。

在20世纪60年代和70年代，在拉美其他国家也发生了多次军事政变，比如1955年在阿根廷、1964年在巴西、1973年在乌拉圭、1977年在萨尔瓦多等。这些国家在政变后经济上也大多选择了所谓的新自由主义道路，而这些政变的背后几乎都有美国的暗中支持。

总之，在美国主导的国际货币基金组织和世界银行的经济援助计划下，那些主要包括拉美国家在内的第三世界国家并没有真正建立起自己的工业体系。事实上这些国家现在的经济体系是一种受制于发达国家的、低端的、毫无竞争力的经济体系，也可说是一种新型的殖民地经济体系。根据史蒂文·希亚特先生的研究，至2007年，第三世界国家每年要偿还的债务在3750亿美元以上，该数额是这些国家每年得到的国外援助的20倍。这一体系被称为“逆向马歇尔计划”。[9]

翻开世界经济发展的历史，人们不难发现，那些曾在历史上显赫一时的经济强国，包括现在的美国，几乎没有哪一个国家是靠所谓的“自由贸易”发展起来的。恰恰相反，它们大多都是靠“保护主义”发展起来的。

一直被人们认为是自由贸易发源地的大英帝国，实际上只是到了19世纪50年代，才开始从过去的高度指令性工业和贸易保护政策逐步转变为自由贸易政策。在英国执行高额关税的几百年里，它对殖民地的工业体系和商贸的发展加以严格限制，以牺牲殖民地国家利益为代价来确保英国本土制造业的发展。

19世纪中叶，美国总统格兰特曾说过这样的话："几个世纪以来英国一直笃信贸易保护主义，实施贸易保护主义达到了登峰造极的地步，并因此获得满意的结果。毫无疑问，英国现在的实力归功于这一制度。近两个世纪以来，英国感到接受自由贸易较为适宜，因为它认为贸易保护主义已不能再给英国带来什么好处。"[10]

美国自19世纪初到20世纪初，实行了近一百年的贸易保护主义。事实上，美国南北战争的主要起因正是出于是否要坚持贸易保护主义。19世纪60年代，为了确保美国（主要是北方）工业的发展，美国联邦政府坚持高关税的保护主义；而当时南方农场主出于对欧洲市场的依赖，便执意坚持自由贸易主义，为此南方几个州最后决定脱离联邦。在这种情况下，南北双方的战争终于不可避免。由此也可以看出，坚持贸易保护主义对当时美国的联邦政府有多么重要。

林肯总统领导的北方军队最后战胜了南方军队。此后的美国制定了更为严格的贸易保护主义税率。正像赫德森教授所说："在那时，美国需要关税保护、对工农业进行补贴，以免在国际分工中沦为'担水劈柴'的角色。"[11]直至二战结束后，美国的关税税率才有了显著下降，而此时的美国无论在经济、政治、军事和技术等方面都已是世界第一强国了——它已经具有强大的竞争力了。

正是从这时开始，美国人似乎忘记了过去一百多年以来他们所坚持的保护主义，在制定国际经贸游戏规则（比如布雷顿森林体系、关贸总协定等）的时候，他们总是一再祭出对强者明显有利的经贸自由主义大旗。

战后的日本也是在贸易保护主义的条件下实现经济起飞的。20世纪70年代，正是看到日本经济大有赶超美国之势，美国感到了压力和威胁，于是他们便执意逼迫日本让日元升值，并让日本开放经贸和资本市场。日本顺从了，但却导致了日本后来的经济危机，并在其后的20多年里陷于经济徘徊，至今仍未走出低迷的阴影。好在日本20世纪80年代末出现经济危机的时候已经步入了发达国家行列，否则就像英国经济学家张夏准所说的："事实上，如果日本在1960年代初接受了自由贸易经济学的教导，肯定就没有凌志车，今天的丰田公司最多也不过是西方某个制造商的小伙计；更糟的情形可能是，它已经被淘汰出局了。这对整个日本经济而言也是一样的道理。如果日本早早地穿上了弗里德曼的金色紧身衣（即实行弗里德曼的新自由主义经济政策——引者注），它肯定像1960年代一样仍然维持着三流工业实力的水平，收入水平相当于智利、阿根廷和南非……"[12]

显然，所谓的"自由贸易"和"金融全球化"只不过是像美国这样的发达国家，当自己已经具备了强大的经济、技术和制度等竞争实力后提出的一种经济战略，其目的在于让在这些方面竞争力很弱，甚至毫无竞争力的国家洞开国门来与美国一起竞争。这样的结果是显而易见的——这就如同将一个训练有素的重量级拳手与一个几乎没有经过训练的轻量级业余选手放在同一个拳赛场内搏击，其结果只能是后者被无情地击倒。

当然，闭关自守和极端的保护主义并不可取。每个国家应该根据自己的国情来制定经贸进出口的"自由"程度，以及对国外资本的"开放"程度，然后随着本国在国际上竞争力的提高，逐渐地、更大地增加"自由"和"开放"的程度。实际上，更多的国际经贸交流既是学习别国经济技术经验的过程，也是发展本国经济的过程。关键的问题是，"自由"和"开放"的程度要适当，要使其"利"大于"弊"，不要在自由化和全球化的进程中失去自我——不要失去独立自主的经济体系。

通过上述内容我们看到，在二战后初期，美国在对外经济战略上将其重点放在了发展自由主义的商贸经济方面，而不是金融方面。此时美国对外所展现的是一个资本主义商贸帝国。

3. 布雷顿森林体系的崩溃及"石油美元"

布雷顿森林体系建立后，西欧国家和东亚的日本依靠原有的基础技术条件，加之美国的贷款帮助，其经济得到迅速的恢复。从20世纪60年代开始，许多国家的经济发展速度开始赶超美国。在这种情形下，那些趋利的美元资本开始大量从美国流出，进入当时的新兴国家，比如日本、西德等国家。根据1967年1月美国总统提交国会的报告，从1962—1965年，美国公司在西欧投资的平均盈利水平为12%—14%；而此间在美国国内的投资，其盈利水平还不到在西欧的一半！[13]在20世纪60年代末、70年代初，这些国家的一些商品，比如一些电子产品、汽车等，其质量已经达到甚至超过了他们的“大哥”美国。在这种情况下，过去的那种以美国向这些国家出售产品，同时给美国带来利润为主的贸易模式，已悄然转变为相互对等甚至是互为竞争的经贸模式了。

1969年底，上台不到一年的美国总统尼克松看到美国已开始出现衰退，于是他决定实施扩张性货币政策，即大量增加美元供应，并大幅降低利率。

然而，尼克松此举并不奏效，巨量资金仍然继续选择流向欧洲和其他地区；而且祸不单行，时至1971年，美国出现了自1874年以来的第一次贸易逆差。而与此形成强烈反差的是，西德和日本的贸易顺差和外汇储备却快速增长。所有这一切终于引发了在全球范围内对美元的恐慌性抛售！

8月，美国黄金储备只剩下102亿美元，其数量仅为美元对外短期负债量的四分之一左右。[14]如果这时所有的国外债权人都要求美国用黄金偿还债务，那么美国将无法满足其要求。因此，当英国人这时要求美国把30亿美元兑换成黄金时，美国立刻感到非常为难：如果接受这一要求，很可能会引起其他国家提出同样的要求，可眼下美国的黄金储备是远远不够的；如果拒绝这一要求，这无疑意味着美国承认了自己黄金储备的不足，也会引起极大的恐慌。[15]

于是，万般无奈之下的尼克松于1971年8月13日至15日在戴维营召开了一次有政府高层和15位经济学专家参加的秘密会议。会后宣布：关闭“黄金窗口”，即暂停美元按官价与黄金的兑换；增收10%的进口税；恢复投资信贷以鼓励企业投资……最引人注目的是：冻结工资和物价90

天。[16]就这样，执行了26年之久的布雷顿森林协定开始瓦解。

有关冻结物价和工资的规定事实上直到1974年初才完全取消。尼克松政府的这种做法显然与美国一直宣扬的资本主义自由经济原则相违背。当然，这也是一种避免通货膨胀的无奈之举。后来，随着物价的逐步放开，到1973年初，美元危机便再度加剧了，这使得不久前签署的旨在稳定美元汇率的《史密森协定》也终告失败。于是，浮动汇率最终便成了唯一的选择。至此，布雷顿森林体系彻底崩溃。

当美元与黄金的固定兑换体系面临解体的时候，尼克松总统和基辛格国务卿就已清楚地知道，这一危机会使全球对美元的需求急剧下降；而如果美国要继续维持自身的福利和战争的费用，却必须要继续保持世界对美元的需求。

那么，怎样才能在美国经济衰退、美元疲软的情况下还能让全世界继续保持对美元的需求呢？

他们终于想到了石油——没有哪个国家可以离开石油！不过，石油与美元之间原本并没有什么内在关系，因此，只有在这两者之间建立某种必然联系，它才能为美国所用。

为了建立石油与美元的一种“必然联系”，美国的办法是，首先从与欧佩克（OPEC）的首要国家也是当时世界石油产量排名第一的沙特阿拉伯打开缺口。于是基辛格与沙特国王家族进行了一系列的会谈，并最终达成了意义重大的协议。

实际上这是一纸美元与石油“联姻”的协议，有了这一协议，美国就可以通过“绑架”欧佩克（OPEC）旗下的石油这一“人质”，来迫使更多的国家用美元购买石油。此后不久，“石油美元”（Petrodollar）一词应运而生了，该词是由美国乔治城大学经济学教授易卜拉欣·欧维斯（Ibrahim Oweiss）在1973年创造的，它是指石油输出国通过出口石油而获得的美元。

也许有人会问，既然美国此时经济不景气，美元又疲软，那么沙特为什么会在这个问题上愿意同美国合作呢？

根据美沙双方达成的协议，美国为沙特提供的条件是：为沙特的油田提供保护；向沙特提供武器；更重要的是，美国保证沙特今后将不会受到以色列的攻击。这一切显然都是沙特希望得到的。不过，作为交换，沙特也要答应美国的两个条件：一是沙特必须同意将其全部的石油销售用美元定价（即不可以使用其他货币）；二是沙特愿意将其剩余的石油收入用于购买美国国债。[17]

其实明眼人一眼便可看出，美国既然可以用武力保护沙特，当然也完全有能力威胁沙特，对此沙特自然不会不明白接受上述条件并不奇怪。事实上当时沙特对美国提出的条件还是非常满意的，在他们看来，只需听从美国提出的使用美元作为石油的定价方式便可以得到美国人的保护和武器，这个买卖还是很划算的。[18]

当然，美国并不会做赔本的买卖，他们早已做足了功课，如果沙特接受上述条件，加入到美国设计的这个“石油美元”体系之中，那么，过不了多久，欧佩克的其他产油国家也会随之加入。

果然，这个体系在接下来几十年里会给美国带来巨大的好处。

正像美国人所谋划的，到1975年，所有的欧佩克石油输出国都同意了用美元为它们的石油报价方式，并同意将各自销售石油后的剩余美元用于购买美国债券。

就这样，当美元失去黄金支撑而沉陷在即的时候，尼克松和基辛格终于为它找到了新的支撑物——石油美元体系。在该体系下，全球的美元需求不但没有下滑，而且随着世界对石油需求的增长，对美元的需求甚至出现了上升，因为所有那些需要从欧佩克国家进口石油的国家必须先想办法得到美元，然后才能买到石油。就这样，美元的国际储备货币地位终于保住了。这对美国来说，意义非同小可。

那么，石油美元能给美国带来哪些利益呢？

石油美元体系主要可以给美国带来下列直接的好处：第一，它增加了世界对美元的需求；第二，它增加了世界，特别是石油输出国对美国债券的需求；第三，美国可以方便地用完全由自己控制发行的美元购买石油。

在现代社会，货币是一种由国家中央银行“生产”的、能够用来购买其他商品的特殊“商品”。因此货币至少有一点与其他商品完全一样，这就是它越是被人们需要，它的价值就越高，同时也就越能给它的生产者或发行者带来利益。

假设有这样一个例子：一个县城的服装厂生产的服装原来的销售市场只有它所在的县城，由于这个县城人口有限，该厂的利润空间也就很有限。于是该厂决定要扩展市场、增加需求，让这个县以外的顾客，即让全省的、全国的，甚至使全世界的顾客都能购买它的产品。因为厂家明白，他的顾客越多，他的利润也会越多。当然，市场范围越大，其竞争者也越多。那么怎样才能减少甚至避免其他人的竞争呢？最简单有效的办法就是垄断。不过对普通服装厂来说，要做到垄断是很困难的。于是它只好通过其他一些方式来扩大市场。正当的方式是通过提高产品质量、降低成本和改善服务等来增加市场需求，当然要做到这些很不容易。于是这个工厂可能会想到采取诸如贿赂外地采购人员等不正当方式，将订购本厂服装与采购者的利益捆绑在一起，来增加订货即增加市场需求，从而增加利润。通常这种做法显然是违法的，但如果这个厂家可以左右法律的话情况就不一样了……

很明显，有一些市场需求并非是真正的市场需求，而是一种被绑架了的需求。我们上面讨论的美元石油所带来的对美元的需求在相当的程度上就是这样一种被绑架的需求。它也许并不违法，而且即便违法也没有任何人能够对此给予制裁。

不过，尽管美元石油体系已开始发生作用，但在随后的几年里，美元的颓势依然不改。对此在谈世中先生主编的《影响世界的货币——美元》一书里有这样的评价：“概括整个70年代浮动汇率下的美元汇率变动，可以认为美元基本上是软通货，而马克、日元等是与之相对应的硬通货。”[19]的确，此时英、法、西德等，均感到美国金融现况如此糟糕，美国并不胜任作为全球经济的领导者。可见，尽管最初的石油美元体系给美元带来的某种特权，并使其保持了原有的国际储备货币地位，但真正意义上的美元霸权此时还没有出现。

事实上，在20世纪70年代初美国之所以采取了联合中国对抗苏联的做法，以及后来又决定从越南撤军，这些都是在美国经济不振、美元疲弱状况下的无奈之举。

美国经济颓势并未很快好转，甚至有继续恶化的迹象。70年代后期，美元汇率仍不断下跌，通货膨胀仍在持续，美元的地位仍面临危机。在这种情况下，美国开始实施紧缩货币政策（可见，美国并非只知道搞货币的"量化宽松"，当危及核心利益时，它自然会选择"紧缩"货币的政策）。

不久后，美国经济终于出现了一些转机，美国人也终于松了一口气。从1981年开始直至1985年初，美元开始持续大幅度上升。至1985年，美元对马克、日元和英镑的汇率比之5年前分别上升了大约96%、29%和132%。

然而，美元汇率的提高并不一定对美国经济有利，相反，实际上它给美国产品的出口带来了不利——美国的贸易赤字明显增大。看到这种情形，美国决定将美元贬值。于是在美国的积极倡导下，1985年9月22日在美国纽约的广场酒店（Plaza Hotel）美、英、法、西德和日本五国签订了著名的《广场协议》(Plaza Accord)，决定五国的中央银行联手干预市场，让美元贬值。

作为该协议的一个直接结果，从1985年至90年代中期，美元再次进入了一个总体下降的通道。但由于这是一次有计划的、对美国经济有利的美元贬值，因此并没有产生明显的通胀等副作用。不过，也正是从这年开始，美国从最大的债权国变成了最大的债务国。

4. 美国的金融霸权

美国的金融霸权从本质上说是美元霸权。那么，美元霸权是在何时在什么条件下产生的呢？

前面已介绍过布雷顿森林会议。从这个会议开始，美元便取代了英镑成为首要的国际储备货币，由此一些学者便认为，美元霸权也是从此时开始的。其实，事实并非完全如此。前面曾说过，从这时开始占据主导地位的美元的确已开始享有一些特权和一些利益，但此时的美元同过去的英镑类似，其主要的作用是工商、贸易等经济活动的“工具”，而不是国家之间博弈的“武器”。美元之所以在布雷顿森林体系存续时期，甚至在其解体之后相当长的一个时期里，并未取得真正意义上的霸权——此时美元还尚未成为牟取巨额利润、打击别国经济的特殊“武器”，其主要原因是，直至20世纪80年代中后期，美元霸权的条件一直没有完全具备。

那么，美元霸权需要什么条件呢？

美元霸权是一个全球化的、由美国对美元的垄断发行权而产生的霸权。它的产生需具备三个条件：第一是美国可以根据自身需要不受限制地发行美元；第二是世界上有足够多的国家在国际贸易中大量地使用美元；第三是在政治上、制度上和技术上均已具备金融全球化的条件，即世界各主要国家均已对美元等国际储备货币开放了金融市场。也就是说，美元霸权是通过美国自由发行美元、美元的大量国际需求以及金融全球化来实现的。

直至布雷顿森林体系在70年代解体，美国一直受到要按固定比价可将美元兑换为黄金的规定限制，即受到人们用35美元兑换美联储1盎司黄金规定的制约。这就使得美国在增发美元时受到很大的限制——如果它要增发美元，则它的中央银行（美联储）就要增加相应的黄金储备。可见，在这种情况下，美国受到增加黄金储备的制约，很难用随意增发美元的方式来牟取利益。因此，在布雷顿森林体系存续的时期里，美元还难以达到霸权的程度。此时美国还不具备上述的第一个条件。

不过，二战结束后的美国在政治、军事以及经济等方面的优势使其他国家无人可及，甚至是难以望其项背，当时的美国自然很难想到多年后有关美元兑换黄金的规定会让它陷于难以为继的窘境，它很可能也不会预料到抛弃美元与黄金固定兑换的桎梏之后，美元霸权反而能给它带来更加巨大的垄断利润。不过，有一点美国当时是很清楚的，这就是，布雷顿森林会议所确定的美元地位无疑会在今后给美国带来很多好处。

当美元与黄金脱钩后，美元发行便不再受到黄金的制约了。尽管此时上述美元霸权的第一个条件具备了，但当时并没有很快出现所谓的美元霸权。非但如此，由于美元在相当长的一个时期里呈单边下跌之势，人们此时甚至将其戏称为“软通美元”，与日元和马克相比，人们当时更倾向于选择日元和马克。对此前面已有论述。幸亏美国人很快开始实施“石油美元”战略，这才保证了世界对美元的基本需求。而正是从这时开始，上述美元霸权的第二个条件也基本具备了。

尽管如此，直至20世纪80年代中期，仍然没有明显展现出真正意义上的美元霸权。究其原因，除了苏联因素的影响之外，其主要原因是，上述美元霸权的第三个条件还不具备，即在这一时期美国人已开始提倡的所谓经济自由化和金融全球化仍未实现，在制度上对美元霸权仍存在诸多制约。譬如，当时在一些主要国家里，比如说在日本，其金融市场仍未开放，在这种情形下，美元对日本的金融体系便很难施加影响。

可见，欲实现真正的美元霸权不但仍需时日，而且还需要等待某种契机。不过，虽然此时美元还尚未表现出真正意义上的霸权，但在除社会主义国家以外的世界里，美国的“老大”地位却是毋庸置疑的。

世界在发展、变化。当时间进入到20世纪80年代，一直高速发展的日本的经济更是突飞猛进，大有赶超美国之势。这使美国人感到了危机。

从图2-2，2-3上的曲线可以看出，从80年代中后期开始，日本的国内生产总值（GDP）已接近美国，而且它的人均GDP已经超过了美国！有一个标志性事件后来常常被人们提起，这就是发生在1989年10月31日的洛克菲勒中心购买案。这一天日本三菱集团宣布，它用8.46亿美元的价格收购了美国洛克菲勒中心51%的股权！

一时间“日本收购美国”的惊呼不绝于耳。

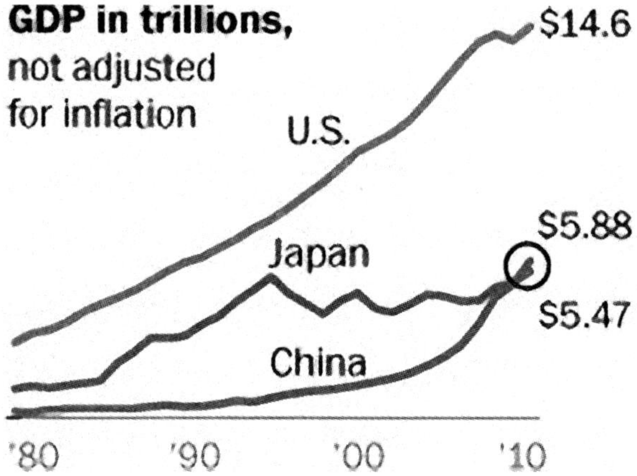

资料来源：Washington Post，February 15， 2011。

图2-2说明：GDP单位为10亿美元，其中美元未做通胀因素调整。

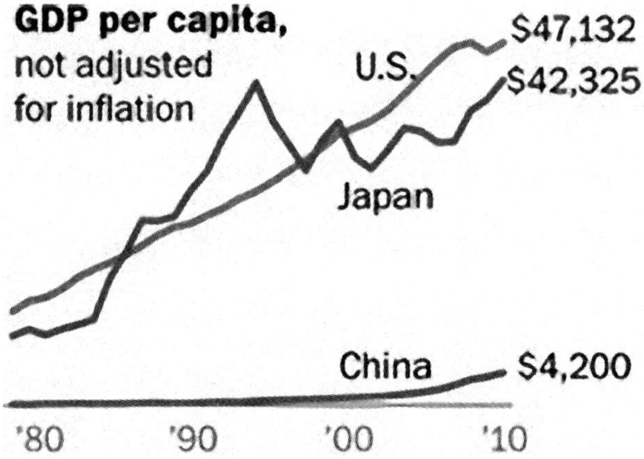

资料来源：Washington Post，February 15， 2011。

图2-3说明：上图为人均GDP，其中美元未做通胀因素调整。

其实，在此之前美国的政治家和金融家们早已感到了危机，并早就开始未雨绸缪了。于是，就在上述洛克菲勒中心购买案发生不久，美国便决定对日本痛下杀手了！美国的这一行动可谓是大规模国际金融战的开山之作，美元霸权的时代也由此拉开了序幕。

1985年9月22日，法国、西德、日本、英国和东道主美国在纽约的广场酒店就美元贬值问题签署了《广场协议》。这是一个由五国政府签署的、各方都有具体承诺的协议，其最主要的目的是让美元对日、德、法货币贬值；不过它的重点显然在于要求日元对美元升值。当时日本已是世界第二大经济体，已威胁到美国的“老大”地位。这个协议要起到的主要作用，就是对日本经济的打压。因此可将该协议的签订看作美国绞杀日本经济的开始。

当然日本此时并没有意识到这一点。从图2-4可以看出，当这一协议签订后，由于这五个国家中央银行的强力干预，美元对法、德、日三国货币的汇率应声回落，特别是对日元和马克的汇率在接下来的两年时间里下跌超过50%。

这个结果给人的第一感觉无疑是，此时美国的产品由于价格下降而提高了国际市场的竞争力，同时给日、德两国向美国出口带来了非常不利的影响，从而可以有效减少美国的对外贸易赤字。其实这个协议的内容和意义还不仅如此，况且在接下来的几年里，美过对日本的贸易赤字并没有因此而显著减少。后来人们发现，《广场协议》的最大意义在于，它促使原本比较封闭的日本金融系统融入了国际金融的大市场——日本很快便以一个“职业选手”的身份站在了国际金融的拳击场上，尽管它只不过是一个“业余拳手”的水平，而且量级也明显不够。也许当时的日本对此感到了某种自豪，然而，从后来的结果看，他们此时还远没有做好准备，而对手的强悍也使它始料未及。在这种情况下，日本被美国击出拳台也就完全在情理之中了。

那么在《广场协议》里美国和日本各自都做了什么承诺呢？

美国主要承诺了五条：一是降低政府开支；二是降低财政赤字；三是改进财税以提高效率；四是改善金融环境保证物价稳定；五是反对保护主义。可见，这些内容比较空洞，且并不能给日本或其他国家带来什么好处。

日本做了六项承诺：一是反对保护主义，进一步对外国的商品和服务开放日本的国内市场；二是加大力度制定出取消金融管制的相关措施；三是针对日元汇率采用更具弹性的货币政策；四是加强日元在金融市场的自由化，使日元能更好地反映日本经济实力；五是继续将财政政策的重点放在减少财政赤字和为私人行业提供发展环境方面；六是依靠扩大顾客和住房信贷市场等措施来刺激私人消费和投资。[20]

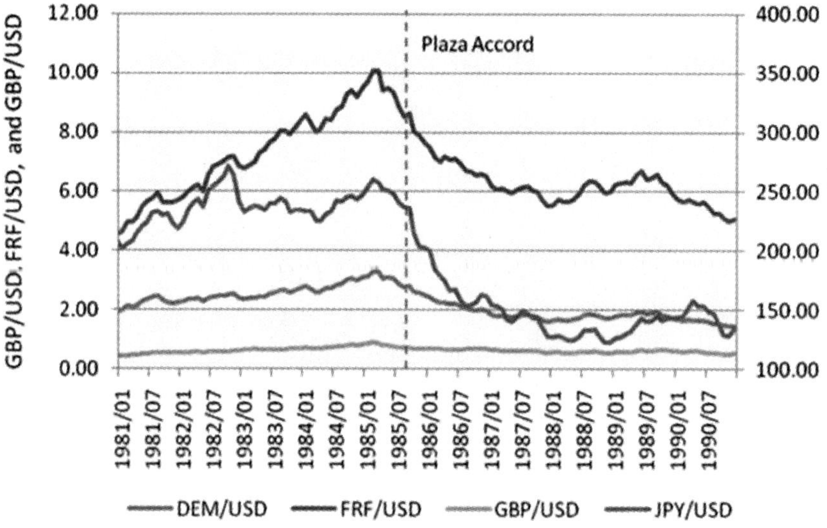

图2-4 西德马克、法国法郎、英镑和日元对美元的汇率变化（1981/01—1990/12）。虚线位置对应的是上述五国签订《广场协议》的时间。

在随后的日子里，日本人果真按照上述承诺做了。1985年日本开始允许外国居民在日本发行外国债券；[21]1987年摩根公司成为日本大阪交易所会员并获批准在日本成立了投资咨询公司；1988年大阪交易所推出了日经指数期货；1989年大阪交易所推出了日经指数期权。[22]

在其后长达4年的时间里，日经指数和股指期货走势可以说是一路上扬。

与此同时，日本的银行也按美国所希望的那样进行了走向市场化的改革，使原来主要服务于国家经济和企业的日本银行迅速将其经营目标转化为以利润为唯一目标，同时增加了许多具有明显市场风险的“创新”业务。

美国经济学家戴维·德罗萨教授也认为，“旨在降低美元对日元和西德马克的比价的广场协定”，是推动日本泡沫经济的“货币政策根源”。[23]

随着日经指数的不断走高，日本经济的泡沫也不断增大。此时的日本，具有“创新”业务的诸多国内银行争先恐后地为商家投机炒作地产发放贷款。

为什么会这样呢?

原来，看到日元不断升值，日本人便开始担心了，因为高企的日元汇率已沉重打击了日本的出口贸易，同时美国也不希望美元过度贬值。在这种情况下，包括日本在内的七国（G7）集团于1987年2月22日在法国巴黎达成了阻止美元进一步贬值的协议，即《卢浮宫协议》(Louvre Accord)。至此，一年半以前在《广场协议》里确定的让美元贬值、让日元升值的相关央行的干预行动就基本停下来了。

可是，日元的升值却没有就此停止。考虑到日元升值的危害，日本开始用大规模扩张货币的办法来阻止日元的升值。[24] 在这种情况下，即在日元货币供给大量增长的情况下，日本国内银行随之为房地产炒作更大量地发放贷款也就不足为奇了。

此时，在金融领域，面对日本经济正进行着这样两个力量的博弈：一个力量代表日本总体利益，它希望通过增发日元使阻止日元的进一步升值；另一个力量代表了投机资本的利益（当然这个力量也符合美国的利益），它力图在今后一定的时期里让日元继续升值（尽管不会是永远升值）。下面我们分析一下这两个力量究竟意味着什么。

第一种力量欲阻止日元升值，其用意是显而易见的。如果日元对美元的汇率上涨了一倍，那么，日本向美国出口的产品其价格就要上涨一倍，这对日本出口贸易的打击无疑是异常沉重的，这当然不是日本愿意看到的。因此阻止日元升值对日本来说是当务之急。

第二种力量欲保持日元的升值态势，其用意也不难理解。只要日元升值态势不改，旨在阻止日元升值的措施，即日元货币的大规模扩张和日本银行大量为房地产提供贷款等行为，就不会停止。而此类行为将会不断地推高日本的房价、股价……这些当然是所有投机资本都希望看到的情形。

早期投资日本地产和股市的国内外资本此时已经得到了很好的回报，但它们仍意犹未尽，希望得到更多的利润；看到这些投资和投机商获得如此巨大的收益后，便有更多的逐利资本（亦应有大量的阴谋资本）继续投向已经出现明显投机气氛的日本泡沫经济。对此，日本的一位学者作了这样的评论：1986年前后，日本大企业的金融资产投资收益率达到8%左右，而此时的权益融资成本只有2%左右，因此那些金融炒家简单到只需将资金从左手转到右手就可赚到大笔的利润。[25]

不断升值的日元对大批国际资本形成了巨大的吸引力，刚刚对外资开放的日本金融市场恰好为大量国际资金的争相进入提供了条件。而且，日元的升值还会增加日本人在国外的投资和消费，比如原来需要花200万日元去美国旅游一次，现在所需的费用仅相当于过去的二分之一；同样，对日本人来说，此时美国房地产的价格也几乎打了对折。这一切也有助于扩大美国产品和服务的国际市场，这自然是符合美国利益的。

尽管笔者并不赞同戴维·德罗萨教授在《金融危机真相》（原书名为《保卫自由资本市场：与新的国际金融体系相背离的案例》）一书中所主推的观点，但他的下述看法却颇有道理："资本突然流入某个国家的事实并不必然意味着这个国家正在增长甚至繁荣"，"它也许只是一个反映经济扭曲吸引外国资本的信号"。[26]

此时的日本经济已经是危机四伏，犹如进入到一个"击鼓传花"的游戏之中：有的人没有认识到进行中的鼓点声可能会戛然而止；有的人虽然知道鼓点会停，但认为不会马上就停。此时日本人之所以会趋之若鹜地参加这一游戏，是因为在他们看来，只要鼓声不停，每个人都会得到收益。不过，他们显然没有意识到，掌握鼓槌的既可能是一只"看不见的手"，更可能的是出于一只"人为操控的手"。而当这只手突然停止时，那枝"花"留在谁的手上，谁就会陷入万劫不复的境地！

最后，在上述两个力量的角力过程中，显然是后者，即国内外投机资本占了上风。在许多学者看来，正是美国的金融"大鳄"们导演了这些投机资本的流向。于是，日本的货币扩张政策不但未能奏效，反而将早已出现的经济泡沫吹得更大了。

此外，当时正值20世纪80年代末东欧剧变和后来终于导致苏联解体的政治动荡，这也给了美国从此走向金融霸权道路提供了有利的国际政治条件。美国自然不会错过这一千载难逢的好机会。

当然，美国并不承认是他们主导了日本的经济危机。相反，他们一口咬定说，此时日本经济泡沫是“日本银行怂恿了现代最大规模的投机”，甚至说，“普通日本市民变成了股票市场玩家和房地产市场的操纵者”。[27]德罗萨教授的主要观点是，并非国际投资者引发了诸如日本、东南亚及俄罗斯的金融危机，这些危机的主要根源在于这些国家不是实行了固定汇率政策，就是政府对金融市场进行了干预。稍加分析便可以看出，这一说法显然是站不住脚的。

仅以日本为例。首先，日元汇率并非固定汇率，而且，就在日本股市迅速崩溃的1990年间，日元对美元的汇率变化也并不大，甚至在1990年底比其年初还有上涨。对此，德罗萨教授当然清楚，于是，他将日本出现此次危机归咎于日本实行的“并非真正的自由市场经济”。[28]这同样也不能令人信服——如果不是日本实施了对国外资本开放的金融自由化制度，日本就不会发生这次经济危机，至少危机的程度要低得多。

当然，德罗萨教授的有些看法还是对的，比如他认为这些发生危机的国家在危机之前，其自身经济都存在很大问题。的确如此，看到日本经济已出现很大问题，美国的金融“大鳄”们便争相进入其中，但它们并不是来解决问题的，而是来投机抢钱的。正是此类行为，成倍放大了上述存在的问题，从而加剧了危机。

当时，日本等国家的经济就像在江湖上得了重病的一个人，他的周围布满了心怀鬼胎的无德医生，这些医生的目的是赚钱而不是治病。这时，来自华尔街的医生自告奋勇来给病人看病，并给病人服用了大剂量价格昂贵的药物。华尔街医生挣了大钱，但患者的病情却更恶化了，结果落得终身残疾。后来当这名患者谴责华尔街医生时，这位医生却振振有词地回应道：你落得残疾首先要怪你有病；而且即便不是我给你看病，其他江湖医生也会抢着给你看病，他们的目的也是挣钱，其结果也是一样！

通过分析我们看到，一个采用浮动汇率的国家同样会受到国际投机资本及金融危机的眷顾；而且，如果说日元汇率的确对引发此次日本经济危机起到了巨大作用的话，那么，影响日元汇率变化的也恰恰是来自国际的投机资本，特别是来自美国的资本。因此经济学家郎咸平认为，日本经济泡沫从产生到破灭都出于美国人的设计。对此观点笔者基本赞同。

当看到日本经济危机四伏之际，美国的摩根士丹利便找到了仍对日经指数看涨的日本保险公司，对其上涨投保；这意味着，如果日经指数下跌则摩根士丹利将会得到赔偿。与此同时，摩根士丹利又精心策划对日经指数实施强力打压。由于这时日本已对外资开放了融资融券，参与打压日经指数行动的各大基金此时都可以从日本券商那里借来股票，并在高点出售、不断地出售——直至将股指打压到很低的水平。届时这些基金就可以用小得多的资金将所售股票再度购回还给日本券商，从而在较短的时间内赚取高额收益。一切安排停当后，人们便看到了这样一幕：1989年12月29日，日经指数达到了38957点的峰值（20多年过去了，这个指数纪录不但未能打破，而且自2008年以来日经指数从未超过16000点），然后便开始急剧下跌了。为什么呢？1990年1月，摩根和高盛等美国投资银行在美国的场外交易市场（OTC）推出日经指数看跌期权。于是，在此后不到一个月的时间里，日本股市便出现了不可遏止的崩溃下跌之势；9月在芝加哥商品交易所推出日经指数期货和期权后，再次加剧了日本股市的下跌。是役，摩根士丹利等公司不但由于高价卖出然后低价购入股票获取暴利，同时由于它们在日本保险公司投过保，此时因为指数大跌又获得了巨额赔偿。[29]

从《广场协议》签署直至此时，经过四年有余的谋划与操作，美国打压日本经济的战略终于修得正果。《广场协议》对催生并最后打破日本的经济泡沫可以说是功不可没。

也许有人会问，在上述过程中日本为什么一直会对美国言听计从，他们真的没有意识到其中“暗藏杀机”吗？当然不是——至少他们不会完全看不出美国的用意。然而，他们身不由己——日本对美国市场的依赖、对美元的依赖，以及在安全方面对美国的依赖等，这一切决定了日本无法抵御美国对其经济的遏制和打击。

20世纪80年代中期，也就是在上述日本股市崩盘之前，在美国的极力推动下，日本的金融市场开始走向自由化和国际化。这使得美元霸权的最后一个条件也终于在更大的范围内具备了。金融全球化的逐步实现也标志着美元霸权时代的到来。

从克林顿出任美国总统的1993年开始，美国经济逐渐出现好转，显然这与此时日本一蹶不振也不无关系。1995年秋季以后，美元终于出现了明显的回升，而且这一势头一直保持了两年之久。在此期间最为引人注目的是，美国的财政由多年的巨额赤字转为盈余。

那么，导致美元汇率上升的原因是什么呢？

当然，其最根本的原因是美国国内产业结构升级的完成和技术进步，以及由此带来的经济持续向好；而另一个直接的原因就是，此时的美国政府和华尔街已经开始比较熟练地大规模使用金融“武器”来干预经济了，从而推动了大量国际资本流入美国的金融和债券市场。

这是一个美国经济空前繁荣的时期。

苏联解体一年以后，1992年12月14日、15日，即将上任的新一届总统克林顿在小石城召开了一次经济峰会。克林顿通过这次会议向外界明确传达了这样一个信息：“美国要向前走，要摆脱涓滴型经济模式而走向投资增长型经济模式……”[30]尽管克林顿已决意要与财政赤字宣战，减少政府开支，但他在新构建的政府里却新增了一个机构——国家经济委员会，主席将由来自华尔街的高盛集团副总裁罗伯特·鲁宾（Robert E. Rubin）担任。

无论是在克林顿写的回忆录，还是在鲁宾本人写的书中，对鲁宾在华盛顿任职期间（他先担任国家经济委员会主席，后担任美国财政部部长）如何使美国政府从巨额财政赤字中走出，并产生盈余的具体举措都没有做详细介绍，对在此期间美国金融市场交易额为何大幅攀升也没有谈及。

不过从鲁宾本人的擅长，加上在他任职期间全球金融市场出现的不同寻常的变化，以及后来克林顿对他的评价，我们应该可以得出结论，正是以美元霸权为基础的金融全球化和一体化帮助了美国经济。

鲁宾提倡以市场为基础的经济和经济的全球一体化，推崇更加自由的资本市场，认为这对现代经济是有利的；他认为在亚洲金融危机的主要原因是这些新兴国家缺少健全的金融管控机制，以及私人投资者和贷款人的不当投资。[31]鲁宾的这一观点与前面提到的德罗萨教授的观点有所不同，笔者认为鲁宾的观点更符合实际一些——尽管他也没有指责国际金融机构的投机行为，但至少他认为新兴国家应有健全的金融管控机制。

鲁宾后来回忆说："看到一群民主党人围坐在阿肯色州的一张圆桌前谈论国际债券市场，许多人可能会很吃惊。而且我们的会议重点是国际债券市场……我在这次会议上的角色是确保每一个观点都得到了公正的展示，但是我也按常规发表了自己的观点……我所关心的是，建立金融市场信心可能要花超过人们想象的时间去实现。"[32]的确，他此时的一个重要任务就是，"帮助设计一项经济计划，该计划将会使企业、消费者及金融市场产生某种信心，比尔·克林顿要成功实现其经济目标，这种信心必不可少。"[33]

1993年在讨论对日贸易谈判问题时，鲁宾就坚持这样的观点："世界第二大经济实体设有严重贸易障碍，这对全球贸易体系来说是一个重大问题，我支持为撬开日本市场而采取强有力的举措。"[34]

克林顿在回忆录里给予鲁宾很高评价："鲍勃·鲁宾即将卸任，我真不愿意看到这一天。我认为他是自合众国早期的亚历山大·汉密尔顿以来最优秀、最重要的财政部长。鲍勃还担任过美国国家经济委员会主席。在这两个职位上，他都为下列这些我们所做的共同努力之中起到了决定作用：恢复经济增长和更多地惠及美国民众；防止和遏制国外金融危机；更新国际金融体系以应对全球化经济，在这一经济里每天都有超过1万亿美元跨国流动。”[35]

当克林顿政府在大力推进经济的全球一体化和资本市场自由化的时候，人们发现，世界经济已真正进入了一个新的时代——金融资本主义经济时代。

5. 美元霸权的背景——金融资本主义的崛起

通过下面的一系列数据可以看到，从20世纪90年代开始，在以美国为首的资本主义世界，经济形态已经发生转变——一个从产业资本主义（Industrial capitalism）向金融资本主义（Finance capitalism）的转变。也有人将后者称为金融资本经济。它最显著的特征就是，数额巨大且不断增大的金融资本此时已不再将牟取利润的主要来源放在传统的工商业上，而是放在那些对诸如股票、债券和各类金融衍生品的投资和交易等方面。在中国，人们也常将这种经济称为“虚拟经济”。

对世界经济的这一转变，许多人持批评态度。然而这种转变本身已经是一种客观存在，对此人们无论喜欢与否，都是无法躲避的，因此只能面对。

由于经济全球化和金融市场自由化的推动，金融资本主义经济自20世纪90年代以后发展异常迅速，它给一些人带来利益的同时，也给世界经济带来了许多负面影响。比如，1994年世界上发生了若干大公司因涉及金融衍生品的交易失败而倒闭的重大事件，其中包括巴林银行的倒闭。事实上，后来在2008年爆发的全球金融危机也与这一时期金融衍生品交易泛滥而又缺少必要监管有关。

仅从金融衍生品和股票市场的发展就可以看出，自20世纪90年代开始，金融资本经济在世界经济中所占比重迅速增长。

根据国际掉期与衍生品协会和美国财政部的官方统计数据，1992年美国金融衍生品市场总额不过5.3万亿美元；1995年增长到17.7万亿美元；2000年增长到63万亿美元；到2010年上半年又增长到434万亿美元；[36]到2012年6月，美国的柜台交易金融衍生品（OTC derivatives）市场总量已达近700万亿美元，[37]超过当年GDP 40多倍（美国2012年GDP总量为16万亿美元）；仅当年的该类衍生品交易总额就达到223万亿美元，是当年GDP的14倍。[38]

2012年全球金融衍生品市场的规模约为1200万亿美元，与当年全球GDP总量的72万亿美元相比，前者约是后者的17倍。

资料来源：http：//seekingalpha.com/article/1901401-global-stock-rally-world-market-cap-reached-record-high-in-november

图2-5　世界股市总市值变化示意图（1996—2013），单位：万亿美元

从全球股票市场总市值来看，20世纪80年代中期以前，其总市值不到5万亿美元；但从80年代开始，该市值总体上一直处于不断上升的通道，直至2008年的金融危机；其后经过几年的调整期，该市值在2013

年11月再次超过了2008年金融危机以前的峰值，达到63.4万亿美元。（见图2-5）

由上面的数据我们可以看到，在当今美国乃至整个世界的经济中，仅为金融市场一部分的金融衍生品的总量甚至即便是它的年交易额，就已大大超过其GDP总额。这无疑说明，包括金融衍生品在内的金融资本正在主导着美国和世界的经济。

这便是美元走向霸权时世界经济的一大特征。

上述一切也是在告诉人们——这个世界的经济已经进入了一个被金融资本主导的时代。由于美国早已认识到了这一点，于是他们便千方百计地要让美元成为这一经济的主角，并不遗余力地要保持这一地位，进而保证美国在21世纪世界经济中的主导地位。

6. 美元霸权给美国带来的利益

美元霸权到底能给美国带来怎样的利益呢？如果回答了这一问题，人们便可理解，美国为什么要花那么大的力量来争取这个霸权，并将这一霸权当成核心利益，花更大的力量来维持它了。

西方人有一句话可谓一语中的："印发钞票的人制定规则。"在如今美元霸权的时代，美国是首要国际储备货币美元的发行国，因此在一定程度上可以说，美联储就是当今世界的中央银行，占据着发行世界货币的垄断地位。凭借这一地位，美国人不但可以根据自己的需要增发美元牟取巨额利润，还可以将美元当作武器来打击其他国家，保持美国对世界的主导权。这自然也就决定了美国是掌控世界金融资本运动之游戏的"庄家"——一个在国际经济游戏中具有超级特权的"庄家"，在这个游戏中，规则是由美国人制定的，因此自然对他们最为有利；通常他们可以看到别人手上的牌，别人却看不到他们手上的牌；他们不时还会违反规则，别人也拿他没办法。正因为如此，几十年来，在与其他国家的经济博弈中，美国通常都是赢家。

在此情形下，一些人便有了这样一种倾向，认为美元霸权无所不能，它既能摧毁任何其他国家的经济，也能将世界金融的高低起伏操控在股掌之间；然而，另外一些人的看法恰恰相反，他们认为长期以来美国大量增发货币，美国财政赤字金额巨大，美国政府已濒临破产，美元的末日即将来临……

其实，这两种看法都有偏颇。美国既没有前者所说的那么神——能够呼风唤雨；同时，美国联邦政府和美元也没有那么脆弱——会很快崩溃。

美元霸权的确给美国带来了巨大利益，但不少人可能忽视了这样一点，即美国要想凭借美元霸权长久、大量地攫取他国利益也并非轻而易举——如果仅凭简单“印钞”就能保证美国经济高枕无忧的话，华盛顿就不会因为金融危机和经济低迷而着急上火了。

在这里，我们有必要更清楚地看一下，美国作为这个世界金融游戏场的“庄家”是如何通过美元霸权来牟取巨大利益的。

对于这一问题，尽管有不少专家学者都做过分析，但大多数人给出的解释似乎并没有切中要害。比如，有的人说美元本位可给美国增加巨额的铸币税收入；有人说美元的霸权地位使得美国可以无限制地“印钞”，然后美国人便可以用无限的“绿纸”去换来无限的财富；等等。虽然这些说法都有一定道理，但却仍显得过于笼统，不够清晰，也没有将其本质说透。

美元霸权所带来的利益既有经济上的，也有政治上的；既有比较直接的，也有间接的。下面所讨论的主要是它所带来的较为直接的经济利益。

欲看清美元霸权给美国带来的巨大经济利益，最好的视点应是下面两个：一是从美元的发行来看，二是从汇率的作用来看。为什么呢？因为美元的发行和汇率操控是美国在国际金融战中牟取垄断利益并维持美元霸权地位的两个超级武器。

发行美元带来的利益

尽管世界上任何一个国家都可以决定自己货币的发行及汇率，但除美国以外，其他国家如果大量增发自己的货币通常只能影响到本国，即让本国产生通货膨胀，同时在一定程度上在本国范围内实现财富的再分配。比方说，某国家有10个人，每人有10元钱，其中1人是行长，管理该国央行；这个国家共有财富100份，此时1元钱可购买1份财富；后来这个国家的央行新发行了20元钱，并全部被行长留下，于是行长现在就有了30元钱，而其他9人每人仍然只有10元钱；此时钱的总数比以前多了20%，假设财富并没有增加，那么，现在就要用1.2元才能买到1份财富，即产生了通货膨胀；其结果是行长的钱增加了，他可购买的财富从10%增长到了25%，而其他9人共计可购买的财富比例从过去的90%下降到了75%；就这样，在这个国家里实现了财富的再分配。可见，货币的发行权可以导致财富的再分配。

但问题是，现在的美国并不是一个普通的国家，前面说过，美国的央行（美联储）所发行的美元是在全世界流通的，是世界首要储备货币，因此在一定程度上美联储起到了一个世界中央银行的作用。于是，美国便有条件，在一定程度上，在世界范围内进行财富的再分配。

当然，无论是一个普通国家的央行在自己的国家里，还是美联储在世界范围内，若想利用货币发行权来实现财富的再分配也绝非轻而易举，它必须面对可能引发的通货膨胀、利害各方矛盾激化等诸多问题；而美元在国际上还须面对其他诸如欧元、英镑等储备货币对其霸主地位的竞争。所有这些都会对央行过分的谋利行为带来制约。

不过，尽管如此，货币发行者利用自己的货币发行权，最大限度牟取利益的意愿却是不会改变的——其行为虽会遇到制约，但不会消失。

美国国会宏观经济学家克莱格·埃尔韦尔（Craig K. Elwell）在2012年向国会提交了一份标题为“正在贬值的美元：经济影响及政治反应”的研究报告。该报告指出：“正在贬值的美元正多方面影响着美国经济的表现。可能的影响包括增加了净出口、降低了美国的国际购买力、推升了物价，也增加了利率上升的压力；如果继续让美元贬值，美国也可以借此减少对外负债，当然同时也会影响到美元的储备货币地位，并增加美元危机的风险。”

埃尔韦尔先生所说的美元贬值和人们通常所说的增发美元或“量化宽松”等，在本质上都是一样的。

由于增发美元，使美元贬值，这给所有储备美元的国家带来了损失，而美国的债务此时却被稀释、减少了……所有这一切说明，美国凭借其国际储备货币地位，通过增发货币可直接得到经济收益。

那么，美国通过美元贬值可以得到多少利益呢?

从1970年至2013年的43年里，美元贬值83.6%，即2013年的100美元其购买力仅相当于1970年时的16.4美元，平均每年贬值4.3%。[39]

也就是说，在过去43年里，如果有人以美元作为存款，当其平均年利率低于4.3%时，他实际上得到的就是负利率，就是赔钱的。

埃尔韦尔先生在上述研究报告中也指出了这样的事实：“现在那些低风险的财政部债券（即美国国债——引者注）的平均回报率约为2.5%，而美元在2010年的年贬值率却达到了约4%。所以，对外国人来说，他们所持有这些债券是负利率的。”[40]

2013年全球外汇储备总量已达12.5万亿美元，其中约60%是美元储备，即美国以外国家的美元储备约为7.5万亿美元。如果用过去几十年美元每年贬值的平均值4.3%，减去拥有美债可能得到的约2.5%的回报率，所得到的便是持有美债的实际利率，即负的1.8%。也就是说，此时美债持有国每年的总损失额约为1350亿美元。尽管近年来美元贬值速度有所放缓，每年约贬值2.2%，但1—5年期美国国债的平均利率也降低到只有0.5%，因此持有美国国债仍有约1.7%的负利率。据此粗略计算，目前仅凭借美元贬值一项，美国每年就可以从其他国家得到超过1270亿美元的收益。有人将美国的这种收益称为美国收取的“通货膨胀税”。[41]

应该注意到的是，自美国金融危机后，在从2009年到2013年的几年里，尽管美联储通过数轮量化宽松，大量增发美元，使美元基础货币供应量创纪录地达到了2008年以前的4倍多，但美元贬值的幅度却并没有高于以往，平均值仅为2.2%。这看起来似乎不合情理，但仔细想来也并不奇怪，主要原因在于，美国政府并没有让大量增发的美元进入国内流通市场——它要尽量避免引起国内通胀（当然它对引起国外通胀并不介意）。美国是让增量美元大量地进入股票等金融市场、国际大宗商品市场，以及可以增加国内就业的一些产业。另外，即便美国国内流通货币量有所增加，但由于美国经济并没有真正复苏，货币的流通速度仍大不如从前，因此美国现在通胀并不明显。正因为如此，美国虽然已经开始逐步退出实施量化宽松，但直至2013年底这一政策并未停下来。

当然，过去几年美联储的量化宽松政策，并不意味着美国在增发美元时完全没有顾忌。其实美国对增发美元从来都是有顾虑的，这不是出于道义的原因，而是出于自身利益的考虑。美国当然会担心了——过多增发货币不但有可能引起通胀，还会由于增加政府负债而增加支付利息的压力；最关键的是，过度增发甚至会导致美国经济的崩溃。正因为如此，国会早就制定了相关法律对与发行美元紧密相关的政府债务上限作出了规定。前面说过，美国政府是不能发行美元的，政府融资是通过发债来实现的，即通过美联储购买国债，并根据购买国债的数量来印发美元的。可见，无论是美联储还是美国总统都无法为随意增发美元而过度举债。

操纵汇率给美国带来的利益

美元霸权所带来的另一个猎取经济利益的武器是浮动汇率制度。事实上，美国通过对汇率的操控得到的利益更为巨大。它让美国投资国外的资产具有超常的回报率；又可让美国金融大鳄不断谋利。此外，美国还利用对汇率变化的操纵对其他国家金融市场实施金融打击，从而达到两个目的：打击美国利益的主要竞争者和谋取巨额经济回报。

加州大学伯克利分校经济学教授格林查斯（Pierre-Olivier Gourinchas）和伦敦商学院经济学教授瑞伊（Helene Rey）等人研究发现，从1952年至2009年，美国每年总的国外资产，包括直接投资，其回报率超过它对其他国家负债的利率，约2%，尤其是在1970年以后，平均回报率超出更高，约为3%。[42] 2008年金融危机前，美国在国外的总资产量超过其GDP的46%，即大于6.5万亿美元，如按该数值的3%计算，则每年美国取得的超额收入约为2000亿美元（如果美国的国外总资产仍然保持46%的水平，其2013年的超额收入则约为2200亿美元）。

美国这些国外资产的高收益率均与汇率变化有关。

为什么这么说呢？

看一个例子。假如一家美国公司在中国投资了一个1000万美元（即6500万人民币）的酒店（假定当时的汇率是1∶6.5），由于中国房地产涨价的因素，一年后该资产的价格已达到7800万元人民币，即增值了20%。从表面上看，这个项目赚钱了。然而，判断它是否真的赚钱还不能仅仅根据这个20%，原因在于：如果中国这一年的通胀率达到15%的话，那么该投资的盈利水平就仅属于一般；而且，假如在这一年里汇率也有很大变化，人民币汇率贬值16.7%，即美元与人民币的汇率变为1∶7.8的话，那么此时如将上述酒店变现7800万元人民币后再兑换成美元的话，这家美国公司只能得到1000万美元——在这种情况下，一年前投资的1000万美元的投资回报率为零。

可见，如果此类投资发生后人民币对美元的汇率发生贬值，即便这时所投资购买的资产已有明显升值，该资产的美元价格也有可能贬值，或没有明显的升值；反之，如果人民币对美元的汇率保持升值，在资产也明显升值的情况下（而无论中国是否出现通胀），该资产的美元价格都会明显增高，而且人民币升值得越多，该资产在以美元计价时的收益率也会越高。

当然，来自美国的一些"热钱"也可能会选择用其他变通方式投资。其实即便将1000万美元以某种理由兑换成人民币后简单地以定期存款的方式存入中国的银行，它每年至少也可以得到3%以上的利息；如果在存款期间人民币对美元的汇率保持上升，则该资金的年化收益率就大体等于银行利率加上汇率上升的百分比，这显然比将该资金存在美国的银行里有高得多的收益（近年美元在美国的存款利息几乎可以忽略不计）。

不过，2014年前4个月人民币对美元持续贬值，累计跌幅约3%。如果这种情形持续，则美元投机热钱流入中国的势头应会明显减弱。

可见，将美元投资到中国境内，其回报率既与人民币的利率有关，也与美元对人民币的汇率有关。

鉴于中美两国的利率差异和近年来美元贬值因素，从理论上说，目前只要人民币的年利率与人民币对美元比价的年升值率之和明显大于国外美元贷款利率，进入中国的国际热钱就会有利可图。

众所周知，在过去几年里有数量巨大的国际热钱流入中国，其中自然也包括来自美国的资本，甚至可以推论，美国就是这些热钱的主导者。他们所要做的事情，一是逼迫人民币汇率升值，二是要设法让人民币利率不断升值；因为只有这样才能确保热钱有利可图，同时还能让中国经济金融化（即虚拟化）程度越来越高，从而使中国经济的竞争力下降。欲达到这样的目的，最实用有效的办法就是继续不断地以各种方式将更多的热钱投入中国市场，这样既可以不断地推高人民币汇率，又能增大中国市场通胀压力，从而推高人民币利率。这就是多年来国际热钱不断涌入中国的两个根本原因。

然而，应该特别注意的是，人民币汇率上升的空间不可能是无限的，其中孕育的风险会逐渐加大（也许自进入2014年以来人民币对美元的贬值也是源于市场对这种风险因素的考虑）。

如果中国同时出现下列三种情形：一、国内资产价格上涨乏力；二、人民币对美元汇率不再上升，甚至出现下降；三、银行利率下调。那么，热钱的主人们便会发现：美元进入中国兑换成人民币资产后经过一段时间，如欲将其再次兑换成美元时，其收益就会明显降低，甚至会亏本。不难想象，一旦出现这种情形，当初这些争先恐后进入中国的热钱便会迅速外逃。

在上述的三种情形中，前两种已有显现迹象：中国房地产价格上涨速度已明显放缓；随着美国逐渐退出量化宽松，人民币汇率近期已出现下降，尽管这种下降是否会持续还不得而知，但至少有一点可以肯定，即人民币对美元汇率上涨空间已很有限；只有第三种情形在短期内或许还不会出现，即国内银行利率在短期内不会明显下调——这是主要由于中国目前物价上涨压力，使得短期内中国的央行不可能大幅度下调银行利率。另外，由于当前人民币汇率走低并不符合美国的利益，因此在今后一段时间里，美国仍将继续向中国政府施压，同时鼓励国际资本进入中国，尽量促使人民币汇率稳中有升，至少不会明显下降。鉴于上述原因，目前人民币汇率下降趋势应会减弱，并逐渐走向平稳。也就是说，各类热钱此时还不至于迅速撤离。

因此，对美国来说，有效操控汇率意义十分重大。当然，美国并不承认自己操控汇率，相反，他们似乎一直在高调主张自由汇率。不过，他们说的和做的并不那么一致。

1985年美、日、英、西德、法五国签署的《广场协议》无疑就是以美国为首的国家干预和控制汇率的最明显证明。当时美国之所以执意要让日元升值，其真实目的就是要通过这一手段打击日本经济，因为当时的日本经济已开始对美国形成挑战之势。对此前面已有讨论。

美国人在对待汇率问题上的真实做法正像中国人常说的那句话："宏观控制，微观放开。"

美国国会宏观经济学家埃尔韦尔先生也认为："鉴于国际资产市场在决定美元汇率问题上的重要性，目的在于直接和间接影响美元资产市场的政策对美元具有最为重要的潜在影响力……这些政策包括美联储根据财政部的要求买入或卖出外汇，从而影响美元的汇率。"[43]

其实，美国政府（财政部）早在1934年就建立了汇率平准基金（也被称为汇率稳定基金），英文缩写为ESF，名义上它的作用是保持汇率稳定，实际上该基金的作用是控制汇率，使其对美国有利。除此之外，华尔街的其他基金也同样会出于利益的动机，配合美联储的旨意通过买入和卖出其他货币等操作，达到操纵美元汇率的目的。

经济学家向松祚先生也认为，美国的汇率政策可谓"予取予夺、随心所欲"，即根据美国利益的需要采用不同的操纵使其或贬或升。郎咸平、迈耶等学者也有类似的观点，认为美元汇率政策首先取决于美国的战略，而汇率的变化又在很大程度上影响，甚至决定了其他国家的货币政策走向。

目前全球每天外汇交易量超过4万亿美元，而根据美国外汇交易委员会2013年7月的一份统计报告，北美外汇市场的日交易额已达到1万亿美元。[44]由于其中美国的市场占比超过90%，因此美国外汇市场日交易额超过9000亿美元。如果每笔交易给美国金融机构带来的利润按0.25%计算，美国金融机构每年仅在外汇交易中就可以得到超过6800亿美元的收益。应该说，上述交易及收益的大部分均来自美元的霸权地位。

美国在全世界收取的铸币税（Seigniorage）

前面曾提到铸币税，什么是铸币税呢？

在人们使用金属货币的年代里，国家在铸造和发行货币时，其面值往往会略高于其本身的含量，比如面值1两的银圆其银含量可能是0.9两，这两者之差便是所谓的铸币税。它由发行者（一般是政府）无偿取得。

在现代社会，铸币税的概念已发生很大变化。应该说明的是，铸币税只是在现钞（纸币和硬币）的发行过程中才会产生。现在市场上流通的现钞的作用是价值符号，其本身成本很低，因此在发行现钞过程中所产生的铸币税也变得不那么直观了，其计算方法也不同于过去。以加拿大中央银行为例，其铸币税的计算方法如下：

为发行货币，加拿大银行（央行）需要买入加拿大政府债券等资产，随后会根据需要发行一定比例的现钞，这实际上是央行借给商业银行现钞，因此在发行现钞过程中央行要收取一定的利息，而铸币税就等于这个利息减去制造和发行现钞的成本后所剩余的部分。可见，铸币税高低主要与当时的利率水平有关。[45]

美元的发行和铸币税的计算方式与此类似。

那么，美元在发行过程中美联储能得到了多少铸币税，其中从美国的境外能收取多少铸币税呢？

对此，来自不同研究者的数字有较大的差异。首先我们了解一下美元的现钞流通量。2010年，流通的美元现钞总量约为9200亿美元（接近M1的50%）。根据埃德加·菲戈（Edgar L. Feige）教授的研究，在上述总量中，在美国公众和企业中流通的美钞仅占其中的15%，美国境外的占有量约为30%。不过其他研究者，如波特尔（Porter）和扎德森（Judson）等人则认为，境外美钞约占总量的55%—70%。对“地下”经济颇有研究的菲戈教授认为，超过现钞流通总量50%的美元出自未报税收入，这些收入可能来自非法工作、走私毒品、贩卖军火等。

由于不同学者对境外美元现钞占有量的估算值有很大差异，从占总量的30%—70%不等，他们据此所计算出的2009年前后境外美元每年给美国带来的铸币税收入就有相当大的差异：少则为20亿美元，多则达到300亿美元。[46]

不过，即便是上述对铸币税最高的估计，即每年300亿美元，它与2009年美国财政收入的2.1万亿美元相比，也仅为1.4%。可见，铸币税收入对美国经济所起的作用应是很有限的。

另外，根据2010年11月中国社科院发布的《发展和改革蓝皮书》，从1990年到2004年，美国向世界其他国家征收的铸币税约156亿美元，其中向中国征收的铸币税为25亿美元。

中国建设银行总行高级经济师孙兆东认为：“目前（2009年——引者注）在全球流通的美元现钞超过9000亿美元，大约三分之二在美国境外流通……美国平均每年能获得大约250亿美元的铸币税收益，二战以来累计收益在2万亿美元左右。”[47]

孙兆东先生的估计与菲戈教授的数字比较接近。

综上所述，国内一些学者对美国近年每年可获得的来自境外的铸币税收入高达数千亿美元甚至上万亿美元的推论显然是明显高估了。原因很简单，到2010年，美元在全球的现钞流通总量也不过是9200亿美元；到2013年美元现钞流通总量亦应不会超过1.2万亿美元，其中在境外流通的美元约占30%—50%；而每年来自境外的铸币税的数额仅相当于（略小于）使用这个数额的现钞所要支付的利息。显然，目前美国境外流通的美元现钞给美联储带来的铸币税收入完全不可能达到每年上千亿美元这样的数额。

通过上述讨论我们看到，美国利用美元贬值、操纵汇率、外汇交易、收取铸币税等方式，累积起来，每年可以得到数千亿美元的“额外”收益。如果加上那些难以计算的“庄家”投机收益，即类似于利用操纵汇率狙击东南亚经济而得到的巨大收益等，美国每年利用金融霸权在全世界所攫取的总的“额外”经济收益就更加庞大，很可能达到上万亿美元之巨。

其实，美元霸权所带来的经济利益还不止上述这些。美国具有全球最大的金融市场，其中包括证券市场、期货市场、各种金融衍生品市场；国际上诸如石油、煤炭、有色金属、农产品、铁矿石等大宗商品通常也都要用美元计价和结算。所有这一切意味着美国的金融机构每天都有巨额的美元交易，它所带来的企业利润、政府税收和劳动人口就业等，其数额和规模都是巨大的。这一切都与美元的霸权地位紧密相关。

美元霸权在给美国带来巨大经济利益的同时也带来了巨大的政治利益。美元霸权出自美国的综合实力，而美元霸权反过来又强化了美国的综合实力。

毫无疑问，美元霸权是美国的核心利益所在。

7. 美国的金融力量

美国的金融力量主要来自这样几个方面：长期的金融市场经验、雄厚的资本、完善且有利于美国的制度、丰富的和不断创新的金融经济学理论，以及人才优势。

美国具有长期、丰富的金融市场经验是它具有强大金融力量的原因之一。

1792年5月17日，美国的24名证券经纪人在纽约华尔街68号建筑前的一棵梧桐树下，签署了有价证券交易的条件和规则，并达成协议——梧桐树协议。它不但宣告了纽约股票交易所的诞生，同时也拉开了美国金融证券业发展的序幕。早期的纽约证券市场只不过是为拥有足够资本和闲暇时间的投机商提供一个赌场，股票市场操纵现象很严重。从19世纪末到20世纪初，工商业有了很大发展，股市发展迅速，工业股票成为了美国股票的主体。不过在这一阶段市场上各类投机行为、操纵市场和幕后交易等情况仍然非常严重。而这类事情常常会引起市场的混乱甚至是危机。比如，1901年的危机就是由于哈里曼（Harriman）和摩根（J. P. Morgan）公司为争夺北太平洋铁路控制权而引发的。事实上，除了1901年以外，在1893年、1903年和1907年都发生了不同程度的金融危机。自美国第二银行在1836年停止中央银行业务以后，直至1914年美联储成立，在这一时期里美国一直没有设立中央银行，因此当出现金融危机时，美国的银行家们只能自救。比如在1893年和1907年，J. P. 摩根公司的摩根先生先后两次组织救市，挽救了许多投行和投资者，也挽救了华尔街，他的善举后来一直被人称道。美联储成立后，对美国金融界逐步增加了一些监管，使各类金融寡头的不当行为有所收敛。1916年通过了《克莱顿法案》，该法案的主要目的就是剥夺金融托拉斯的权利。

即便如此，在华尔街下列各种不当交易行为仍然比比皆是：信息披露不充分，内部人交易，不正当销售证券，逼仓和坐庄，等等。

1929年8月，美国道琼斯工业指数最高达到380点，不久，该股指最低下跌到42点，跌幅近90%，这让美国股市经历了最黑暗的时期。

几年后，随着美国经济逐渐走出萧条，美国人在1933年至1934年期间，颁布了第一步全国性的证券业法规《证券法》、《银行法》等法规。以后美国金融业的法规不断得到补充和更新。从此美国的金融和证券业不断得到规范，股市也开始摆脱过去那种浓重的投机氛围，走向真正投资的时代。

二战结束后，特别是从20世纪50年代开始到70年代初，美国经济快速发展，道琼斯工业指数从400点上涨到超过1000点。这是战后美国经济发展的黄金时期。从国际金融体系看，由于布雷顿森林体系的建立，确立了美元在国际经济的主导地位，而强势的美元在促进国际贸易发展的同时，也帮助美国统治着世界经济。

然而，始自20世纪60年代末，并在70年代初加剧的经济危机导致了布雷顿森林体系的崩溃。为了保证美元的统治地位，美国实施了石油美元战略，此举终于将美国从工业资本主义逐步推向了金融资本主义道路。

什么是金融资本主义？金融资本主义就是，巨额资本的投资着眼点已不再是生产什么，或提供什么样的商业服务，而是与这些具体工商业均没有直接联系的证券及其衍生品之类的东西，在中国将此类投资称为投资“虚拟经济”。

从此时开始，所谓的金融创新越来越多。比如，1982年债券融资的“415”规则开始推行，证券公司的证券承销更加大胆，公司债券发行亦更加简便易行，这不但促进了美国资本市场的国际化，使大量外资进入美国市场，也加速了垃圾债市场的形成。垃圾债券、杠杆收购、大规模的兼并等便是20世纪80年代美国股票市场的标志。

随着金融创新产品的不断出现和股市的涨涨跌跌，此间也锻炼出了大量极富操作实力的投资与投机的机构和个人。到20世纪90年代，以索罗斯为代表的对冲基金已经成为了美国金融界霸气十足、手段高超的新生力量。屈指一算，纽约证券交易所成立至此时正好200年；美国成为经济总量第一大国到此时正好是100年；美元成为世界第一储备货币到此时约50年——美国金融资本的力量已经成熟了，它开始将贪婪的目光投向全世界。

在这里，我们看到了美国最重要的一个优势——长达200多年的金融市场经验。

虽然英国具有比美国更长久的金融市场经验，但它的辉煌已成为过去，自二战爆发以来，它的金融资本实力与美国已完全不可同日而语了。

美国具有雄厚的金融资本是它具有强大金融力量的原因之二。

自20世纪80年代开始，美国金融资本主义经济发展特征日渐明显。进入90年代后，资产证券化、证券业绩指数化、股东价值最大化导向、金融杠杆化、衍生交易化等，这些金融市场美国化的特点已成为世界金融市场的共同特征。全新的金融形式——信用衍生品、资产担保证券、石油期货，以及其他金融产品大行其道，美国的金融资本影响力遍布世界。

格林斯潘在回忆录里说，金融业的高利润吸引了大量高技能人士和机构，最突出的便是对冲基金行业的再度兴旺，它已成为美国公司的一统天下，具有高达3万亿美元的生猛行业。在他看来，对冲基金和私募基金代表了金融业的未来。他认为，保护主义会导致经济停滞，因而他鼓吹全球化，即金融资本主义向全世界的扩张。

从1990年初日本经济泡沫的破碎，到1992年英镑在欧洲货币机制的瓦解；从1994年墨西哥金融危机，到1997年的东南亚国家金融危机，再到1998年的俄罗斯货币危机……在所有这一切的背后，人们都不难找到美国巨额跨国流动资本的力量。

仅拿现代金融体系的四大支柱（银行、证券、保险、信托）里的基金来说，根据美国投资公司研究所（Investment Company Institute）2013年的行业发展报告，美国当年仅投资公司管理的各类基金就有8752个，管理资金规模达14.7万亿美元，其中共同基金规模为13万亿美元，占88%。

如今在共同基金里也包括相当数量的对冲基金；在全球近3万亿美元的对冲基金里，美国的对冲基金占了大半。

与美国这些巨量的、有着丰富金融战争经验的基金相比，中国目前虽有3.8万亿美元的外汇储备（其中大部分为美元资产；欧元等外汇亦占一定比例）但实力并不占优，特别是考虑到缺少国际金融市场作战经验，其劣势是很明显的。对这一点我们必须有清醒的认识。

此外，如果美国真的需要救市，它还有最后一招——增发美元，2008年金融危机后持续几年的"量化宽松"就是最好的例子。因此，只要美国确认必要，它就可以不受限制地增发美元，而且全世界都难免被动地为其引发的通胀埋单，因为美元是世界最主要的储备货币。

可见，美国所能动用的金融资本总量是任何其他国家都无法相比的。

美国逐渐完善的国内金融制度和美国主导的国际金融制度是使美国具有强大金融力量的原因之三。

对于国际金融游戏规则和美元霸权，前面已有讨论，不再赘述，这里只补充一点：美国不但多年来利用美元作为最主要的世界储备货币取得巨大利益，并借金融自由化和国际化之机攫取他国利益，它还常常利用自己的霸主地位主导对某些国家的金融制裁，以此来达到政治的、外交的或经济的目的。

例如，在过去若干年里，美国对伊朗核问题曾发起过多次的金融制裁。为此美国政府一方面利用了本国银行，另一方面对其他国家银行采取了施压的办法。2008年联合国安理会一致通过了第1747号决议，呼吁“所有国家和国际金融机构除人道主义和发展用途外，不再承诺向伊朗政府提供赠款、金融援助和优惠贷款”。显然，除了美国之外，很难设想任何其他国家能试图让“所有国家和国际金融机构”参加对伊制裁。采取的措施有冻结伊朗部分政府高官及敏感人物的资金，注销某些伊朗公司和金融机构的账户等。早在此决议通过之前，美国财长保尔森已经穿梭于世界各地，劝说数十个国家的财政部长及中央银行行长支持对伊朗的金融制裁，其理由仍是伊朗“为国际恐怖主义分子提供资助”及“扩散大规模杀伤性武器”等。美国的做法起到了一定效果，欧洲和日本的官员开始答应在此问题上配合美国的行动。事实上，美国的金融力量不仅能影响各国政府，而且常常也能赢得各大私有金融机构的正面回应。在劝说其他国家政府机构支持美国的同时，美国财政部高级官员还频繁地与各大金融机构领导碰面，向他们描述伊朗给国际金融体系所带来的威胁。这样，也使得不少属于私人的国际性金融机构加入了对伊制裁的行列，他们或者缩减在伊朗的金融分支规模，或者索性终止了在伊朗的营业活动。同时，美国政府控制的一些国际评级机构便有意提高伊朗的商业风险等级，为制裁伊朗推波助澜。三年后，2011年11月，美国国务卿希拉里和财长盖特纳又一次宣布，美国将对伊朗实施新一轮的制裁措施；2013年6月，奥巴马签署总统令，美国将对使用伊朗货币里亚尔做结算的外国金融机构实施制裁……所有这些行为，使得金融力量成了美国实现其全球战略的重要武器——有时甚至比武力威胁更有效。

丰富的经济学思想和理论优势是美国具有强大金融力量的原因之四。

伴随着资本主义的出现，经济学最早出现在欧洲。如果从被马克思称为“最有天才的和最有创见的经济研究家”英国人威廉·配弟创立古典经济学算起，至今西方经济学已有360多年的历史了。当然也有人认为，英国亚当·斯密在1776年发表的《国富论》才标志着真正意义上经济学的开始——即便如此，至今也有230多年的历史了。可见，英国人是西方经济学的奠基者。后来英国又出现了大卫·李嘉图、约翰·穆勒、阿尔弗雷德·马歇尔，以及现代西方经济学主要奠基人约翰·梅纳德·凯恩斯。

然而，随着二战结束后英国的衰退和美国的迅速崛起，经济学家的中心逐渐从英国转移到了美国。

1970年， 55岁的保罗·萨缪尔森成为第一个获得诺贝尔经济学奖的美国人。从这年开始直至2013年，全世界共有73人获得诺贝尔经济学奖，其中52人来自美国，占总数的71%。值得注意的是，在最近的十几年里，诺贝尔经济学奖获得者几乎被美国人所垄断：从2000年到2013年的30名获奖者中，有27名来自美国，比例占到了90%。其中比较著名的有保罗·萨缪尔森（Paul A. Samuelson）、米尔顿·弗里德曼（Milton Friedman）、罗伯特·默顿·索洛（Robert Merton Solow）、道格拉斯·诺斯（Douglass Cecil North）、约翰·福布斯·纳什（John Forbes Nash, Jr.）、罗伯特·蒙代尔（Robert A. Mundell）、约瑟夫·斯蒂格利茨（John Bates Clark Medal）、保罗·克鲁格曼（Paul R. Krugman）。

应该说，这些美国经济学家的理论是在古典经济学的基础上发展而来的。这些理论绝非是一些装扮门面的空谈，而大多是针对美国乃至世界经济中出现的问题而提出的解决方案。尽管它们也不一定完美，但几乎都对美国经济发展有所帮助。

亚当·斯密于1776年发表的《国富论》一直被认为是西方经济学的“圣经”，他所提出的市场会用一只“看不见的手”来调节经济社会供需等各方利益使其达到平衡的说法，更是长期以来被人们津津乐道。这种经济自由主义理论自诞生以来一直在资本主义国家占有统治地位，直至20世纪20年代到30年代资本主义世界爆发史无前例的经济大危机。这场危机让古典经济学的供给可创造需求和“看不见的手”可自我调节，实现经济的最佳配置等理论变得不再灵验了。

在这种情形下，英国著名经济学家凯恩斯的经济理论应运而生。凯恩斯理论的基本观点认为，充分就业是一个健康经济的基础。在凯恩斯看来，在通常情况下国民收入的水平是难以保证充分就业的，不充分就业就会使消费等有效需求不足，而需求不足就会导致生产水平降低、经济走低，从而使失业率进一步下降，产生经济危机。因此他认为，政府应干预经济，主张扩张性财政政策和货币政策，用增加投资拉动需求，进而增加就业。简单地说，凯恩斯理论是要政府用增加投资的方式，来创造需求，增加就业，保证经济增长。20世纪30年代以罗斯福总统的救济（Relief）、复兴（Recovery）和改革（Reform）的所谓“3R”为主要内容的“新政”的经济学理论基础就是凯恩斯经济学。尽管此后美国的大萧条仍然持续了较长一个时期，但“新政”的效果还是明显的。

此后，凯恩斯主义在很长一段时期里被各国政府看成它们化解经济危机的灵丹妙药。然而随后的经济发展表明，凯恩斯的理论也并非总是那么有效。

应该注意到的是，这里的需求有两种，一种是消费需求，一种是投资需求；政府主导的支出往往是后者——投资。尽管这两者有一个共性，这就是“花钱”，但投资与消费的不同在于它往往是不可持续的。比如政府对一个机场的投资——最初的确可以增加一些就业，从前期的建设工人到后期的管理人员；也会增加一些对诸如建筑材料厂商产品的需求等；但如果在短期内此类机场建设得过多、过密，就会降低其盈利水平，甚至出现入不敷出和倒闭的情形；而一旦某一机场倒闭，原来增加的就业机会就再次减少；如果该项目涉及贷款的话，此时就会给银行带来坏账；如果此类情形大面积出现，就会引发新的经济危机，或出现20世纪70年代那样的“滞胀”。

可见，在应用凯恩斯理论时一定存在一个临界点，即在达到此点之前它是有效的，即利大于弊；而超过这一点它就不再适用了，继续使用它就会产生严重后果。

20世纪70年代的美国，由于其扩张性财政政策和货币政策，出现了通货膨胀与经济停滞同时发生的“滞胀”现象。此时人们发现，美国政府使用了近40年的凯恩斯理论不灵了！这次美国遇到了不小的麻烦。虽然后来美国依靠“石油美元”保住了美元世界储备货币的地位，但在一段时间里美元被人们戏称为“软通美元”，当时人们甚至更喜欢日元和马克。

不过美国还是很快找到了让经济起死回生的办法。1981年里根总统上台后，开始实行以弗里德曼为代表的新自由主义货币学派理论为基础的经济政策，其主要做法是：减少政府对经济的干预，削减税收，减少社会项目开支，同时提高军费。尽管里根的经济政策导致了美国政府财政赤字大幅度攀升，但两年后美国经济出现了好转，通胀降低了，失业率也降低了。

虽然许多人将里根执政时期美国经济的复苏归功于新自由主义经济政策，但也有人认为，这些政策的本质还是以增加财政赤字的方式来扩大需求，即本质上还是凯恩斯主义。不过它与凯恩斯理论还是有明显区别的，凯恩斯主张的是政府投资，而里根所主张的是用减税等方式让企业家或个人自己消费或投资，以此来产生新的需求、增加新的就业，恢复经济。正是在这一阶段，比尔·盖茨的微软公司从一个默默无闻的公司成为一颗耀眼的明星。

老布什总统基本延续了里根的经济政策。

克林顿上台后，他由于看到了凯恩斯主义的潜在价值，美国政府此时开始推行一个被人们称为新凯恩斯主义的经济政策，即实施减税、降低非生产性开支、鼓励私人投资等政策，同时加速经济转型。该政策颇有成效，既刺激了经济增长，保证了充分就业，也降低了赤字和债务。美国财政赤字从1992年的2900亿美元，减少到1997年的220亿美元；到1999年，美国财政实现盈余1227亿美元。[48]

2000年小布什上台。他推行的是一种新自由主义供应学派的经济政策，即主张通过减税，增加消费者收入来刺激消费，促进经济增长。尽管此举对促进增长、推动就业起到了一定作用，但同时也使得联邦政府财政从巨额盈余变为巨额赤字。美国发动的伊拉克战争更使得美国政府财政状况雪上加霜。不过，美国通过伊拉克战争也有很大收获，它既控制了海湾地区的石油，又打击了刚刚启动的欧元。

总的来说，小布什执政时期的经济政策整体上并不成功。因此，他的继任者奥巴马曾毫不客气地指责他的这位前任说：小布什“灾难性的”政策把美国经济推向金融危机深渊，让财政从盈余走向赤字，离任后留下了一个“烂摊子”。的确，2007年开始的次贷危机和随后在2008年爆发的金融危机就是小布什政府播下的种子。

奥巴马自认所执行的是实用主义经济政策，他主张为符合条件的公司减税，这些条件包括提供合理的健保方案，把公司总部设在美国并提供本土就业等；但他要求提高对高收入家庭的所得税；同时奥巴马政府加大了对教育、医疗和科研领域的投资；他强调政府干预，亦相信货币政策的有效性。因此奥巴马经济学不同于供给学派或称“涓滴”经济学，而与凯恩斯主义颇有几分相像。总的来说，自金融危机以来，奥巴马的经济政策还是比较成功的，美国经济已有明显改观。

人才优势是美国具有强大金融力量的原因之五。

人才优势才是最大的优势。

说到金融方面的人才，美国除了拥有世界上最多的研究经济理论的人才外，还拥有掌握金融资本最大、手段最为高超的众多金融家和操盘手。例如格雷厄姆、巴菲特、索罗斯、林奇、德里欧、保尔森等。他们不但通过自己的智慧和努力为自己创造了巨额财富，也使美国金融变得更为成熟和强大。可以说，在当今世界的金融领域，美国的人才优势是任何其他国家难以望其项背的。而且，为了保持这种优势，美国总是用最优厚的待遇去吸引最聪明的、最优秀的人才去搞金融。在美国有这样一个说法："美国最聪明的人都去做对冲基金了。"

人们常常将美国的金融界称为"华尔街"，在这里，不同的金融投资家各具不同的投资特长和特点。应该指出的是，在当今金融资本主义的自由化和国际化程度日益提高的世界，索罗斯之类的投资理念和手法应特别引起人们的警惕。下面介绍几个华尔街的金融高手。

乔治·索罗斯（George Soros），犹太裔，早年就读于伦敦经济学院，由于多次狙击他国货币而引发银行危机，因此常被人称为"金融巨鳄"。他的惯用手法是，在将要"大涨"的市场中投入巨额资本引诱投资者一并狂热买进，从而进一步带动市场价格上扬，直至价格走向疯狂。在市场行将崩溃之时，率先带头抛售做空，基于市场已在顶峰，脆弱而不堪一击，故任何风吹草动都可以引起恐慌性抛售，从而又进一步加剧下跌幅度，直至崩盘。在涨跌的转折处进出赚取投机差价。

1992年，由"黑色星期三"为开端的英镑危机致使英镑大幅贬值，并最后导致了英格兰银行退出了欧洲汇率体系。这次对英镑的狙击是索罗斯的杰作，在其过程中，索罗斯的基金获利10亿美元。1997年索罗斯又成功狙击泰国货币泰铢，随后引发了东南亚金融危机。人们估计，在整个过程中索罗斯获利约20亿美元。

索罗斯的这些作为受到了许多人的猛烈抨击。不过，对此索罗斯的回答是这样的：他是要惩罚那些不道德、不负责任、滥发钞票的政府！他解释道，如果不是这些政府滥发钞票，他的手上怎么会有那么多的这些国家的货币用来抛售？

索罗斯的名言及观念是："炒作就像动物世界的森林法则，专门攻击弱者，这种做法往往能够百发百中。"

不过，作为慈善家，自1979年起，他向社会所做捐助高达80亿美元。此后在2012年他的个人财富仍高达200亿美元。

本杰明·格雷厄姆（Benjamin Graham），出生于1894年5月8日，1976年9月21日去世，犹太裔，毕业于美国哥伦比亚大学，金融投资家。作为一代宗师，他的金融分析学说和思想在投资领域产生了极大的震动，影响了几乎三代重要的投资者，如今活跃在华尔街包括巴菲特在内的数十位著名投资管理人都自称为格雷厄姆的信徒，他享有“华尔街教父”的美誉。

华伦·巴菲特，人称“股神”，1930年出生于美国，犹太裔，哥伦比亚大学硕士，是价值投资之父、本杰明·格雷厄姆的学生。巴菲特从1956年以100美元购买股票开始，到2010年他的个人财富达到470亿美元。

彼得·林奇（Peter Lynch），1944年出生于美国，宾夕法尼亚大学商业管理硕士，著名股票投资家和证券投资基金经理，人称“股圣”。1977年接管富达麦哲伦基金，13年间，该基金管理的资产由2000万美元成长至140亿美元，基金投资人超过100万人。该基金的年平均复利报酬率达29%。

在美国老一代投资家身后，新一代投资经理人也已成熟起来。例如：

德里欧（Ray Dalio），生于1949年，哈佛大学工商管理硕士。他于1975年建立的布里奇沃特投资公司（Bridgewater Associates），至2012年已成为世界最大的对冲基金公司，管理着约1200亿美元的资产。

约翰·保尔森（John Paulson），生于1955年，哈佛大学工商管理硕士，对冲基金经理人；200万美元起家，2013年个人资产为114亿美元。他的基金曾在2007年获利40亿美元。

大卫·艾因霍（David Einhorn），康奈尔大学学士；他创立的对冲基金“绿光资本”，曾在2008年雷曼兄弟破产过程中大赚10亿美元。

37岁的切斯·科尔曼（Chase Coleman），毕业于威廉姆斯学院；他管理的总额为70亿美元的老虎环球基金在2011年的全球对冲基金收益率排名中名列榜首，其收益率为45%。

8. 美联储是怎样的一个中央银行?

美国联邦储备系统（即美联储），即美国的中央银行系统，是在1914年建立的。不过在此之前，美国曾建立过两个中央银行，即分别在1791年和1816年建立的美国第一很行和美国第二银行。那么为什么美国早期的这两个以私有成分为主的中央银行未能存续下去，且后来的美联储依然没有选择国有化的形式呢?

现在世界上大多数国家都有自己的中央银行，从所有权上看大体分为两类：一类是国家所有并运营的中央银行；另一类是按照法律和章程规定成立的非国有的，但得到国家授权的中央银行。美国的联邦储备银行，属于后者。

中央银行的职责是发行和管理货币，保持货币运行稳定，并在发生金融危机时起到最后贷款人的作用。

对于美联储是否属于私人银行这一问题，一直存在争议。一些学者不但坚称美联储是私人银行，而且认为美国人故意掩盖其真相。事实真的是这样吗?

为了更清楚地说明这一问题，我们不妨先简要了解一下美国中央银行的历史。

最早的中央银行出现在17世纪末的英国，这就是英格兰银行；它在成立以后的两百多年里一直为私人拥有，直至20世纪30年代被国有化。在欧洲的另一个国家法国，1800年拿破仑建立了法国的第一个中央银行——法兰西银行；这是一家股份制银行，有3万多股东，当然其决策权主要掌握在大股东手里；在德国，1876年成立了德国的第一个中央银行——德意志帝国银行——它也是一个私有制银行……可见，在美联储成立之前，欧洲主要国家的中央银行大多是私有的或股份制的。

由于美国历史上早期的中央银行（美国第一和美国第二银行）无论是功能还是权力都非常有限，因此并不成功。1836年美国第二银行在与杰克逊总统的“战斗”中被“杀死”，从那时起，直到后来美联储成立，在这82年的时间里，美国没再设立中央银行，美国的国民银行在有限的程度上起着央行的作用。

美国人为什么不喜欢央行呢?

这是因为，自美国第三任总统杰斐逊开始，包括他本人和后来“杀死”美国第二银行的美国第七任总统杰克逊在内，许多美国人坚持认为，央行的理念会有损美国的民主，少数权贵会通过中央银行，用金融这个怪物将国家的财富攫取到他们自己囊中。正因为如此，在美联储成立前，美国一直没有出现足够强大的中央银行。

然而，从1837年开始直至20世纪初，频繁发生的经济动荡和金融危机，特别是1907年爆发的银行危机，使得美国的银行家、经济学家、商人和政治家们终于达成了一个共识——必须建立一个新的中央银行体系。而他们主要的参考模板就是欧洲各国的中央银行。

由于杰斐逊一直反对建立中央银行，这让人们经常会引用他的话来对美国的中央银行提出诟病。不过，其中一些引语的来源并不可信，很可能是后人杜撰出来的。比如， 1933年1月16日《早报》上的一篇文章中有一段被称为杰斐逊的引语（后来又被广泛传播）：“如果美国人民最终让私有银行控制了他们的货币发行，那么他们身边的这些银行将会先通过通货膨胀，然后通过货币紧缩来剥夺走人民的所有财富，直到有一天早晨当他们的孩子们一觉醒来，却发现已经失去了在他们父辈们开拓的土地上所建立的家园。”

虽然有人说上述引语出自杰斐逊给当时财政部长加勒廷的一封信，但研究者并没有在这二人的文档里发现其原件；而且，研究者发现，在杰斐逊时代英文中还没有“通货膨胀”（Inflation）和“通货紧缩”（Deflation）这两个词汇，这两个词直至20世纪初才开始使用。[49]

由此基本可以认定，杰斐逊并没有写过这样的文字，尽管他的确不赞成建立任何形式的中央银行。

虽然人们已经认识到需要建立一个中央银行，但对建立什么样的央行却产生了很大分歧，而主要分歧在于，这个央行应让政府主导还是让银行家们主导。从下面的内容可以看到，最终的结果是上述两方的一个妥协和平衡。

说到美联储的建立，有一个人必须提到，这就是尼尔森·奥德利奇（Nelson Aldrich）。现在的一些书在介绍奥德利奇时，常常会提到他是著名慈善家小洛克菲勒的岳父，也就是说，他与标准石油公司的创始人洛克菲勒是亲家；其实，在20世纪初期，奥德利奇在美国的名气一点也不比洛克菲勒小。19世纪70年代末，在实业上已很成功的奥德利奇决定弃商从政，并在1881年成为一名共和党参议员。到20世纪初，他已成为国会参议院的重量级人物，被公众和媒体称为“国家总经理”。1907年银行危机后不久，美国国会通过了《奥德利奇-奇瑞兰法案》（Aldrich-Vreeland Act）。该法案决定设立一项应急资金并建立一个由奥德利奇担任主席、共有18人组成的国家货币委员会，该委员会的任务是确定如何改进国家的金融体系和相关法规。在接下来的3年多时间里，该委员会花了大量时间奔赴欧洲各主要国家的首都，考察这些国家的中央银行系统和运作方式，并在国内对此问题多次举行听证会。

其间，1910年11月，奥德利奇主持召开的哲基尔岛（Jekyll Island）秘密会议后来常被人提起。

参加这次会议的有：J. P. 摩根公司的高级合伙人亨利·戴维森（Henry Davison）、纽约国家城市银行总裁弗兰特·范德里普（Frank Vanderlip）、富国银行集团董事保罗·沃伯格（Paul Warburg）等银行家；政府方面除奥德利奇以外，美国财政部助理部长皮埃特·安德鲁（A. Piatt Andrew），奥德利奇的秘书亚瑟·谢尔顿（Arthur Shelton）也参加了这次会议。

这次会议的结果是，产生了一个“奥德利奇计划”，它旨在为国家货币委员会对成立中央银行的建议案提供一个总框架。在起草这个计划过程中，沃伯格起了不小作用。他非常熟悉中央银行业务，一直给奥德利奇提供咨询建议。

从上述参加会议的人员就可以看出，该计划及后来据此提出的“奥德利奇中央银行提案”较多地代表了银行家们的利益。因此奥德利奇提案受到了来自两院议员们的强烈质疑。反对者认为，该提案明显缺少政府和公众对央行的监控。

前财政部长，共和党人莱斯利·萧（Leslie M. Shaw）对此提出激烈批评：“这样的一个机构，无论它用什么样的名字，将会把美利坚合众国的事务无可挽救地放到华尔街的手里。”[50]曾三次被民主党推举为总统候选人、后来在1913年出任国务卿的威廉·詹宁斯·布赖恩（William Jennings Bryan）是当时中西部农民利益的代表人物，他也反对建立一个银行家控制下的中央银行，而主张中央银行应由公共控制。

由于奥德利奇提案受到强烈质疑，该提案没有得到国会的正式回应。

可见，虽然奥德利奇首先向国会提出了建立央行的提案，而且该提案的确是在哲基尔岛会议上孕育的，但该提案甚至没有在国会正式讨论过——后来讨论并通过的是《欧文-格拉斯法案》（Owen-Glass Act，又称《联邦储备法》），此时距哲基尔岛会议已过去3年多了。

在1912年的总统选举中，民主党人威尔逊胜出，而且民主党还控制了两院。这一情形显然对支持奥德利奇提案的银行家们很不利。

果然，在众议院，货币委员会指派卡特·格拉斯（Carter Glass）领导一个分会另行提出银行改革建议。格拉斯请亨利·威利斯与他一道工作。他们很快提出了一个新议案——格拉斯提案。

这个议案与过去的奥德利奇提案既有不同，也有共同之处，比如该提案仍然主张银行的独立性，给银行家们保留了许多权力。对此威尔逊总统提出了一些修改意见，他认为国会和公众都不能支持一个缺少政府控管的央行。因此提案中增加了联邦储备委员会控管央行的条款，并规定其成员要由总统指派、参议院同意；还要求建立联邦咨询委员会。

对格拉斯的这一提案，大部分共和党人认为其中政府的管控过多；而民主党则认为政府的管控太少，即认为银行家的权力过大。

在参议院，罗伯特·欧文（Robert L. Owen）参议员也提出了一个与上述格拉斯提案类似但又有所不同的建议案，即欧文提案。

经过激烈争辩，参众两院综合上述两个提案最后达成共识，通过了《欧文-格拉斯法案》（Owen-Glass Act，又称《联邦储备法》）。威尔逊总统于1913年12月23日签署了该法案。

11个月后美国联邦储备银行开业。

美国联邦储备系统正是根据上述《联邦储备法》建立的，它主要由三部分组成：一是联邦储备委员会（Board of Governors）；二是联邦公开市场操作委员会（Federal Open Market Committee）；三是联邦储备银行，由分布在12个区域的联邦储备银行组成。全美三千多家银行和金融机构是这个庞大中央银行系统的会员，也是其股东。

包括主席和副主席在内的联邦储备委员会共7名委员均由总统提名，并要经过参议院同意。

联邦公开市场操作委员会，它由12名成员组成，包括联邦储备委员会全部成员7名，纽约联邦储备银行行长，其他4个名额由另外 11个联邦储备银行行长轮流担任；该委员会主管公开市场操作，美联储通过它影响市场货币流量，决定是否向市场投放增量货币（增加美联储资产），并对外汇市场进行指导。

每一区域的联邦储备银行董事会均由9位董事组成，这9位董事又分为A、B、C三类，每类3人：A 类董事代表区域内的商业银行；B 类和C类董事是作为公众代表被选举出来的，他们要代表农业、商业、工业、服务业、劳工和消费者的利益； A和B 类董事由区域内会员银行选举；而C类董事则由华盛顿的联邦储备委员会指派。联邦储备委员会在每个区域银行内任命两位董事担任总裁和副总裁。所有银行董事均不能由国会议员担任；B 类和C类董事不能由银行的各类职员担任；C类董事不能拥有银行股票；C类董事在被任命前必须在所在区域居住两年以上；所有董事不得参加党派政治活动。[51]

总的来说，美联储是一个在国会监督之下的，既行使政府职能，同时又具有相对独立性的系统。用美联储自己的话说就是，“它是一个独立的中央银行，它决定货币政策时无须得到总统或来自政府行政或立法部门的同意”。不过，由于国会“可以依法对其责任和义务加以调整”，因此美联储自认为，它是一个“政府里的独立体系”，而并非“独立于政府之外的体系”。

对于联邦储备银行是否属于私人银行的问题，美联储是这样解释的：“拥有储备银行股份与拥有私人公司截然不同，因为这些储备银行并非以赢利为目的，从法律上说，掌握一定股份意味着拥有其所有权，这是成为美联储系统会员的必要条件，但这些股份不可以出售、交易，或作为贷款的抵押品。”[52]

美联储约有3400个会员银行（含金融机构），其数量约占全美八千多家银行的总数近40%，每个会员银行都是其所在地区联邦银行的股东，被要求持有相当于自身资本3%的股份。不过，根据法律，这些会员银行拥有的这些股份与拥有其他（比如麦当劳）公司的股份不同——这些股份不能交易和抵押，这些会员除每年按各自持有股份额收取6%的股息以外，无权取得收益分红。联邦储备银行每年的全部的净收入（这些收益主要来源于通过公开市场操作而获得的各类政府债券的利息）都要上交美国联邦政府财政部。2013年，联邦储备银行全部会员股东共依法得到股息16亿美元；而同年美国联邦政府财政部所得到的来自联邦储备银行的全部净收入为777亿美元。

从以上数字可以看出，美联储每年可为政府带来很大收益，而它给会员银行（股东们）带来的直接经济利益只有数额并不很大的股息。[53]

在美国政府官方网站中，美联储系统被列入了联邦政府组织架构图中。因此，尽管美联储系统从其所有权来看，它的股东是众多银行和金融机构，但它仍然被美国政府当作自己的一个机构。

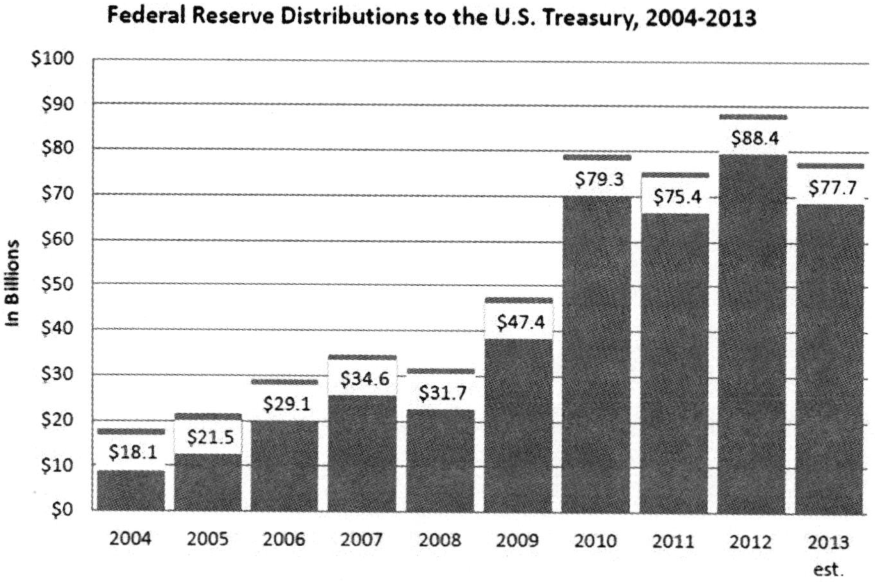

资料来源：美国联邦储备委员会（单位：10亿美元）。

图2-6 美联储向美国财政上缴利润示意图（2004—2013）。

另外，当初的那些作为美联储主要股东的私有银行，后来也都陆续转变为公众所有的上市公司。比如，目前持有美联储最多股份的前五名会员股东摩根大通（J. P. Morgan Chase & Co. ）、美国银行（Bank of America Corp.）、花旗集团（Citigroup Inc.）、富国银行（Wells Fargo & Company）、高盛集团（Goldman Sachs Group）等都是上市公司，而这些公司（银行）并非严格意义上的私有公司（银行），其股权状况也都是公开的。可见，美联储的股东情况既不那么神秘，也并非完全由少数私人所有。

当人们仔细了解过美联储系统的组成和运行方式后就会发现，它与普通的私有的或股份制的公司的确有很大的不同：一则它是一个非营利机构；二则联邦政府（国会和白宫）对其仍有相当程度的监管作用，这种监管最主要体现在对联邦储备委员会成员及其主席的任命和权力的监管——不仅美联储委员会成员和主席要由总统任命、参议院批准，即便是他们的薪水标准也要由国会批准；对不称职的主席或委员也有明确的罢免机制。

此外，对美联储及高官还有一系列监督机制，比如包括主席在内，美联储各高管的个人资产及年度收入状况都要包括在美联储的年度财务年报里，这些都是要公示的。

说到收入，刚刚离任的美联储主席伯南克近年来的职务年薪约为20万美元。[54]对美联储主席这样重要的一个职位来说，这个年薪也许并不算高，如果他仍留在普林斯顿大学担任经济系主任、教授的话，其职务内收入或许比这还高些。另外，据了解伯南克的人说，他开的是一部普通的福特"福克斯"轿车。

综上所述，美联储是一个由众多股东（大股东都是上市银行）所有、行使美国政府特定职能的中央银行。它既受到美国政府的监管，也要保证众多银行股东及公众的利益；它体现了政府、股东和公众三种力量的平衡，它的成立也是各方力量博弈的一个结果。

尽管在美联储行使央行职能的过程中，受益最多的还是美国权势阶层，但美联储所受到的监督和控制也是显而易见的。在此问题上，人们不应低估美国公众的智慧和民主意识。

应该指出，判断一个中央银行是否能代表公众的利益，不应仅将目光放在它的所有权上，而更重要的是要将目光放在它实际的运行规则和方式上；国有的中央银行并不一定能保证公众的利益，如果没有合理有效的管控，它有可能给公众带来更大的危害，比如中国1928年成立的国民政府中央银行，它并没有真的保证公众的利益。

其实，有很多时候，国有和公众利益并不完全是一回事，尽管政府常常会将这两者说成是一回事。

前德意志联邦银行主席科尔·布莱森（Karl Blessing）曾说过这样的话："中央银行必须独立，因为人们不能真的信任政客们——他们都是些腐败的家伙，他们的唯一法宝就是想方设法多印钞票。"[55]尽管他这么说有些刻薄，但也有一定的道理。

9. 美国会破产吗?

近年来常有文章说美国经济濒临破产，甚至说由于美国政府巨大的债务已超过了GDP，因此实际上它已经破产了。事实真是这样吗?

“破产”一词原本是一个法律用语，该词现在显然是被人们过度使用了。其实，在用该词描述一个国家时，它的确切含义只是要说明这个国家已无力偿还债务了，而并非这个词的法律意义。因为从法律上说，一个国家很难出现破产的情况——被其他国家或债权人清算。事实上，如果某国家出现无力还债的情形，人们将看到的情形是，这个国家面临所谓的“主权违约”(Sovereign Default)。

那么，美国是否真的面临“资不抵债”、无力偿还他国及国内债务，从而出现实质性的主权违约呢?

让我们先看看什么是美国的国家债务，美国政府是如何举债的，以及举债的代价和偿还方式是什么，然后再看美国是否真的面临“破产”即主权违约的危险。

长期以来，美国政府财政收入总是入不敷出，因此每年它都要寻找“额外”的美元。由于美国国会早已通过法律程序将发行货币的权力交给了美国的中央银行，即美国联邦储备系统，即美联储。因此当美国政府需要额外用钱的时候就要请美联储来帮忙了。不过，要美联储借钱给政府绝非仅凭财政部或总统简单下一个指令就能做到的事。美联储虽然是美国的中央银行，但它并不是一个直接隶属于白宫或财政部管辖的机构，它有很大的独立性，联邦储备委员会享有独立制定货币政策和发行货币的权力，对此前面已有较详细介绍。

当美国政府要求借钱的时候，美联储是要按章办事的——借钱需要提供资产抵押，即便是政府也不能例外。根据《联邦储备法》等法律规定，联邦政府债券等证券可以用作货币发行的抵押证券。于是，联邦政府财政部在借用每一笔“额外”美元的时候，一般都会用债券作为抵押。从本质上说，美国政府是用它今后的税收为主的收入作为其还款的保证的。

可见，一般来说，美国联邦政府的借钱过程就是其财政部通过美联储来完成的一个发行国债的过程。美联储一般以招投标的方式发行债券，即让有资质的大银行、经纪人公司及债券公司参加投标，人们常常将这一过程称为国债的一级市场；随后中标公司再向其他各类信托基金、国内保险公司、银行及其他公司甚至个人等分销国债，有时也会将部分债券卖给国外政府，这是国债销售的二级市场。此时，美联储本身也可能会根据情况买入适量国债。

由于2008年的金融危机，美国政府决定救市，其国债发行量陡然增加。由于国债购买市场容量毕竟有限，于是从2009年起，美联储只好亲自出马，开始大量买入国债。

美国国内公司、个人或国外政府之所以购买美国国债，主要是因为它更具有保本和获利的保障。目前，美国政府的各种基金和美联储所持有的美国国债几乎占到了美债总发行量的一半。

那么，现在人们常说美国政府大量增加货币供应量，实施所谓的“量化宽松”是怎么回事呢？这个多余的“量”是如何产生的呢？

在上述过程中，如果美国财政部发行的国债全部被美联储以外的买主购买，是不会产生货币新的增量的，因为在这种情况下，那些买主所用的钱都是市场上流通的原有货币，而没有新增货币产生，其过程实质上是这些买主通过联邦储备银行将钱借给了美国政府；他们得到的政府债券意味着他们成了美国政府的债权人，享有取得相应利息的权利。

那么在什么情况下才会在流通中产生增量的美元货币呢？显然，只有在美联储以购买国债等方式（其他方式有购入其他商业票据等）增加资产的时候。也就是说，无论是美联储购入政府债券，还是它购入其他商业票据等资产，它都需要增发美元。

现以美联储购买债券为例说明这一过程。

由于美联储要买入一定量国债，它因此需要增发同样数量的美元。请注意，这部分美元完全是新生的——这部分钱在市场上原来并不存在，即完全的“无中生有”！正因为如此，人们一直十分重视美联储资产的增量

（主要体现在美联储资产负债表上的包括国债或其他商业票据在内的资产的增量）和增速，因为它们基本体现了美元货币的增量和增速情况。

由于银行体系的“杠杆”作用，即它对基础货币量（公众手中现金加上银行准备金）的“放大”作用，实际上最后在市场上形成的货币增量会大大超过美联储最初的增发量。正因为如此，美联储的“增发”才引起了人们的普遍担心。

我们不妨通过一个例子来具体了解一下这种不断扩大的增量美元是如何产生的，以及它的“杠杆”作用到底有多大。

比如现在美国政府需要200万美元的额外（原预算外）款项支付设备更新费用。为此政府财政部决定通过联邦储备银行发行面值200万美元的债券。发行很快完成了：最终将其中100万美元的国债卖给了诸如信托公司、保险基金等买主；而美联储买下了剩余的100万美元的国债，作为自己的资产。这样，在这次国债发行后，美国政府便得到了所需要的200万美元。

在上述过程中，由于其他买主是用自己的原有资金购买国债的，因此这一过程并没有产生美元新的增量；而美联储买入的100万美元国债所用的那100万美元（此时该款已到政府财政部的账户上）却是美联储所增发的。这后一笔钱便“无中生有”了——从此这个世界上多出了100万美元！

请注意，美元的“量化宽松”的旅行便由此开始了。让我们仔细盯紧了这始自美联储、现已在美国政府财政部账户上的100万美元，看它最后能产生什么奇迹！

现在美国政府决定用这100万美元购置部分网络设备，于是它将这100万美元支付给了供应商（比如说是IBM公司），IBM公司将收到的这一支票存入一家商业银行（比如说花旗银行），随后花旗银行将收到的这笔款又存入联邦储备银行（美联储），这使得花旗银行在美联储账户上的准备金增加了100万美元。如果此时规定的准备金率为10%，那么从理论上说，这时花旗银行就新增了信贷额度1000万美元（100/10%=1000万美元）。不过，通常商业银行并不会如此轻率地在新增准备金数额基础上简单地派生出10倍的信用，因为它们知道，任何高于准备金数额的信用扩张对银行都是很危险的。所以，商业银行通常都会以一种较为温和、谨慎的方式开始其信用扩张，并将其规模控制在准备金所能承受的范围内。在这个例子里的花旗银行也是如此。花旗银行用新增准备金数额（100万美元）乘以一个小于1的倍数（通常是1减准备金率）开始其信用扩张。如果规定的银行准备金率为10%，那么这个倍数就是0.9（90%），其新增信用额度便是90万美元。接着，花旗银行便将90万美元贷给了它的一个客户（比如说一家商场）——此时世界上又增加了90万美元。在这里应该注意到的是，这种信用扩张行为到这里并未结束，而是刚刚开始，它会像跑接力般传递下去。

接下来，得到花旗银行贷款的这家商场又将这90万美元支付给了它的一个供货商，随后这一供货商将这90万美元再次存入某家银行（比如美洲银行），而这家银行也将这90万美元存入美联储作为准备金，这便再次产生了新的信用额度（即再次产生的新货币）。与花旗银行确定信用额度的方式类似，此时美洲银行确定的新增的信用额度为81万美元（90×90%=81万元），随后它将其贷给下一个客户，此时世界上又增加了81万美元……从理论上说，这一链式的信用扩张行为最终可使整个银行体系新增货币总量达到约1000万美元！正像罗斯巴德教授在《银行的秘密：揭开美联储的神秘面纱》一书中所说："美联储购买100万美元资产会创造500万美元新货币（如果准备金率为20%）或者1000万美元新货币（如果准备金率为10%），美联储的购买具有乘数杠杆效应。"[56]

实际上，目前美国银行的平均准备金率为3%，在这种情况下，从理论上说，如果美国商业银行在美联储每增存1亿美元的准备金，在杠杆效应下美元信贷扩张的上限空间是3500万亿美元！即便实际上所用到的信用额度仅达到理论值的20%，也有700万亿美元之巨。这就是美国资金流动性的源泉。

1960年美联储拥有的政府债券为270亿美元；1982年为1280亿美

元；[57]从2008年金融危机以来，在量化宽松政策的刺激下，美联储资产负债表大规模扩张，其名下资产扩张了三倍（见图2-7）。截至2013年7月5日，美联储资产负债表规模为3.5万亿美元，国债约占其中的55%。[58]

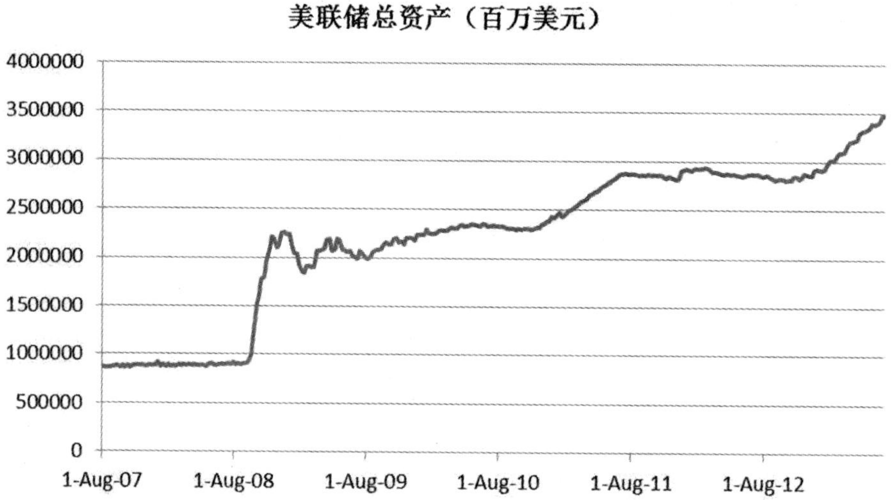

资料来源：www.federalreserve.gov/monetarypolicy/bst_recenttrends.htm

图2-7　从2007年到2013年美联储总资产的变化。

下面我们继续谈美国政府的债务问题。

由华尔街的“次贷”引起的2008年美国金融危机给世界经济带来了重创。

为刺激经济，华盛顿和华尔街在随后的几年里开始了大规模、更大规模的“量化宽松”行动，即增发美元。

现在人们经常将美联储增发美元的行动比喻为“印钞”，然而，这个说法虽然很形象，但并不准确。原因是，美联储增发的美元，就像前面例子里所说的，具有极大的信用扩张空间，少则几倍，多则十几倍，甚至更多；因此它既不意味着美联储增发多少货币就会印发多少钞票，也不意味着今后市场最终的货币增量仅仅是美联储增发的货币量。

从前面的叙述我们看到，美国政府要想得到一笔额外的美元并不困难，似乎也没有什么限制。然而事实上远非如此。

增发美元就意味着美国联邦政府要举债，而举债不但要还本，而且还要付息。过去美债的年利率曾达到过10%以上，近年来利率一般都在3%以下，而且呈下降的趋势；当然具体利率还与举债期限有关。利率低对美国政府当然有利，不过利率太低了就没人愿意买了，此时美联储只好以增发美元的方式将其买下。近年来美联储大量购入国债的原因正在于此。事实上对美国政府来说，举债最大的负担是利息，因为利息是必须按时支付的，如果利息总额过高，政府将难以承受。正因为有此类问题，美国国会在1917年制定了法律，对政府举债加以限制，明令政府举债不可超过规定的“债务上限”。因此，美国联邦政府需要新增债务时既要考虑到今后的利息负担，同时又要看其额度是否在法律规定的“债务上限”之内，当然最重要的是要考虑是否会引起通货膨胀。

随着经济的发展和不断出现的新情况，美国政府对增发货币的需求也日益增加。为此，美国曾一百多次提高其债务上限。迄今，美国政府每次面临需要提高债务上限时，在国会里总会出现激烈的辩论，似乎美国真的面临严重的债务危机。其实不然——美国今日之债务虽然庞大，但还远没有达到导致出现危机的程度。国会里的争辩主要体现了不同党派之间的角力，而并非真的出于美国债务已面临出现大危机的可能。事实上，尽管共和党和民主党人对于增加债务上限争论不休，但在最后期限到达之前他们基本都能顾全大局，同意对原有的法律规定作出修改，一次次地提高政府的债务上限。因为美国人知道，即便是在联邦政府债务已创历史新高的今天，其债务仍远未达到危险的高度。

那么，美国政府能承担的合理的利息负担究竟有多大呢？

美国的基础货币（Monetary Base，MB）量值自2008年以来持续快速增长，从危机前2007年7月的0.86万亿增长到2012年的2.65万亿美元。（图2–8）

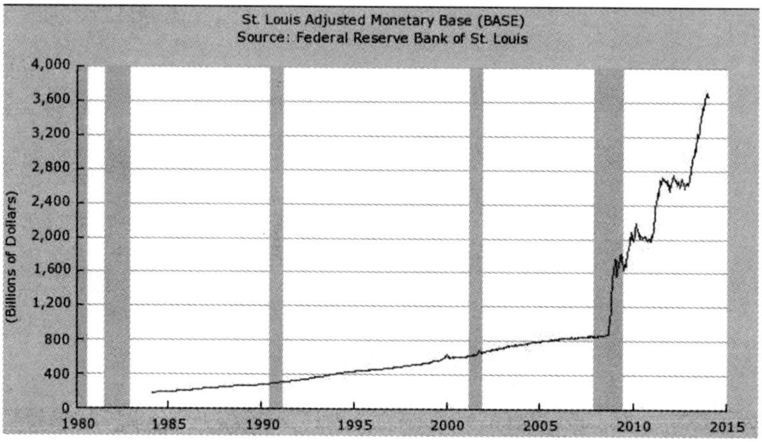

资料来源：http：//research.stlouisfed.org/fred2/series/BASE

图2-8　美国基础货币的变化。(单位：10万美元)。

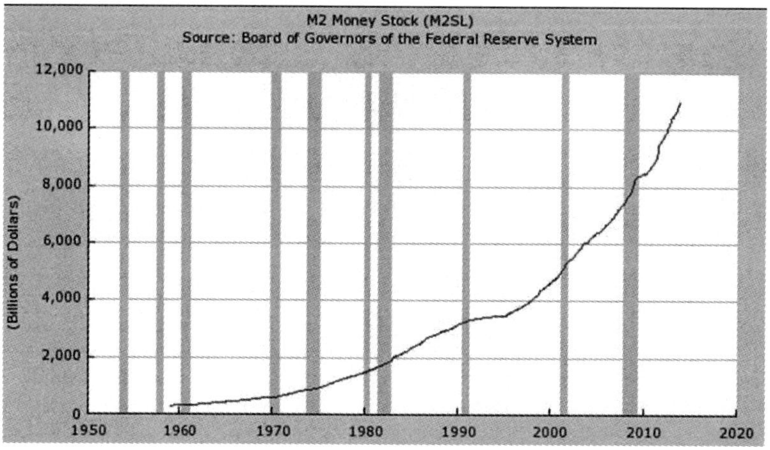

资料来源：http：//research.stlouisfed.org/fred2/series/M2SL? cid=29

图2-9　美国广义货币M2的变化。

这样，MB与GDP（2007年美国的GDP为14万亿美元，2012年为16万亿美元）的比值也由6%增长到16%。这一比例的变化说明，为创造等量的GDP美国现在需要投入更多的——相当于过去2.6倍以上的货币。可见，现在美国基础货币的使用效率比之金融危机之前有急剧的下降。[59]

与此同时，与美国基础货币成倍增长的情况相比，其广义货币M2虽然也有增长，但其涨幅与MB的涨幅并不成比例，从2007年6月的7.2万亿美元，增长到2012年6月的9.9万亿美元，2013年6月该值增长到10.6万亿美元。

也许有人不禁要问，美国的GDP从2007年到2012年只增长了12%，为什么美国政府不惜以大幅增加债务为代价，大量增发美元，使美国的基础货币量在原有基础上增长两倍多（即增长200%以上）呢？

其实原因很简单，实现前面所说的银行信用扩张有一个速度快慢的问题（此间M2的增长只有37%而不是200%的这一事实也反映出了这种影响）；同时，在流通领域货币的流动也有一个速度快慢问题。比如说，影响沃尔玛超市年营业额的不但有每个顾客每次购物的平均金额，即所谓的客单价，以及这个商圈的顾客总数，还有这些顾客光顾这家店的频率，即每个顾客每年的购物次数。显然，在经济运行良好时，购物频率（反映出货币流动速度）会高一些，比如每月5次，而在经济低迷时购物频率会明显下降，比如每月3次。由于购物频率的不同，会使该店年营业额出现明显的不同。而从整个社会来看，经济不振也会使得信贷扩张及货币流通速度下降。因此欲提振经济、维持较大的货币流动量，其最简单的办法就是增加货币发行量。这就是美国在金融危机后增发美元的原因。根据美联储公布的数据，2012年7月它的资产总量为2.89万亿美元，这个数字与MB值接近，因此它也基本可以反映出美国同时期的基础货币供应量情况。[60]

那么，增发美元给美国政府增加了多少负债呢？它有能力偿还吗？

首先我们应该认识到，美国政府负债后借到的钱主要用在了两个方向：一是用于补贴财政支出；二是在遭遇经济危机时用于拉动国内经济，比如，在2008年金融危机后美国政府向房利美和房地美（“两房”）分别注资1000亿美元，向美国国际集团AIG数次注资共计超过1800亿美元，等等。显然2008年以后美国政府增加债务的相当大的一部分是用于后者。联邦政府通过负债得到美元，然后用于投资，其直接的结果是：政府一方面欠了美联储的钱，同时在向上述公司注资后也拥有了诸如“两房”等公司的股份——而这些资产在今后是可以产生利润的；而且政府可以在今后适当的时候出售这些资产，用变现后的钱偿还美联储。可见，只要政府“救市”得力，此类负债也并非那么可怕。

事实上，对于政府的在短期内增加巨额债务，华盛顿和华尔街最担心的并不是今后是否有能力偿还，这是因为即使其他国家或国内的个人和企业都拒绝购买美国的国债，至少美联储可以将其悉数买下，且无论这个数量有多么巨大——从理论上说，自从美联储发行美元与黄金脱钩以后，只要美债不超过所谓的“债务上限”（更确切地说，只要美国国会同意将债务上限提高到某个美国政府认为合适的数额），美国就可以不断增发美元直至其所需的数额——由此可见，美国政府是不会缺少美元的，无论是用于还债还是用于其他方面。因此在举债时，美国政府真正关心的，或担心的只是此举是否会带来两个危险：一是政府是否有能力承担起负债的代价——利息；二是举债引起的市场上美元货币流通量的大幅增加是否会导致通货膨胀。

我们来看第一点。

以2013年7月美国的债务情况为例。美国此时的国家债务是16.90万亿美元，超过前12个月15.80万亿美元的GDP 7%；其相应的利息支出是0.22万亿美元。同期美国联邦财政岁入为2.58万亿美元。[61]也就是说，美国政府现在每年为负债而支付的利息占其年财政收入的约8.5%。那么，这个比例大不大呢？

哈佛大学教授，经济历史学家尼尔·费格森（Niall Ferguson）指出，历史经验表明，当一个国家将其财政收入的20%用于支付债务利息时，这个国家将可能出现恶性通货膨胀，当上述百分比达到40%时，这个国家将面临崩溃。[62]显然美国现在距离这个比例还很远。其实，在几年前日本用于支付债务的利息就曾达到过其财政收入的20%，可至今虽然日本经济依然不济，但并未见其面临“破产”。

由此可见，尽管如今美国债务额庞大，但由于它经济总量巨大，财政收入也很可观，目前为负债支付的利息还不到财政收入的9%，其比例还远未达到会使美国陷入危险的境地。

另外，在上述美债持有者中，属于美国政府的各种基金占有很大比例，达到总量的30%—40%，因此现在美国政府真正的债务与GDP的比例大约为70%，而并非超过100%。

当然，由于近几年美国的债务急剧膨胀，根据预测，美国在今后几年里的利息支出会继续增长，利息与财政收入之比例也会有所增加。不过在这里应该注意到的一点是，我们在前面已经说过，美国政府在增加负债的同时也增加了资产，这是一些可以给政府带来巨额收入的资产，比如“两房”的股份等。因此，在今后几年里，如果政府将大部分此类资产卖出，则它的负债就会立刻降低，它的利息负担也就会随之减小；而如果它继续持有这些资产，则由这些资产带来的收入可以作为政府财政的一个补充，用于支付负债利息。可见，无论在哪一种情形下，在今后几年里美国政府用来支付债务利息的费用负担并不会像许多人描绘的那样可怕。

那么，政府大量举债后的巨额货币增量是否会引起美国国内的通货膨胀呢？

其实，美国政府对于这个问题的关心程度要更甚于其他人；甚至普通的美国人对此也异常关心，他们也一直不断地提醒着自己、提醒着政府。

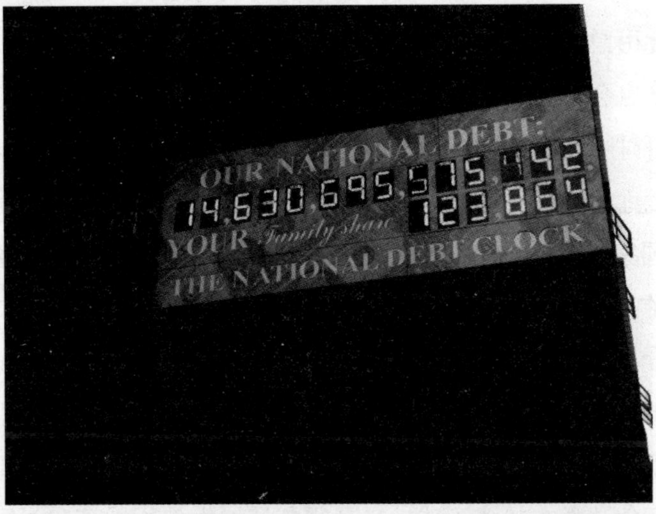

图2-10　位于纽约第六大道和第42街交汇处的国家债务钟。

距离美国纽约时代广场不远的第44街与第六大道交汇处有一座建筑物——德斯特大楼（Durst Building），它的外墙上有一个并不算十分引人注目的电子国债钟，它实时更新着美国最新的债务总额，同时也显示出每个美国家庭需要负担的数额。这是在2004年更新的第二个国债钟。原来的第一个国债钟的位置是在距此仅隔一个街区，它是纽约房地产商人西摩尔·德斯特（Seymour Durst）在1989年2月出资安装的，位于第六大道和第42街交汇处。当时美国国债已接近2.7万亿美元（相当于GDP的50%）。对安装此钟西摩尔是这样说的："如果这个钟让人们感到不安，那么它的目的就达到了。"[63]

此后，在互联网上陆续出现了若干个实时的美国国家债务时钟网站，它们的数据更为详细，且都来自官方，比如网站http：//www.usdebtclock.org。它们随时向美国人提出警示。

通过前面的一些数字我们发现，自2008年金融危机以来，无论是美国的基础货币MB还是其广义货币M2的增幅都超过了同期GDP的增速。按常理，在这种情况下通货膨胀应在所难免。为什么这么说呢？道理很简单，如果在一个封闭的市场里，假如原来的货币总量是100元，1斤苹果的价格是1元；那么，如果市场其他情况均没有改变，而只将货币量增加50%，即货币总量增加到150元后，此时1斤苹果的价格就会增长到1.5元，即价格也会增加50%。这时通货膨胀就发生了。基于这个道理，人们当然有理由对美国现在增加货币供应担忧了。

然而，近年来在美国并没有出现明显的通胀——伴随着分阶段进行的"量化宽松"，美元基础货币大量增加，人们并没有看到明显的通胀。这又是为什么呢？

这种看起来奇怪的现象，也体现出了华盛顿和华尔街的良苦用心。

美国人的设计理念是控制增发货币的流向，并达到三个效果：一是将增发的货币用于改造银行及金融资本市场，即将大量资本投入到诸如证券、股票等金融资本经济领域；二是避免让增发的货币流向对国内物价指数有明显影响的领域，即避免这些增发的美元进入美国商品市场的流通环节；三是增发的美元要有助于提高美国的就业率。

虽然美国的金融资本市场在2008年出现了历史罕见的大危机，但伴随着政府对华尔街的大量注资和一系列的结构调整，几年来其经济结构已得到较好的修复。仅以它的股市为例，从2009年开始股指持续上涨，2013年道琼斯和纳斯达克指数均已超过危机前的点数，其市场总值已超过18万亿美元，与危机后的2009年相比已增加了80%，即增加了约8万亿美元的容量。这不但体现了新增美元的巨大“功劳”，也为新增的美元提供了很好的去处。加之其他金融市场，为新增美元提供了巨大的蓄水池。请注意，进入此类金融市场的货币是不会给美国经济带来明显通胀压力的。

当然，即便如此，无论是股票市场，还是债券、期货等市场，它们固然大，但由于获利空间仍然要建立在实体经济之上，因此它们容纳资金的空间也还是有限的——上次的金融危机就是证明。因此增发货币也不可能是无限的。

与此同时，由于美元的特殊地位，使得美国在很大程度上具有在全球范围内调配能源等资源的能力、美国所具有的粮食产能优势和在国际市场的能源控制优势，以及美国的企业在全球商品成本普遍上涨的情况下仍然能够得到价格低廉的商品供应美国市场的优势（比如沃尔玛等企业可选择从比中国商品成本更低的国家和地区进货），这使得美国有条件保持国内粮食价格稳定在较低的水平、使得美国国内的能源价格能够一直保持在较低的水平，也使得美国国内的日用品价格能够保持较低水平……这一切在很大程度上降低了美国国内物价上涨的压力。而且，伴随着“量化宽松”的还有美国银行的超低息政策，这也有助于阻止美元大量回流美国形成通胀。

不过，由于资本与生俱来的趋利避害的特点，一些专家认为，部分增发的美元通过国际金融体系流向了国际大宗商品市场和新兴市场国家，并从中牟利；这就推高了原材料价格和新兴国家的资产和物价水平。这在事实上起到了将通胀输出到境外的作用。

上述情况说明，美国政府在这一段时间里基本上掌控了增量美元的流向。尽管如此，这种情况今后也一定会发生变化，因为这些资本的走向是难以长久被政府完全左右的。

美国政府非常清楚：要想真正激活国内经济，最根本的还是要提高就业率。于是奥巴马总统下令制定了一些措施，比如鼓励社区银行向个人及中小企业提供创业贷款等做法，以此来支持社区经济振兴；随后还制订了扩大商贸、加强能源开发、增加基础设施投资、吸引旅游、减轻企业监管负担及税制改革等计划。

其实，即便迄今美国并未出现明显的通胀，美国政府在对待增发货币一事上也还是一直在谨慎行事的——这不是为了别人，而是为了美国自己。他们当然不愿意看到美国经济出现恶性通胀、美元在短期内迅速贬值；更无法承担失去美元霸权地位的风险。显然，美国人不会因为图一时之小利而让其最大的利益受到伤害。

我们看到，2008年当金融危机爆发后，从8月份开始美联储连续四个月大量而又迅速地向市场投放增量货币，直至当年年底；为此，美联储的资产总量在四个月内从9000万美元增加到22000万美元，增长了144%，这是前所未有的。

通常，增量货币对市场的拉动作用通常要在一年后才能明显体现出来，因此美国在随后的两年里基本没有再大幅增发美元货币。

到2010年10月，当看到经济仍然低迷，同时国内通胀并不显著时，美国才再次开始增加货币投放，只是此次速度比之前一次有所放缓。对此美联储主席伯南克解释说，通货膨胀仍低于美联储设定的目标，这是采取进一步措施刺激经济的首要原因。这次“注水”持续了8个月，使得美联储的总资产从23000亿美元增长到了28000亿美元；此后停止“注水”长达18个月，静观市场反应。

2012年10月，美国经济出现一些转机，失业率有所下降，但通胀仍不明显。于是美国决定再次“注水”，于是从10月开始直至2013年6月，美联储自危机以来第三次大量增加货币供应，它的总资产从28400亿美元增长到34000亿美元。

从上述过程我们可以看到，美国增发美元数额虽然巨大，但绝非毫无忌惮。

现在美国的基础货币比之它在金融危机前已增加了两倍多，但它的经济并未出现过热，前面说过，在一定的时间里货币的流通量不但与货币发行量有关，还与流通速度有关。一个国家的经济就像一个人的机体一样，后者需要血液流动来提供养分，而前者需要一定的货币流通量来保证其经济的正常运行。当经济不振时，货币流动速度降低，为了达到一定的货币流量政府便会选择加大货币投放。显然，当经济逐渐恢复，货币流动速度加快时，政府为降低货币流量就要逐渐减少市场货币存量，否则通胀将难以避免。当然美国现在还没到这个时候。

可以得出以下结论：第一，美国显然不会无限制地增发货币，因为增发美元并非对美国总是有利的，超过一定限度势必会引发恶性通货膨胀，给美国自己带来难以估量的损失，甚至威胁到美元的霸权地位乃至美国对世界的主导权。对此美国的财政部、美联储及美国那么多的顶级经济学家们都是非常清楚的。这也决定了在“增发”问题上他们一定会谨慎行事。第二，前面说过，目前美国政府的负债利息支出只占其财政收入的不到9%，对这一负担它是完全可以承受的。

因此无论是现在还是在可以预见的将来，都不会出现美国政府无力支付利息的局面，更谈不上“破产”。

二、 从“基因革命”看美国如何掌控世界粮食

20年来美国一直在大力推销转基因农产品，希望从此引发“基因革命”，并坚称此举将有助于提高粮食产量、减少病虫害、提高粮食品质，解决全球饥饿问题。不过，与此同时，也有许多人坚持认为，转基因粮食对人类健康和环境有害，而且也不会带来粮食产量的明显增长。

那么，转基因粮食究竟会给人们带来什么呢?

尽管对这一问题人们已经讨论、争辩了很久，但迄今还难以得到一个完整、准确并令人信服的答案。不过，由于此事涉及人类赖以生存的粮食，同时转基因食品在市场上正日益增多，因此人们无疑首先要回答这样一个问题——在转基因食品问题上应该采取怎样的立场。

1. 转基因农产品

生物的转基因技术，又称基因重组或DNA重组技术，是将不同来源的生物基因按预先设计的蓝图，在体外构建新的DNA分子，然后导入某生物（包括植物，比如大豆）体内的活细胞，从而改变该生物原有的遗传特性，获得该生物新的品种。

1983年，科学家首次培育出世界第一个转基因植物——转基因烟草。

1986年，在美国和法国最先出现了转基因植物的试验田。

1994年，转基因西红柿在美国被批准上市，这是转基因食品首次被批准出售。

1995年，Bt（苏力菌）土豆，一种具有杀虫性能的食品，首次获得美国官方批准上市。此后美国又相继通过了Bt玉米、Bt棉花，以及具有抗除草剂草甘膦的大豆等具有某特定功能的转基因的植物或粮食作物的生产。后来，世界各地的一些生物技术公司又尝试了一些具有其他性能的农作物的基因改良，比如使一些作物适宜在干旱、盐碱地区生长等。

自90年代初开始，转基因粮食作物开始走向具有一定规模的商业化种植，至今已有近20年了。

目前在世界范围内种植面积最大、产量也最大的转基因粮食产品是大豆。根据2010年1月中旬发表在著名的《自然》杂志上的文章，一个由18个顶尖科研机构组成的研究小组已经完成了世界上最重要的蛋白质与油脂原料大豆的遗传基因图谱的排序。这也是首类豆科植物的遗传基因图谱的排序。这次突破性研究是在美国能源部、国家科学基金会、美国农业部和美国大豆基金会资助下，由美国能源部、美国基因研究所、美国农业部、普渡大学和北卡罗来纳大学等研究机构合作完成的。

在过去的20年里，转基因粮食作物在全球的种植面积逐年增长，转基因食品也越来越多的在市场上出现。根据维基百科所引用的数据，截至2010年，全世界种植转基因农作物的土地面积约占总耕地面积的10%；主要国家有：美国、巴西、加拿大、阿根廷、加拿大、中国、印度等数十个国家。在美国，80%以上的玉米、约90%的棉花和约90% 的大豆为转基因产品。其中，美国的孟山都（Monsanto）公司提供的种子在全球转基因农作物种子市场中占有的比重最大，在2007年，使用该公司种子的播种面积在全球已达到100万平方公里！该面积比2006年增长了13%。近年来全球转基因农作物的种植比例仍在逐渐增加。不过，这些面积的增长主要是在发展中国家。[64]

事实上，在发展中国家转基因作物种植面积不断增加、食用的转基因粮食也不断增加的同时，人们发现：美国生产的转基因玉米和大豆主要是用于出口和国内的饲料生产，而用于他们自己食用的比例并不大。显然，美国人对将转基因粮食用作自己的食物是非常谨慎的。欧洲人更是对转基因粮食持拒绝立场。

不过，转基因粮食产量连年增长，在一定程度上说明许多人对此持鼓励态度。那么他们的理由是什么呢？

支持转基因粮食产品的人们的主要理由是：

此类作物不易受到病虫害的影响；可抵抗专用除草剂；可抵抗专用杀虫剂；有更高的产量；可添加必要的营养成分；能够让产品不易腐烂等；还可以培育出具有耐干旱、寒冷的粮食作物等。由于这些优势，这些支持者宣称，这一技术，既可以帮助农民提高产量和收入，又能帮助人类缓解由于人口增加带来的粮食供应问题。另外，因为转基因粮食中包含特殊基因，它还可被用来验证“身份”——如果某些农民不是通过正规渠道取得粮食种子，则很容易被发现并受到指控——这一点显然有利于保护专利持有者的利益。

反对或主张谨慎食用或引入转基因粮食产品的人们所提出的主要理由是：

此类产品可能会给人类健康带来危害；也会给环境带来不良影响；为了长期获取知识产权收益，转基因种子公司在同发展中国家合作中会有意对核心技术保密，使得粮食生产成本越来越高；粮食增产并不明显，甚至减产；对杀虫剂产生抗药性后的害虫会给农作物带来更多的麻烦；无论是转基因种子公司要求用户签署收获粮食后不留存种子的协议，还是使用被称为“终结者”的一次性有效的种子，都会不断增加用户的粮食生产成本；转基因种子公司有意让用户对其种子、播种设备、杀虫剂、除草剂，甚至是销售渠道等产生依赖性，进而对种子价格，以及相关供应链实施垄断和控制，等等。

然而，20年的经验和现实的状况表明，转基因粮食生产既不像前者说的对粮食的增产和增收那么有效，也没有证据说明产品具有明显的副作用，甚至会带来减产。

真实的情况是：

第一，如果转基因农业有很显著的增产增收效果的话，美国政府也就不必每年花大量的美元对农产品种植企业进行补贴了，例如，自1999年起，美国政府每年提供的广义农业补贴都超过了900亿美元；2009年，美国对农业的广义补贴高达1246亿美元。[65]这说明，即使在美国，从事转基因农产品种植企业，在生产这一环节上，利润率也是很低的，甚至在没有政府补贴的情况下很可能是亏损的。

第二，对于转基因食品是否对人类健康有害，现在尚无定论。不过，转基因技术还是给一些粮食的单位面积产量带来了一定提高，否则，在扣除种子、除草剂、杀虫剂等这些高于传统粮食种植成本后，在没有额外补贴的情况下，生产者将无法生存。从南美一些国家转基因粮食作物（主要是大豆）种植企业的现况看，尽管利润率不高，但仍然可以生存。当然，从一些资料和报道来看，转基因带来的单位面积产量的增加还是很有限的。不过应该看到的是，总的来说，在上述生产过程中，美国的转基因技术公司得到了大部分利润，而使用它们的种子及配套产品和技术的南美国家（如阿根廷）公司则处于被动地位，利润空间非常有限。

那么，世界各国和地区对转基因粮食都持有什么样的政策呢？

美国是该技术的发源地，也是包括转基因粮食在内的粮食出口第一大国，它是该技术的倡导者。

南美是最早接受美国技术开始种植转基因粮食作物的地区，现在每年有大量的转基因粮食用于出口，因此，像阿根廷、巴西这样的国家自然是说转基因粮食有益无害。

欧盟主张对转基因粮食种植和产品实施严格控制，它在多年前就制定了以下具体规定：

（1）对该技术可能引发的环境问题采取措施；

（2）为了保护人类健康和生存环境，任何转基因生物的播种和食用必须得到控制；

（3）如果欧盟中任何国家采取的政策如与上述规定有任何不同，将对欧盟统一市场产生负面影响。

欧盟的上述政策至今基本没有改变。

欧盟中诸如卢森堡、奥地利等国家甚至采取了比欧盟更为严格的措施。例如，尽管欧盟批准了Bt （苏力菌）玉米转基因种子的使用注册，但卢森堡和奥地利政府仍然决定禁止使用此类种子，认为这类种子对有机农业的环境和商业运作都有威胁。[66]

由于转基因粮食种植技术主要来自美国，而且美国又是最大的转基因粮食出口国，我们有必要对美国的相关战略做进一步讨论。

2. 美国的粮食战略

粮食事关国计民生，因此，传统的粮食生产技术千百年来一直受到人们的重视，粮食产量也因此不断得到提高。经过上世纪中期到后期美国所倡导的“绿色革命”，粮食杂交技术、化肥、农药、农业机械等在全球得到了大量使用。不过，自20世纪90年代开始，随着转基因工程在农业种植技术上的应用，在人们的面前出现了前所未有的挑战——转基因粮食会不会对人类和国家安全带来威胁？

其实，真正的威胁既有可能来自转基因粮食本身，更可能来自在转基因粮食生产过程中的技术和系统的垄断。可以设想一下，如果在今后的世界上，粮食种子变成了只有依靠一两个国家才能生产的高科技商品，大部分国家只有从这一两个国家进口“高科技”的粮食种子才能满足其生存需求的话，那么，此时一两个种子出口国的种子价格还会保持合理的低价吗？恐怕很难。在这种情形下，粮食进口或种子进口国将难逃支付高昂代价的境地。这是显而易见的。

因此，在人口增长、耕地减少的当今世界，任何一个国家都不能不考虑自己的粮食战略，其中特别要包括针对转基因粮食的政策。

当然，不同的国家，其战略应是不同的。有的国家，比如美国，一个粮食净出口国，同时也是具有转基因核心技术垄断地位的国家，为了自己的利益，在粮食战略上考虑更多的无疑是如何才能使自己得到最大的经济利益和政治利益。

20世纪70年代，尼克松政府的农业部长厄尔·巴茨曾对《时代》周刊说：“粮食是一种武器。现在粮食是我们在谈判时所用的最主要工具之一。”[67]

80年代里根政府的农业部长约翰·布洛克在一次听证会上也直言不讳地说：“粮食是一件武器，而使用它的方式就是把各个国家系在我们身上，那样他们就不愿跟我们捣乱。”

美国中央情报局的一份报告曾这样写道，第三世界国家缺粮“使美国得到了前所未有的一种力量，华盛顿对广大的缺粮者实际上拥有生杀予夺的权力”。[68]

人们现在必须了解的情况是：第一，无论是主张大规模种植或进口转基因粮食的人，还是主要以不安全为由反对这一主张的人，迄今都没有提供足够的证据，说明使用转基因粮食安全与否；第二，现在世界上转基因农作物种植技术，特别是核心技术，几乎完全由美国的孟山都、杜邦等少数几家公司所垄断，因此，有关转基因粮食作物的安全性应该包括两个方面，一是人类长期食用此类食品是否安全；二是美国以外的其他国家，如果更多地依赖大量进口国外粮食或依赖美国转基因种子和技术生产粮食，这样是否会对国家安全造成不利影响。

对于人类食用转基因食品是否会对自身健康造成伤害这一点，需要专业人员继续研究，这里不多做讨论。

即便我们姑且将其当成对健康无害，我们仍要充分认识到：美国对转基因粮食种植核心技术的垄断，可能给其他国家带来潜在危险，因为任何国家在粮食问题上过分依赖美国技术，都可能导致在政治上某种程度上的受制于人。

几十年来，美国手上的这个粮食“武器”的威力和影响范围在不断增强、增大。从“绿色革命”到“基因革命”，伴随着美国的权势集团对世界粮食的生产、交易过程控制程度的不断增大，不少发展中国家已经产生了对美国产品和技术的严重依赖。可以说，美国在越来越大的程度上掌控着世界的粮食市场。

美国是如何做到这一点的呢?

美国对国际粮食市场的掌控，是通过几家诸如嘉吉（Cargill）、ADM（Archer Daniels Midland）、邦吉（Bunge）等大型的农业综合企业，以及开发转基因种子著称的孟山都、陶氏益农（DowAgro）和杜邦（DuPont）等公司来实现的。

从20世纪中期的“绿色革命”开始，美国小规模农场被逐渐淘汰出局，像嘉吉这样的农业综合企业巨头逐渐成为美国，甚至是世界农业生产的主导者。在这些粮食和食品产业巨头所构成的利益集团中，也包括著名的洛克菲勒家族等财团及旗下的各种基金，它们代表了美国社会的经济基础，它们对美国政治有着巨大的影响力。长期以来，美国政府的许多要员与这些集团有着千丝万缕的关系，对此我们后面还会讲到。

下面简单介绍一下上述几家公司。

美国嘉吉公司总部设在美国明尼苏达州，是由威廉·嘉吉先生于1865年创立的。如果按营业额排名，它是美国最大的私营企业；如果它是上市公司的话，那么以其1367亿美元的收入，在2013年的《财富》全球500强中，它将排在福特汽车之前而名列第28位。如今的嘉吉公司，经过近150年的经营，早已成为大宗商品，主要是粮食和食品贸易、加工、运输和风险管理的巨型跨国公司。[69]

它在包括中国在内的 66 个国家和地区设有分支机构，员工超过140000 名；嘉吉公司出口的粮食占到了美国粮食出口总额的四分之一；所有美国国内麦当劳餐厅的鸡蛋都要经过它的工厂。在2013财政年度，嘉吉销售和其他收入为1367亿美元，净收入为23亿美元。

ADM公司（Archer Daniels Midland）是2013年全球《财富》500强排名的第82位，年营业收入为890亿美元，净收入为12亿美元。

邦吉公司已经有200多年的历史，主营化肥、农业和食品生产，是2013年《财富》全球500强排名的第143位，营业收入为635亿美元，净收入为0.6亿美元，总部在美国纽约。

孟山都公司总部设于密苏里州圣路易斯县，2012年净销售额135亿美元，净收入20.5亿美元。在这里人们发现，虽然孟山都目前还没有排进全球500强，但其利润却非常可观，超过世界500强排名第82的ADM公司，几乎与农业综合企业巨头嘉吉公司相当。

事实上，上述这些公司和美国的一些大财团今天已形成了一种卡特尔（Cartel）式的农业和食品的垄断产业链，与欧佩克对石油的控制有些类似。当然，由于卡特尔这样的垄断组织在美国属于非法，因此他们并没有真的设立这样一个组织。在“绿色革命”中，这些农产品巨头大力推动了一个被称为“商业化农业”的进程，在这一过程中，传统的家庭式农业已濒临消亡，取而代之的是大规模的工业化粮食生产和供应。

3. 从“绿色革命”到“基因革命”

“绿色革命”

为把美国的农业及其技术引入发展中国家，洛克菲勒家族提出了“绿色革命”的概念，其实质是用先进的科技来控制发展中国家的粮食生产，使其对美国公司的种子、化肥、配套设备和技术产生长期的依赖性。因为这些东西都需要从美国进口，而且价格昂贵，因此给发展中国家带来的负担是沉重的，也是长期性的。最初人们看到的是，美国人非常慷慨，他们会投资建立研究小组，出资邀请发展中国家的科技人员到美国学习考察，这些人回国后还会进一步出资帮助他们在自己的国家内设立推广美国技术的服务网络，等等。

伴随着绿色革命，美国的农产品和技术大规模地走向国外，特别是发展中国家。20世纪60年代，美国总统约翰逊还提出了一个“粮食换和平”计划，声称愿为发展中国家提供援助。当然，接受此类援助是需要付出代价的——按照洛克菲勒的计划发展农业，控制人口，并向美国敞开自由贸易的大门……

于是，后来人们看到了这样的结果：为生产美国建议的“绿色革命”的粮食，这些第三世界国家先是将传统的农业抛弃了，大量的农业人口失业；随后是为进口各类农业现代化机械、设备，以及种子、化肥、杀虫剂等，这些国家背上了越来越沉重的债务负担；最后是，许多当地的合作方由于难以偿还债务而丧失了包括土地在内的原有产业。

就这样，“绿色革命”最终的结局是，美国农业巨头在相当大的程度上，形成了一种对一些发展中国家生存要素的垄断和控制。

可见，美国的“绿色革命”在使农业生产发生巨大进步的同时，其“援助”行动也给接受援助的发展中国家造成了难以挽回的伤害。在这一过程中，美国国内也出现了大量中小型家庭式农场倒闭的情形。这也使得美国的农业市场进一步走向高度集中和垄断，并由此产生了仅次于制药业的第二大产业。

从20世纪70年代开始，美国便开始致力于让第三世界国家放弃在小麦、大米等粮食及其他主要农牧产品的自给自足，而更多地进口美国“高效率”的粮食和农产品，同时让这些国家把精力放在生产水果、蔗糖和蔬菜方面。很明显，这样可以使得美国农业综合企业巨头们在世界粮食市场拥有更大的定价权、主导权。这使得美国在其后的几十年里，在相当大的程度上控制了许多发展中国家赖以生存的粮食及其供应链。[70]

美国独立经济学家J. W. 史密斯指出："位于广阔田野上的高度机械化的农场可以生产出的粮食，其价格比劳动力最为廉价的第三世界国家还要低。当把这些廉价的粮食卖给或送给第三世界国家的时候，当地的农业经济就遭到了破坏。如果第三世界国家贫困的失业人口获得了土地、工业化的作业工具并受到反倾销措施的保护，他们就可以生产出高蛋白和高热量的农作物，而且在粮食方面可以自给。开垦土地、充分利用失业人口对这些国家来说成本几乎等于零，而且能够解决人民的温饱，这比购买所谓的'廉价'进口粮食要省钱得多。"[71]

"基因革命"

"绿色革命"给全球农业带来巨大变化，但世界的粮食问题并没有得到根本解决。基因工程的进展让科学家们看到了通过人为的方式改变农作物基因，进而改变农作物性能的可能性。

20世纪80年代初，科学家们首次培养出了转基因烟草，这让人们看到了转基因技术对今后农业发展的巨大潜力。此时，不但一些发达国家的科学家们纷纷开始研究转基因农业作物，一些私人企业、著名基金也看好与此相关的研究项目。于是，"基因革命"在美国初露端倪。

这一行动的主要推动者主要是一些私人企业和组织，也就是说，有关转基因研究的主要资金并非来自发达国家的政府和公共机构。在这一点上，"基因革命"与以前的"绿色革命"有所不同——"绿色革命"项目的研究资金主要是由政府及公共组织提供的；而转基因技术则主要来自私人企业和组织的开发。出现上述不同其主要原因是后者首先看到了这一领域的广阔市场和利润前景。为此它们多年以来投入了大量资金。

与其在"绿色革命"中提供大量研究资金类似，美国著名的洛克菲勒基金会等基金会也从一开始就看好基因革命的前景，于是它从80年代便开始资助水稻等转基因种植技术的开发。

伴随着转基因种子技术的进步和新产品的问世，"基因革命"也造就了若干著名的转基因种子生产企业。其间，美国的孟山都公司（Monsanto Company）脱颖而出。

孟山都已有一百多年的历史，它原本是一家化工企业，在20世纪60年代，该公司曾为美军生产过在越战中使用的生化武器“橙剂”（也被称为“落叶剂”）；后来它还生产除草剂。在80年代初，它收购了以生产大豆种子而闻名的Jacob Hartz公司，从此，孟山都公司便将主要精力放在了开发转基因种子这一业务上。

现在，孟山都生产的转基因农作物种子在全球的市场占有率在70%以上；在有些国家甚至达到了100%；在美国本土它的市场占有率也达到了90%以上。

包括孟山都在内的世界前10名的转基因生物技术开发公司总的年研发费用约30亿美元，它们对此类技术的重视程度可见一斑。[72]

这些公司也同时掌握着几乎全部（除中国以外）的转基因产品的生产和商品化的新技术。

那些被人们称为“阴谋论”者的人认为，美国政府现在的粮食战略，就是要通过对转基因技术和粮食供应链的控制，来控制其他国家、控制世界。

许多对美国转基因粮食政策持批评态度的人士也认为，在转基因技术华丽的外表的下面，隐藏着的是美国一些公司的对利润的贪婪和对用户的控制欲望。这些公司的做法是：先控制种子，再控制农民、土地，直至控制整个粮食供应链；同时，所谓的粮食和食品市场的全球化，又给这些农业巨头们创造了广阔的利润空间。

应该说，这个世界需要的是粮食及食品品种的多样化。同理，转基因粮食作物的生产也应该多样化；而最重要的是，各国人民应该有权利掌控自己的粮食种子，而不是让其被少数垄断公司控制。

无论美国政府是否真的制定过控制世界粮食供应的战略，但事实却是，在过去的几十年里，美国对世界粮食供应的控制能力是在不断增强。从“绿色革命”到“基因革命”，尽管从表面上看，项目研发的主要资金来源已从过去以公共资源为主转变为以私人资源为主，但这二者都得到了美国政府一如既往的大力支持。为什么呢？因为它们都符合美国的国家利益。其实，仅从洛克菲勒基金会、孟山都公司和美国政府这三者之间的关系，人们就能简要地看清其中的一些奥秘。

在“绿色革命”中提供最大资金支持的当属洛克菲勒基金会，于是，在“绿色革命”风行的20世纪50年代至70年代，在美国政府的相关部门中，有许多人来自洛克菲勒基金会。尤为引人注目的是，在这一期间所有的美国国务卿都曾在洛克菲勒基金会任过职。比如，50年代的国务卿杜勒斯曾任洛克菲勒基金会主席；60年代的国务卿迪安·腊斯克也曾任洛克菲勒基金会主席；70年代的国务卿基辛格曾负责洛克菲勒兄弟基金会“特别研究项目”主管；70年代后期的国务卿塞鲁斯·万斯也曾担任过洛克菲勒基金会的主席。当然，其他农业巨头的高层人物也不时成为美国政府重用的对象，比如，在20世纪70年代，嘉吉公司的一个副总裁皮尔斯就进入了总统的经济发展委员会，协助总统制定美国的农业政策。

请注意，从20世纪80年代开始，上述情况有了一些变化，即随着“基因革命”的开始，孟山都公司异军突起，在其中扮演着越来越重要的角色。此时人们发现，在孟山都公司里，越来越多地出现了一些具有美国政府背景的人。也就是说，一些曾在美国政府高层任职的人纷纷到孟山都担任要职：克林顿政府的商务部长和贸易代表米奇·坎特后来担任了孟山都的董事；在孟山都担任董事的还有，尼克松和里根时期的环保署署长威廉·鲁克尔斯豪斯、克林顿总统的政府间事务办公室主任玛西娅·黑尔等；此外，曾担任美国食品药品监督管理局代局长的迈克尔·弗里德曼，后来到孟山都担任了其制药事业部西尔公司的高级副总裁；曾担任美国环保署预防、杀虫剂和有毒物质办公室主任的琳达·菲舍后来担任了孟山都公共事务副总裁；卡特政府的白宫办公厅主任杰克·华森后来担任了孟山都的法律顾问；美国政府专门负责监督转基因食品政策的实施的食品药品监督管理局负责政策的副局长迈克尔·泰勒被孟山都聘为公共政策副总裁；原美国食品药品监督管理局人类食品安全司副司长玛格丽特·米勒，被孟山都聘为首席科学家；小布什政府的农业部长安·维妮曼被孟山都任命为其下属卡尔京公司的董事长；大名鼎鼎的前美国国防部长拉姆斯菲尔德，也被孟山都聘为其下属公司西尔列公司的CEO和吉里德科技公司董事长……

如果说，美国从20世纪40年代中后期开始的“绿色革命”，是以洛克菲勒基金会为骨干力量和开路先锋的话，那么，在如今的这场“基因革命”中，孟山都公司则已成为名副其实的“领军人物”。不过，洛克菲勒公司在“基因革命”中也并不甘寂寞，至少它的“非盈利”机构的光环仍然可以给美国人带来许多的优势和方便。因此，在与诸如中国和非洲一些国家进行的某些具有官方色彩的转基因技术合作中，美国通常是以洛克菲勒基金会的名义出面的。

面对上述情形，无论是中国还是其他发展中国家，无疑应该看到以下几点：

第一，作为转基因粮食的生产大国，美国并没有将转基因粮食作为自己的主食。比如他们做面包的原料是小麦，而美国的市场上从来就没有转基因小麦！也就是说，至今美国人的主要食品中并没有包括转基因产品。尽管美国是转基因粮食生产的第一大国，但其产品主要是用于出口、饲料和工业原料。欧洲人则对转基因食品的引进和作物种植制定了更为严格的规定，一些欧洲国家甚至完全禁止使用转基因种子。

有人说，美国市场上70%以上的食品含有转基因成分。这其实在很大程度上是对公众的一种误导。首先，美国人的主食中并没有转基因产品；其次，尽管在美国的市场上的一些加工食品中的确含有某种源于转基因食品的辅料，但一则此类食品的消费量本身有限，二则是其中源于转基因作物的油脂占有较大比例，而根据有关专家所述，用转基因植物为原料生产的油脂，在其提纯后油脂里已基本不存在转基因成分了。也就是说，诸如由转基因大豆等生产的纯食用油并不含有转基因成分。

另外人们应注意到的是，洛克菲勒基金会长期以来花费大量资金资助的一些转基因粮食研究项目，比如说，水稻项目“金色大米”，其目标市场也是贫穷的发展中国家，而不是北美和欧洲。据说这种“金色大米”增加了维生素A的含量，那么，转基因技术是否可能产生与此相反的情形——即造成某种维生素的缺失呢？至少从理论上说，这是完全可能的。因此，当今人们不得不有所警惕：此类技术亦有可能会减少或破坏那些普通非转基因粮食通常所具有的某些营养成分，甚至引入或生成某些有害的东西，而不易被人发觉。

值得注意的是，现在美国每年在向中国大量出口转基因大豆的同时，还逐年增加从中国进口非转基因大豆，其价格还明显高于它出口的转基因大豆。中国大豆产业协会副会长刘登高在接受《美日经济新闻》采访时也说：“美国、欧洲的大型食品企业到中国采购非转基因大豆、食用大豆蛋白的越来越多，中国大豆蛋白已经占据了欧洲市场50%的份额。”[73]

上述事实说明什么呢？它至少说明，转基因大豆与非转基因大豆是有所不同的，否则欧洲人，特别是美国人何必舍近求远来高价进口中国的非转基因大豆呢？

也许，人们在转基因食品问题上真正应该做的并非是要得到一个一概而论的结果——安全或不安全；因为真实的情况很可能是——有的转基因产品是安全的，而另一些却是不安全的，甚至是有害的；也就是说，要对其具体的技术作出分析和判断。当然在现阶段要作出此类准确的分析和判断并不容易。

因此，在此阶段，如欲将转基因粮食作为主食大量端上人类的餐桌必须慎之又慎。

第二，作为像中国这样已具有较强经济实力的大国，搞转基因作物的研究无疑是必要的，但必须走独立自主的道路，而不能依赖其他国家，特别是在核心技术方面。如果必要，宁可花重金购买完整的专利权，而不能留下尾巴长期受制于他人，拉美国家在这方面的经验教训必须吸取。否则，将会使自己越来越深地陷入受制于他人的境地而不能自拔。中国农科院作物所所长万建民先生也认为，一旦欧美大公司垄断主要农作物的转基因技术，我国农业将有全面受制于人的危险。[74]

第三，俗话说“吃了别人的口软，拿了别人的手短”，对长期接受国外基金资助的机构，特别是个人，无论他们是多么著名的专家学者，对其所提出的建议、看法是否具有真正的独立性和公正性应十分小心，要理性分析。不能排除这种可能：有些个人，甚至是一些具有著名专家学者的头衔人，事实上只不过是一些国外机构和公司的“有偿”代言人。那句话说得好：“天下没有免费的午餐。”

三、　美国对石油的掌控

石油是工业的“粮食”，如果离开了石油，机车无法开动、轮船无法出海、飞机无法上天、汽车更无法奔驰……显然，无论对每一个国家还是对每一个人来说，石油都是不可或缺的——至少在当今的世界还是如此。

虽然人类发现和利用石油始自3000年前，但石油作为能源被大量使用的历史并不算长，仅有140多年。

在1870年约翰·洛克菲勒建立标准石油公司的时候，石油只不过是为照明用的煤油灯市场提供原料或是将其用于某些稀奇古怪的“油泥治疗法”。1882年，当一位英国的海军上校费舍尔爵士极力主张，将军舰的动力从燃煤改为以石油为燃料时，人们都不以为然。就这样，他的这一建议直至20多年后的1905年才被英国政府认同，而此时的费舍尔已经是英国的海军大臣了。

到第一次世界大战临近结束时，英国海军40%的军舰已经改用石油作为燃料。人们甚至说，协约国的胜利是石油给他们带来的。由于看到石油的重要性，英国人从20世纪初就开始了对海湾地区的渗透和控制，因为他们在那里发现了储量丰富的石油。

一战结束时，尽管美国早已成为世界排名第一的经济大国，而英国却因为战争欠下巨额债务，但英国人还是想尽办法，使其领衔的皇家荷兰壳牌石油公司牢牢控制了波斯（伊朗）、美索不达米亚和大部分中东其他地区的石油开发权。资本主义的后起之秀美国见此情景当然不甘落后，于是在接下来的若干年里，英国人控制的壳牌公司和美国的石油巨头洛克菲勒等石油公司，针对世界各地石油的控制权展开了激烈的竞争。不过，他们双方都是聪明人，于是英美石油公司的竞争，终于达成了一个妥协，一种平衡——他们于1928年达成了一个协议，即阿奇那卡里协议。该协议的原则是，英美公司应停止恶性竞争，将世界石油市场，主要是中东石油市场，分割占有。到1932年，英美的七大公司全部成为阿奇那卡里卡特尔的成员。这七家公司是：埃克森（新泽西标准石油）、美孚（纽约标准石油）、海湾石油、德士古、雪佛龙（加州标准石油），以及皇家荷兰壳牌石油和英国波斯（BP）石油公司，这七家公司就是著名的石油“七姐妹”。其中的前三个公司原本都是洛克菲勒石油公司的子公司。事实上，英美石油公司这种经济上的“联姻”，后来也成为英美两国在政治上“联姻”的重要基础。

二战中的美国，石油需求量剧增，原来一向石油生产过剩的美国此时第一次出现了石油短缺。此后，限制开采和使用西半球石油、加紧利用中东石油很快成为美国政府的共识。于是，时任美国石油管理局局长的伊克斯在1943年6月提出，美国政府应通过获取中东国家石油租让权的方式直接参与那里的石油经营。在得到罗斯福总统的同意后，在美国政府各部门的参与下，美国很快成立了石油储备公司。此举标志着从中东获取石油已经成为美国政府新的中东和对伊政策。也就是说，从1943年初开始，美国的中东政策发生了改变。尽管在二战初期美国表示承认具有丰富石油资源的沙特为英国的势力范围，但在新的政策下，此时的美国却发表声明说，沙特对美国的安全十分重要，战时租借法也适合于沙特。从此，随着英国国力的衰退，沙特石油很快成为美国人的禁脔。就这样，美国开始加大在中东的渗透，除沙特外伊朗是另一个重点。正像当时美国国务卿赫尔所说的：“美国战时对伊朗的重视超过了其他任何中东国家。”[75]

尽管英国人面对美国人的扩张愤愤不平，但自知实力不济，在英美两家针对伊朗的利益博弈中，英国人最后还是选择了联美抗苏。于是，英美两国在1944年8月达成了一项有关石油的总协定，从而使双方矛盾有所缓和。[76]与此同时，在英美的暗中支持下，伊朗与苏联的矛盾却更加激化了。当时，在苏联看来，英国和美国“正在背地里活动，阻止苏联获得伊朗北部油田的开采权”。[77]为此，1944年8月，苏联人民委员会副主席贝利亚向斯大林提交了一份以攫取伊朗北部石油租让权为核心内容的计划，随后苏联派出代表团与伊朗洽谈有关问题，提出苏联要得到伊朗北部一块约20万平方公里面积的租让权等要求，并争辩说，“如波斯（即伊朗——引者注）政府把波斯东南部的特许权授予美国人，他就应该将北部的特许权给予苏联。”[78]可见，此时苏联与美国在伊朗的利益上已出现明显矛盾。

不过，无论是伊朗危机还是土耳其危机，后来都是美国占据了上风。而后，中东的石油就基本上掌握在美英石油“七姐妹”的手中。当然，在这一英美的合作中，美国变成了老大。美国和英国的石油公司不但控制了中东的石油，同时也基本控制了欧洲、亚洲、拉美和北美的石油市场。另外人们还看到，在战后援助欧洲复兴的马歇尔计划里，还包括这样的内容，即西欧要将借得的美元用来从美国五家（后来又变成七家）石油公司购买石油，而这实际上是要求欧洲人从美国那里高价购买石油。这也使得美国的石油巨头们大赚了一笔。

对于石油生产国来说，它们当然希望能够得到更多的话语权和更多的利益。不过，二战后的中东，石油资源却依然掌握在美英石油公司的手中。伊朗政府希望对此有所改变。于是，1950年前后任伊朗首相的穆罕默德·摩萨台就坚持要在伊朗实现石油国有化——伊朗当然有这样的权利。然而，此举却得罪了英美两国，1953年，在英国情报六局的积极建议和参与下，美国中央情报局直接策划了推翻摩萨台政府的代号为“阿贾克斯”的政变行动。[79]

摩萨台政府被推翻后，巴列维国王重新执政。政变后，伊朗的石油工业从国有再次转为私有，还将一部分国有石油公司的股权转卖给了数家美国石油公司。于是美英的石油公司又取得了伊朗石油生产和销售的控制权。上述变故无疑说明，此时仅凭一个石油输出国是根本无法与美英石油巨头及它们身后的西方大国抗衡的。

美国亲自出手策划了这次伊朗政变，将其作为一种干涉其他国家内政的有效外交手段，这应算是一个开山之作。在以后的数十年里，美国不断地采用与此类似手段。

巴列维王朝统治下的伊朗一直属于美国的势力范围，直至70年代末巴列维国王倒台。在约20年的时间里，巴列维王政权帮助美国得到了他们在中东所希望的利益。

二战前，美国既是最大的石油生产国，也是最大的石油输出国，那时中东的石油产量还不大。然而，二战过后，这一切都发生了改变：美国已成为石油净进口国；中东石油的生产和出口量也迅速增长，到50年代末，其出口量已占到世界石油总出口量的56%。从50年代开始，苏联的石油也开始出口，而且出口量越来越大，这就造成了这样的一个事实，从40年代末到50年代末，世界的石油产量供大于求。从价格走势上也可以看到这一点，即在这约十年的时间里，原油价格不但没有上涨，还略有下降（考虑到通胀因素后）。价格下降的另外一个因素是，苏联向国际市场出口的原油价格明显偏低，同时一些独立的石油公司也经常以折扣价出售原油。

为了提高价格竞争力，此时以埃克森为首的石油巨头们也决定让石油降价。然而，尽管这些巨头们决定降价，但却不准备降低所得利润。于是他们想到了一个办法——让石油输出国承担这部分损失。

1959年2月和1960年8月，这些国际石油巨头们，即国际石油卡特尔对其原油标价两次降价，从而给向他们提供原油的四个原油输出国带来了每年2.31亿美元的损失。这在当时是一笔数目不小的损失——相当于产油国石油总收入约15%。这一情况引起了产油国极大的不满和反对。在第一次降价后，这些国家召开了第一届阿拉伯石油大会，要求稳定油价。这些产油国认为，即便调整油价，国际石油公司也应该与产油国商议，并共同承担损失。非阿拉伯国家的产油国伊朗和委内瑞拉也参加了这次会议。此后，一些产油国在重申要保护自己合法权益的同时，还建议与其他产油国共同建立石油输出国组织。然而，国际石油卡特尔此时依然无视这些产油国的呼声，并于1960年8月在未同产油国协商的情况下，再次决定降价。在这种情形下，一个月后，即1960年9月，这些产油国在伊拉克首都巴格达举行了会议。[80]正是在这个会议上成立了石油输出国组织，即著名的欧佩克（OPEC），其创始会员国有：沙特阿拉伯、伊拉克、伊朗、科威特和委内瑞拉；后来阿布扎比酋长国（后改名为阿拉伯联合酋长国）、阿尔及利亚、厄瓜多尔、印度尼西亚、利比亚、尼日利亚和卡塔尔也加入其中。该组织的主要目的就是要维护民族石油权益、稳定油价、共同应对国际石油卡特尔对产油国利益的损害。就这样，一个全新的、与国际石油巨头抗衡的、影响世界石油市场价格的力量出现在国际舞台上。

然而，成立初期的欧佩克，所能起到的作用仅仅限于避免产油国受到国际石油卡特尔的过分剥削。可以说，在接下来的近十年里，该组织的石油资源仍然控制在石油“七姐妹”等西方石油巨头和一些独立石油公司手中。“据统计，直到1970年，仅美国和英国就控制了中东成员国原油产量的83.6%、委内瑞拉原油的95.2%，此外美国还控制了印度尼西亚原油生产的88.6%。七大国际石油公司在1961—1972年期间的石油利润高达474.99亿美元。这个数字比沙特阿拉伯、伊朗、伊拉克、阿拉伯联合酋长国、科威特、利比亚、印度尼西亚和委内瑞拉八个石油输出国组织主要成员国1970年各国国民生产总值的总和还要大，它相当于石油输出国组织13个成员国在1960—1969年10年期间石油收入总和的120%。而七大石油公司的上述巨额石油利润的绝大部分是来自石油输出国组织的石油开采。”[81]

不过，从1968年开始，欧佩克将各成员国收回石油资源和争取石油定价权作为其新的战略目标，而这年6月欧佩克的《石油输出国组织石油政策宣言性声明》的发表迈出了走向这一目标的第一步。[82]从此，欧佩克这个多年来一直在国际石油领域扮演被动角色的组织，开始争取扮演积极主动的角色了。

到1973年10月，即第四次中东战争爆发之前，欧佩克的大多数成员国通过国有化和参股与国有化的方式，基本将多年来一直被西方石油公司以石油租让的形式控制的石油资源收回到自己手中。这无疑是世界石油领域里发生的一个重大变化。

此时，伴随着经济增长，世界对石油的需求量开始迅速增长，战后20多年的供大于求的局面悄然发生改变——到60年代末，石油已成为卖方市场。

许多人读过恩道尔写的《石油战争：石油政治决定世界新秩序》一书。恩道尔先生认为，在20世纪70年代初发生的石油禁运和紧随其后的石油价格大涨4倍，这一切的背后隐藏着以基辛格为代表的美国决策层的一个阴谋。在恩道尔先生看来，欧佩克是不可能单凭自己的意愿和力量就能够在关乎美英国家重要利益的问题上单独作出石油大幅涨价这样的决定，并最后取得成功的。他认为，这首先是美国的主意，美国的真实目的是与欧佩克达成共识，从而使产油国和美国共享石油涨价的利益——其实是让美国得到更大的利益。该共识的要点是，先让欧佩克的石油与美国的美元挂钩，即买石油必须用美元，从而形成所谓的“石油美元”；然后将这些产油国剩余的大量美元购买美国国债——这使得大量美元流入美国的银行（也包括欧洲银行的美元账户）；接着，这些美元便可再次为美国金融巨头们所用。毫无疑问，上述整个过程是美国人精心设计的，它既确保了美元在世界上的主导地位，又可以通过石油大幅度涨价来使美国的石油巨头和金融体系受益。1974年，欧佩克将70%的石油剩余收益投资到了境外的股票、债券、不动产或其他领域，总计570亿美元，而其中60%以上直接进入了美国和英国的金融机构。[83]

众所周知，阿拉伯国家和以色列的冲突由来已久，而其中1973年10月6日爆发的“赎罪日战争”，也称为“十月战争”，给世界石油市场带来了巨大影响。这场战争是由埃及和叙利亚向以色列发动突袭而引发的，前者的目的是要收复在1967年战争中这两个国家失去的土地。在战争初期前者明显占据了主动，而美国迅速向以色列提供武器则是以色列后来扭转战局的重大因素之一。10月中旬，美国开始向以色列空运大量武器装备，此举立刻引发了欧佩克中阿拉伯产油国的抗议，随后这些国家宣布，从当月起逐月削减石油产量5%，直至以色列从全部占领土地撤军。接着，这些国家决定，对美国和任何被认为过分支持以色列的欧洲国家实施石油禁运。在这一危机期间，时任美国国务卿的基辛格成了明星，他在这一阶段的穿梭外交很快取得了成效，战争也终于在三周后停了下来。不过，这场战争所引起的石油危机和给世界经济带来的负面影响却持续了很长一段时间。国际原油价格从战争之前的每桶15美元持续上涨到1975年的45美元[82]（2010年美元）。[84]

从1973年到1983年的十年时间里，发生了两次石油危机，石油价格也两度急剧上涨，这使得原油价格增长了4倍之多。（图2–11）过去人们理所当然地认为，上述石油危机是由石油禁运所引发的，不过，后来一些学者的研究结果表明，这一期间石油价格大幅上涨的主要原因并非出自市场“无形的手”，而是出于美国“隐藏的手”在背后操纵。

美国首先与沙特阿拉伯做了这样一个秘密交易：美国为沙特阿拉伯提供武器和安全保护；沙特阿拉伯的石油要用美元定价；沙特阿拉伯将销售石油的剩余收入用于购买美国债券等，帮助美国减少贸易赤字。[85]“石油美元”也由此诞生。其后，到1975年，欧佩克的其他成员国也都同美国达成了类似协议。正是在这种情况下，美国才接受了欧佩克大幅度提高油价的行为。当然，较高的油价对美国总体来说也是有利的。尽管高企的油价增加了所有相关行业的成本，对美国经济也有负面影响，但在上述条件下，高油价给美国带来的利大于弊：第一，美国的石油巨头们也是提高油价的直接受益者；第二，美国自产石油可满足大部需求，在这点上不同于日本和西德等国家；第三，石油美元回流美国，美国的金融大亨们此时既可将这些钱用于各种投资，也可以放贷给债台高筑的第三世界国家，进一步加深对这些国家的控制，等等，这一切都有助于保证美元在全球的统治地位。由此可见，石油美元为美国带来了巨大的利益。

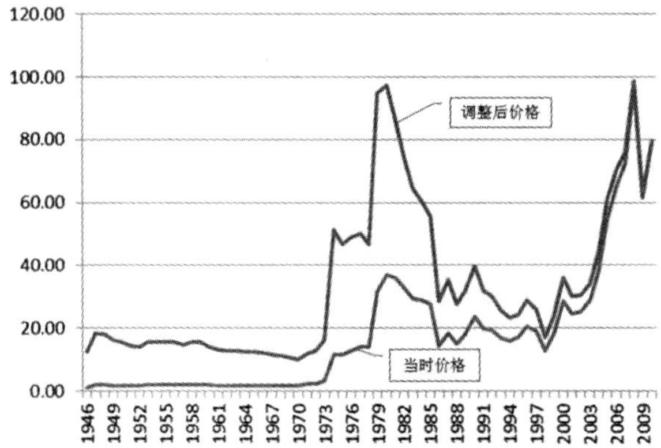

数据来源：英国石油公司（BP）

图2-11 国际原油价格（年均价）走势图。单位：美元/桶（调整后价格为2010年美元）

除此之外，提高油价还可以达到这样一个目的——通过此举打击对石油依赖度最高的工业国家，比如日本和西德。此时的美国正处于经济危机之中，布雷顿森林体系刚刚瓦解，美元也陷入危机，而日本和西德的经济快速发展，已经构成对美国全球经济霸权的威胁。由于这两个国家对中东石油依赖度极高，此时大幅度提高油价对这两个国家无疑是一个打击。对此，这两个国家当然也清楚，比如，为尽量降低由此带来的损失，当时的西德总理勃兰特就告诉美国驻波恩大使，西德在中东冲突中将保持中立，且不允许美国使用西德的军事基地为以色列补给。对此尼克松还大为不满。的确，这场石油危机给日本、西德的经济带来了沉重打击，比如在西德，赫尔斯塔银行倒闭，近50万人失业，通货膨胀达到8%，西德马克也随之陷入了危机，后来勃兰特政府也因此倒台了。[86]不过，这场危机带来的石油涨价对日本和西德经济的打击仍然没有达到美国人所希望的程度。于是美国后来又通过《广场协议》，逼迫日本、西德等国家提高汇率，祭出了打压日本和西德经济的撒手锏。

在这次石油危机期间，欠发达的非产油国更是损失惨重。苏丹、巴基斯坦、菲律宾、泰国及所有非洲国家及大部拉美国家贸易赤字激增。与此同时，从表面上看，产油国的石油收入大增，但其中大部分是所谓的“再循环石油美元”，它使得“石油七姐妹”及美国和英国的银行得到了更大的现金流入。

上述情况说明，虽然欧佩克的成立对维护产油国的利益起到了很大作用，但石油的定价权在相当大程度上还是掌握在美国人手上。欧佩克产油国争取到的只是一些有限的经济利益，而美国在认可这些利益后，得到了石油美元，并强化了以美元霸权为基础的对全球经济的统治地位。

从1975年开始，中东局势有所缓和，石油价格趋于平稳。

但好景不长，1978年初伊朗爆发的“伊斯兰革命”再次将石油价格推高。“伊斯兰革命”赶走了亲美的国王巴列维，建立了以霍梅尼为首的反美的伊斯兰共和国。

政体改变后的伊朗很快与邻居伊拉克爆发了战争。在两伊战争的初期，美国给了伊拉克较大的支持。这也容易理解，因为此时伊朗是反美的。不过到后来，无论是美国还是苏联都同时向参战的双方分别出售武器，这种做法的实质是，它们都要确保在这里的利益。

稍加分析就可以看出，美国在中东所要得到的并不仅仅是对石油的掌控，而且还有对海湾地区战略位置的掌控。在这一地区，伊朗、伊拉克和沙特阿拉伯是三个主要国家，如果能掌控这三个国家，或其中的两个，就基本可以做到既控制石油又方便控制海湾地区。沙特阿拉伯一直是美国的盟友，而巴列维时期的伊朗也是亲美的，因此在过去对这一地区美国可以说是高枕无忧的。现在伊朗的情况发生了改变，美国人当然要有所作为，特别是在伊朗发生了将66名美国外交官和平民扣留长达444天的人质事件后，美国在两伊战争中更多地支持伊拉克也就完全在情理之中了。

不过，无论是伊朗还是伊拉克，其中的任何一方在战争中取胜都不符合美国的利益，而两败俱伤、两者都需要美国才最符合美国的利益。于是，8年后，两伊战争终于以两败俱伤的平局结果画上句号。

虽然此时两伊战争持续了8年，但从1979年底开始的第二次石油危机到1982年底就结束了。

而从1983年到1990年，世界进入了一个低通胀率和经济低速增长的时期。在这个时期，石油消费增长率明显低于经济增长率，这使得石油价格明显回落。[87]

在海湾战争期间和90年代末欧佩克减少石油产量期间，原油价格出现了一些波动，但总的来说，从1990年到2001年“9·11”恐怖袭击事件的11年里，世界石油基本是在低价位运行。在这里也可以感觉到美国的“操纵之手”——虽然苏联已经解体，但美国同样不希望后冷战时期的俄罗斯迅速复苏，正像恩道尔在他的书中所说的：“西方世界，尤其是美国，很明确是想要一个没有工业实力的俄罗斯……”[88]美国当然知道，俄罗斯当时的主要收入来自石油和天然气出口，因此美国此时是不可能给俄罗斯雪中送炭的，即它不可能让国际石油价格高企。美国的目的是让俄罗斯在极端痛苦的转型期里，通过所谓的“休克疗法”，蜕变成一个第三世界国家，并促使俄罗斯的石油和天然气等国有公司低价卖给私人集团。不过，2004年以后，当俄罗斯领导人认识到这种情形带来的危害以后，那些已被私有化的大型石油天然气公司又再次被国有化了。

美国发动伊拉克战争，也体现了它对中东和世界石油的控制战略。“9·11”事件的发生，给美国强力介入中东创造了机会。于是，美国以萨达姆与基地组织有联系、伊拉克境内藏有大规模杀伤性武器为借口发动了伊拉克战争。美国所提出的理由在当时是很容易让人相信的，但事实证明，这纯属“莫须有”罪名。

有人说，美国发动这场战争是为了伊拉克的石油；也有人对此说法提出了质疑，说美国此时石油来源充足，加上近年来页岩气和其他新能源的大量使用，美国对中东石油的依赖已越来越小，并没有必要为石油发动这样一场战争。

上述两种观点都有一些道理，但又都不够全面。对美国本身来说，伊拉克的石油的确是可有可无的；但是如果萨达姆，作为一个重要产油国的总统，要挑战美国和石油美元的统治地位，美国就难以容忍了。然而他的确这么做了，于是美国决定除掉他。

萨达姆是如何挑战美国的呢？

2000年底，伊拉克方面宣布，由于美国对伊拉克的敌视立场，从2002年初起，伊拉克将以欧元替换美元作为外贸结算货币，并把100亿美元外汇兑换为欧元。从那时起，伊拉克按照联合国“石油换食品计划”所出口的石油都改用欧元结算，共出口了300多万桶石油，换回了250亿欧元的外汇。伊拉克此举对欧佩克组织的其他国家也起到了示范作用，因为它们也打算效仿伊拉克，此时欧佩克的一些高官们也开始提出用欧元结算的问题……

此种情形非同小可——如果所有欧佩克国家的石油交易均采用欧元结算，那么美元的霸权地位，连同美国的霸权地位将会一去不复返。美国此时对萨达姆的愤怒是可想而知的。

欧元是在2002年1月1日正式投入使用的，可以说，从它诞生的第一天起，美国就感到了一种威胁。打击欧元也就自然成了美国和美元的使命。而伊拉克决定用欧元作为石油结算货币的决定更是触动了美国的核心利益。

在这种情况下，在欧元投入市场一年零两个月后，美国便用发动伊拉克战争的方式向萨达姆宣战，实际上也是向欧元宣战。这也就是当时欧元区的主要国家德国和法国明确表示反对这场战争的真正原因。当然，这场战争还有地缘政治、军火商利益等多方面因素；不过这场战争最主要的原因还是为了保证美元的霸权地位。

尽管美国发动的这场战争使美国在政治上、经济上和道义上都付出了高昂的代价，甚至堪称是一场灾难，但它毕竟还是将伊拉克的大局牢牢地控制在美国的手上，同时也将威胁石油美元的行动——对给美元作为石油结算货币构成威胁的行动和趋势——扼杀在萌芽之中。因此，美国的收获也颇具含金量，因为“石油美元”对美国来说是名副其实的核心利益。

综上所述，美国对石油的控制战略其重点是对中东主要产油国的掌控，而重中之重则是力争对沙特阿拉伯、伊朗和伊拉克的掌控。美国对目标国家所采用的方式有三：一是将其纳入自己的轨道，使其成为盟友，采用的具体方法是诱之以利，示之以威，这是一种“不战而屈人之兵”的首选方式，沙特阿拉伯就是典型的例子。二是对不听劝告、执意不顾美国利益的国家进行干涉，暗中实施政变计划，支持亲美派掌权执政，其典型的例子就是在20世纪50年代初策划推翻伊朗摩萨台政府、支持巴列维执政的政变行动。三是对既威胁到美国的核心利益，又无法实施政变行动的国家，美国就会大打出手，以绝对优势的军事实力使其屈服，其典型的例子便是伊拉克战争。

对于这三种方式，世界各国均看在眼里，尤其是一些产油国。然而它们对美国的霸道行为是既恨又怕，但应对的办法的确不多。因此，石油输出国组织中的各产油国，虽然通过其组织欧佩克对世界石油市场可以产生较大影响，但它们也只能在不触及美国核心利益的前提下行事，因此真正起决定作用的还是美国。

早在1999年，伊朗就提出了在欧元投入使用后，欧元将作为其石油结算货币的想法。伊朗后来在2006年3月建立了世界上迄今为止唯一的一家以欧元作为交易和定价货币的石油交易所。显然，这对美国视为核心利益的石油美元构成了一种挑战。

但无论如何，美国至今仍然控制着中东大部分产油国，特别是沙特阿拉伯和伊拉克。因此，石油美元的地位在短期内还难以撼动。

其实，美国控制石油的主要目的之一就是确保美元作为石油结算货币的地位，从而确保美元的霸权地位。

四、从WTO到TPP、TTIP看美国如何主导世界经济

直至20世纪初，武力、战争一直是世界强国攫取他国经济利益的主要方式。比如，当时被称为“日不落帝国”的大英帝国，就是依靠武力和殖民主义取得世界经济主导权的。不过，时代在发展，世界在进步，当历

史进入到20世纪，殖民主义在世界上已经日暮途穷了。作为新一代资本主义强国，美国认识到了这一点。

在20世纪30年代到40年代间担任美国国务卿长达11年之久的科德尔·赫尔（Cordell Hull）曾说过这样一句名言：“当商品可以跨越国界的时候，军队就不必跨越国界了。”这句话意味着，对一些国家来说（特别是对美国这样的经济强国来说）通过商品的进出口贸易，同样可以得到以往要靠武力才能得到的利益。

为了给战后的国际经贸交流扫清障碍，早在第二次世界大战结束之前，美国政府便开始谋划战后新的国际货币与金融体系了。经过几年的准备，在美国的积极倡导下，在二战结束前夕，终于建立起了后来被人们称为“布雷顿森林体系”的货币体系——一个以美元为中心的国际货币与金融制度体系。应该说明的是，尽管这个体系是以美元为中心的，但它对美元还是有限制的，它明确规定了美元与黄金的固定兑换方式。

在货币与金融体系建立之后，接下来要解决的是国际贸易中存在的问题。对美国人来说，就是要将它的产品自由地推向国际市场。

世界上每个国家都有对外贸易的需求，但由于政治经济状况的差异，不同国家对外贸易的政策也就有所不同。一般来说，经济技术比较先进的国家希望更为开放的国际市场和较低的关税；而经济技术相对落后的国家则相反，它们往往希望有较多的贸易保护和较高的关税。

尽管美国在其历史上曾经持续实施了长达100多年的贸易保护主义，其关税曾一度创纪录地达到了49%，但二战结束时的美国已今非昔比了，与其形成鲜明对比的是，欧洲和亚太地区却是一片废墟。由于此时美国的经济实力已远远超过了所有其他国家，它的先进技术和巨大生产力自然也就不再惧怕来自其他国家的竞争了。

于是，美国开始积极倡导国际间的自由贸易；关税及贸易总协定（GATT）也在1947年底应运而生了。尽管在随后的48年时间里，这个关贸总协定及相应机构一直是临时的，直至后来它被世贸组织（WTO）取代，但这并没有妨碍它成为美国主导世界贸易，乃至世界经济的工具。

二战结束初期，美国企业在战争中发展起来的巨大生产能力，随着战争的结束出现了大量的产能过剩，因此美国迫切希望为这部分产能在世界上找到新的市场。为此，同时也为了帮助西欧增加对抗苏联的实力，美国当时提出了著名的“马歇尔计划”；该计划的本质就是，美国把钱借给欧洲，要求欧洲人用借到的这些美元来购买美国的产品。

可见，战后美国主导世界经济的主要着眼点是贸易。在有了货币与贸易制度之后，美国便可以通过自由贸易获得既定利益了。这看似简单，但除美国之外其他国家却是无法做到这一点的。这是因为，在这里，美国的利益来源于贸易优势，这个贸易优势的背后是产品优势，而产品优势的背后是科技和资本优势。而这一切当时只有美国才具备，这也是它经济实力的具体体现。这样，在战后近20年的时间里，美国经济快速发展，无论是它的资本实力还是制造业，均遥遥领先于其他国家。美国只需通过自由贸易便可主导世界经济。

不过，随着时间的推移，西欧和日本的经济逐渐得到了恢复，自20世纪60年代后期，它们在一些诸如电子产品、汽车等产品的生产方面已开始赶超美国了。也就是说，从那时开始，西欧和日本的制造业已开始成为美国的有力竞争者。这也意味着，美国制造业独领风骚的时代已经过去了，同时，美国仅凭自由贸易就可统治世界经济的时代也即将成为历史。事实上，20世纪70年代初美国出现的经济危机表明，美国主导世界经济的地位已开始受到严峻挑战。

美国知道，欲保持美国在世界经济中的主导地位，他们必须有新的办法。1971年，尼克松总统宣布关闭“黄金窗口”；几年后，布雷顿森林体系彻底解体。这意味着，限制美元的“潘多拉盒子”从此被打开了。然而，这并不能真正解决美国当时的问题。尽管不久后美国用“石油美元”保住了美元的国际储备货币的地位，但持续低迷的美国经济仍然使得美元一度被人们戏称为“软通美元”。

不过，里根总统上台后，被人们称为“里根革命”的新自由主义经济政策终于给美国经济带来了转机。新自由主义对民族国家内部主张私有化、市场化和尽可能少的政府干预；对外则主张自由贸易和开放金融市场。正是这个新自由主义，使上述“潘多拉盒子”中的美元开始逃出束缚并不断地膨胀、放大，使经济的货币化、信用化趋势不可阻挡——真正的美元霸权时代来了。这股潮流将美国带入了金融资本主义。它实际上是一种有利于保持美国世界经济主导地位的全新经济模式，其核心就是美元霸权。

于是，从20世纪80年代开始，美国用于主导世界经济的已不再仅依靠贸易这一种武器了，而是两种：除了传统的自由贸易武器之外，它又增添了一种新型的、更具威力的武器——金融全球化。美国人利用这后一种武器，即利用美联储可不受限制发行美元的特权，通过增发美元、扩张信用，不断在更大的程度上、在更大的范围内分配世界财富。

直至今天，以美元霸权为核心的金融全球化仍然是美国主导世界经济的最主要战略武器。

也许有人会问，既然金融武器这样有效，美国为什么没有早一点使用。原因是这样，使用金融武器必须同时具备三个条件，一是霸权国家可以自由发行货币，这一条件在1971年前美国是不具备的；二是霸权国家的货币必须是世界首要的储备货币；三是各主要国家对霸权国家开放金融市场——这一条件即便在20世纪80年代末的日本也没有具备。不过，当美国认识到它主导世界经济的地位受到挑战的时候，它便加大力度，使得上述各条件在较大的范围内迅速得以具备。这样，美国的这一武器终于在20世纪80年代末装备成军了。对此前面已有介绍。

应该指出的是，新自由主义和金融自由化在给美国带来巨大利益的同时，也产生了诸多负面影响。事实上，2008年金融危机的根源也正是新自由主义经济活动中资本的过度逐利和自由放任。危机爆发后，为了“救市”，这时的美国政府已经顾不上它一直倡导的减少政府干预的说法，而进行了史无前例的大规模的干预。比如，它向“两房”各投入1000亿美元，从而使政府拥有了这两家公司近80%的股份；它还向美国国际集团AIG数次注资共计超过1800亿美元……这些行动实质上是在对上市公司进行某种程度的“国有化”，它们所体现的显然不是新自由主义而是典型的凯恩斯主义。可见，在救市过程中，美国在一定程度上已开始放弃它一直主张的新自由主义。另外，迄今美国仍然难以利用金融全球化有效地打击或操控诸如中国这样的没有完全开放金融领域的国家。

在上述情形之下，有学者认为，如今的美国已放弃了新自由主义；奥巴马总统本人也声称他所信奉的是实用主义经济政策。不过，应该看到的是，美国的对外经贸总战略并没有出现明显的改变，这个战略就是要用新自由主义改造其他国家，乃至改造整个世界；在世界范围内建立一个让资本和货物要素都能不受民族国家的控制而自由流动的系统。其实，这正是美国长期以来一直着力打造的国际经济体系。

在过去的几十年里，美国是通过WTO来构建这一体系的；如今，美国正欲通过TPP和TTIP（跨太平洋战略经济伙伴关系协定和跨大西洋贸易和投资伙伴关系协定）来打造这一体系。

在这种体系里，一个最明显的特征就是，发展中国家主要向美国输出资源、劳动密集型产品和服务等；普通发达国家向美国输出的是普通技术产品；而美国向世界各国输出的则是美元、金融产品和不会出现技术外泄的技术产品。当然，美国也会向其他发达国家出口部分能带来高额利润的军工和高科技产品。

在这种体系里，美国一方面是要求其他国家开放市场，另一方面对自己的核心技术和产业实行了最严格的保护；同时，美国还会有目的地利用现有规则及新的规则将其主要对手的经济引向低水平、低效率、依赖美国市场的发展轨道。

为了构建这样一个系统，世贸组织（WTO）及其前身关贸总协定（GATT）在过去几十年里一直是美国用来重塑其他国家经济体制的得力工具。美国为加入这个组织设定了许多门槛，许多国家加入该组织的过程实际上变成了接受美国制度寻租的过程。截止到2012年底，世贸组织成员已达到160个，这意味着除极少数国家外，绝大多数国家都已加入其中了。因此可以说，伴随着美国的最大竞争国家中国和俄罗斯双双加入到这个组织中，美国利用世贸组织准入规则进行权力寻租的市场空间已变得非常有限了。在此情形下，美国再次感到，欲继续主导世界经济必须有新的办法。于是，美国就像在政治与军事方面在联合国框架之外又建立了北约和日美安全条约体系一样，在经贸方面他们已着手在WTO框架之外构建TPP和TTIP体系。这实际上是美国为保持它在世界的主导地位而对国际经济体系的一次“洗牌”行动，旨在建立一个升级版的WTO。此举一旦成功，不但会使一些新兴国家边缘化，就连WTO也将面临同样命运。

尽管TPP和TTIP这两个协定的谈判还在进行中，相应的组织还没有形成气候，但有一点应是毋庸置疑的，那就是美国的目标是要用其取代过去的WTO而成为国际贸易中的新一代寻租工具。如随其所愿，许多国家就又要为此支付额外费用了——谁不加入就可能会被边缘化；谁想加入不但需要付出经济代价，有时可能还要付出政治代价。

TPP最初是由文莱、智利、新西兰、新加坡四国在2005年发起的一个主要面向APEC成员的开放性泛太平洋伙伴关系协议，旨在让其成员彼此承诺在货物贸易、服务贸易、知识产权及投资等领域相互给予优惠并加强合作，它的核心内容是关税减免。几年后美国决定介入。

2009年，刚刚上任的美国总统奥巴马看到，美国正深陷金融危机、中国加入WTO之后快速崛起、俄罗斯加入WTO进入倒计时……这一切使他认识到，美国需要新的经济增长点；此时，WTO在过去几十年里一直被当作美国权力寻租工具的历史已经成为过去，美国需要一个“升级版的WTO”，来继续主导世界经济并通过寻租取得巨大利益。见此情景，奥巴马政府接下来的决定是，将WTO覆盖的世界分而治之——首先它决定在亚太地区构建TPP，即建立一个跨太平洋自贸区；然后它又着手在欧洲构建TTIP，即建立一个跨大西洋欧美自贸区。此外，美国与加拿大和墨西哥已有一个《北美自由贸易协定》。尽管美国是否还计划在世界其他地区建立新的自贸区尚不得而知，但即便仅考虑TPP和TTIP，它们所涉及的经济体便将占到全球贸易总额的70%和GDP总量的近80%，这无疑是一个巨大的全球体系——该体系之外基本上就只剩下金砖国家、伊斯兰国家和一些非洲边缘国家了。

于是，在2009年11月，奥巴马高调宣布，美国将加入TPP谈判，并声称其目标是要达成一个野心勃勃的、体现美国经济发展重点和价值观的新一代亚太贸易协议。很快，美国便全方位主导了TPP谈判，受邀参与这个跨太平洋伙伴关系协议谈判的国家也不断增加。在美国看来，TPP不仅是“一个面向21世纪的、高标准的全面自由贸易协议”，而且要将成员扩大至所有亚太地区的国家，并最终成为事实上的亚太自由贸易区。

到2013年底，TPP的签约国和参与谈判的国家已达到12个，它们是：澳大利亚、文莱、加拿大、智利、日本、马来西亚、墨西哥、新西兰、秘鲁、新加坡、美国和越南。此外，韩国、菲律宾、老挝、哥伦比亚、哥斯达黎加、泰国和中国台湾地区表示愿意加入。

被称为“立足于下一代”贸易新体制的TPP，除了包括降低和取消商品贸易关税等内容以外，它还涵盖安全标准、技术贸易壁垒、动植物卫生检疫、竞争政策、知识产权、政府采购、争端解决、劳工、环境保护等内容，特别是它还包括金融开放等方面的规定。也就是说，TPP要建立的仍然是一个以美元为主导的国际金融体系。

对美国来说，TPP的着眼点是东半球的亚太；当然，它此时并不会忘记地球的另一半——欧洲。于是，2013年2月，奥巴马在他的国情咨文演讲中明确提出倡议，要与欧洲达成一个跨大西洋贸易和投资伙伴关系协议，即TTIP。随后，在当年6月，美欧双方对这个协议的谈判便紧锣密鼓地开始了。这是一个史上最大规模的自由贸易协定的谈判，双方的目标是要将美欧之间关税降至零，并望在两年内达成协议。这个协定的意义在于，它将在很大程度上改变世界贸易规则、标准和格局，同时向新兴国家、特别是金砖国家间的贸易关系提出挑战。

在过去的几十年的时间里，美国不但利用贸易自由化和金融全球化这两个工具主导了世界经济，而且还长期利用这个体系中它主导制定的各种规则影响其他国家经济的发展。在过去，美国的优势首先是来自它的产品，当然其产品的背后是科技的支撑；后来美国的优势主要来源于以美元为核心的金融主导和贸易游戏规则的制定。当然美元的主导地位和美国作为游戏规则制定者的地位是以其综合实力，特别是其军事实力作为支撑的。

由此，可以概括地说，现在美国主导世界经济有三个要点：科技、美元和国际贸易制度，其中美元霸权是核心。由于美国迄今在上述三个方面仍具有明显优势，美国对世界经济的主导地位在一定时期内仍将难以撼动。

注　释

1. 约翰·S. 戈登著，祁斌译：《伟大的博弈：华尔街金融帝国的崛起》，中信出版社，2005年，第XXI页。

2. Raymond F. Mikesell, The Bretton Woods Debates: A Memoir, International Finance Section, Princeton University, March 1994. p. 2。

3. 张振江：《从英镑到美元：国际经济霸权的转移》，人民出版社，2006年，第257页。

4. 张振江：《从英镑到美元：国际经济霸权的转移》，人民出版社，2006年，第251页。

5. 史蒂文·希亚特主编，王少国等译：《货币阴谋：全球化背后的帝国阴谋与金融潜规则》，当代中国出版社，2008年，第22页。

6. 加莱亚诺著，王玫等译：《拉丁美洲：被切开的血管》，人民文学出版社，2001年，第250页。

7. www.people.com.cn/GB/channel2/17/20001114/312456.html

8. 加莱亚诺著，王玫等译：《拉丁美洲：被切开的血管》，人民文学出版社，2001年，第312页。

9. 史蒂文·希亚特主编，王少国等译：《货币阴谋：全球化背后的帝国阴谋与金融潜规则》，当代中国出版社，2008年，第19页。

10. 加莱亚诺著，王玫等译：《拉丁美洲：被切开的血管》，人民文学出版社，2001年，第226页。

11. 赫德森著，贾根良等译：《保护主义：美国经济崛起的秘诀》，中国人民大学出版社，2010年，第7页。

12. 张夏准著，严荣译：《富国的伪善：自由贸易的迷思与资本主义秘史》，社会科学出版社，2009年，第3页。

13. 威廉·恩道尔著，赵刚等译：《石油战争》，知识产权出版社，2008年，第124页。

14. 谈世中主编：《影响世界的货币——美元》，西安出版社，2000年，第139页。

15. 尼克松著，裘克安等译：《尼克松回忆录》中册，世界知识出版社，2000年，第622页。

16. 尼克松著，裘克安等译：《尼克松回忆录》中册，世界知识出版社，2001年，第622-624页。

17. 梁亚滨：《称霸密码：美国霸权的金融逻辑》，新华出版社，2012年，第172-173页。

18. Jerry Robinson，The Rise of the Petrodollar System："Dollars for Oil"。 http：//www.financialsense.com/ contributors/jerry-robinson/

19. 谈世中主编：《影响世界的货币——美元》，西安出版社，2000年，第150页。

20. Funabashi，Yoichi，Managing the Dollar：From the Plaza to the Louvre，Institute for International Economics，1988. pp. 261-266；www.g8.utoronto.ca/finance/fm850922.htm

21. 黄树东：《选择和崛起：国家博弈下的中国危局》，中国人民大学出版社，2009年，第275页。

22. 郎咸平：《新帝国主义在中国2》，东方出版社，2010年，第44页。

23. 戴维·德罗萨著，朱剑锋等译：《金融危机真相》，中信出版社，2008年，第31页。

24. 戴维·德罗萨著，朱剑锋等译：《金融危机真相》，中信出版社，2008年，第35页。

25. 野口悠纪雄著，曾寅出译：《泡沫经济学》，三联书店，2005年，第18页。

26. 戴维·德罗萨著，朱剑锋等译：《金融危机真相》，中信出版社，2008年，第65页。

27. 戴维·德罗萨著，朱剑锋等译：《金融危机真相》，中信出版社，2008年，第36页。

28. 戴维·德罗萨著，朱剑锋等译：《金融危机真相》，中信出版社，2008年，第22页。

29. 郎咸平著：《郎咸平说：新帝国主义在中国2》，东方出版社，2010年，第42-45页。

30. Bill Clinton，My Life， Random House，Inc.，New York，1994. p. 359。

31. 鲁宾著，王荣军等译：《在不确定的世界：从华尔街到白宫》，中国科学出版社，2004年，第192页。

32. 鲁宾著，王荣军等译：《在不确定的世界：从华尔街到白宫》，中国科学出版社，2004年，第93页。

33. 鲁宾著，王荣军等译：《在不确定的世界：从华尔街到白宫》，中国科学出版社，2004年，第121页。

34. 鲁宾著，王荣军等译：《在不确定的世界：从华尔街到白宫》，中国科学出版社，2004年，第109页。

35. Bill Clinton，My Llife，Random House，Inc.，New York，1994. p. 695。

36. ISDA Market Survey，Notional amounts outstanding，semiannual data，all surveyed contracts，1987-present. www.isda.org/statistics/recent.html

37. www.bis.org/publ/otc_hy1311.htm

38. www.occ.gov/topics/capital-markets/financial-markets/trading/derivatives/dq412.pdf

39. www.dollartimes.com/calculators/inflation.htm

40. Craig K. Elwell, The Depreciating Dollar: Economic Effects and Policy Response, 2012. pp. 15-16. http: //www.fas.org/sgp/crs/misc/RL34582.pdf

41. http: //en.wikipedia.org/wiki/List_of_countries_by_foreign-exchange_reserves

42. http: //fmwww.bc.edu/ec-j/SemS2013/Rey.pdf

43. Craig K. Elwell, The Depreciating Dollar: Economic Effects and Policy Response, 2012. p. 17. http: //www.fas.org/sgp/crs/misc/RL34582.pdf

44. www.newyorkfed.org/fxc/2013/VolumeSurveyPressRelease07292013.pdf

45. http: //www.bankofcanada.ca/wp-content/uploads/2010/11/seigniorage.pdf

46. Edgar L. Feige, "New Estimates of U.S. Currency Abroad, the Underground Economy and the 'Tax Gap' ", University of Wisconsin-Madison, MPRA Paper No. 3035, September 2009. http: //mpra.ub.uni-muenchen.de/30353/2/Feigefin.pdf

47. www.chinanews.com/cj/cj-gncj/news/2009/08-24/1832020.shtml

48.《经济问题探索》，2000年，第10期，第127页。

49. www.monticello.org/site/jefferson/private-banks-quotation

50. Tim Todd, Balance of Power, Published by the Public Affairs Department of the Federal Reserve Bank of Kansas City, 2012. p. 11。

51. www.federalreserve.gov/pubs/frseries/frseri.htm

52. www.federalreserve.gov/faqs/about_14986.htm

53. www.federalreserve.gov/newsevents/press/other/20140110a.htm

54. www.federalreserve.gov/faqs/about_12591.htm

55. Tim Todd, Balance of Power, Published by the Public Affairs Department of the Federal Reserve Bank of Kansas City, 2012. p. XV。

56. 罗斯巴德著，李文浩等译：《银行的秘密：揭开美联储的神秘面纱》，清华大学出版社，2011年，第159-164页。

57. 罗斯巴德著，李文浩等译：《银行的秘密：揭开美联储的神秘面纱》，清华大学出版社，2011年，第152页。

58. www.federalreserve.gov/releases/h41/current/h41.htm

59. http: //research.stlouisfed.org/fred2/data/BASE.txt

60. www.federalreserve.gov/releases/h41/20120726/

61. www.usdebtclock.org/index.html

62. 朱冠华：《美元末日》，如果出版有限公司，台北，2012年，第236页。

63. http: //useconomy.about.com/od/usdebtanddeficit/p/USA-National-Debt-Clock.htm

64. http: //en.wikipedia.org/wiki/Genetically_modified_crops

65. 梁謇、孙平："美国农业补贴政策演变趋势透析"，《学术交流》，2011年，第12期，第112页。

66. The Future of Genetically Modified Crops: Lessons from the Green Revolution, Published 2004 by the RAND Corporation. p. 58。

67. 恩道尔著，赵刚等译：《粮食危机》，知识产权出版社，2008年，第51页。

68. 周立："美国的粮食政治与粮食武器"，《美国粮食问题》，2010年，第3期。

69. http：//en.wikipedia.org/wiki/Cargill

70. 恩道尔著，赵刚等译：《粮食危机》，知识产权出版社，2008年，第55页。

71. J. W. Smith，the World' s Wasted Wealth 2：Save Our Wealth，Save Our Environment，Institute for Economic Democracy，1994. pp. 63-64。

72. www.fao.org/newsroom/en/focus/2004/41655/article_41667en.html

73. http：//business.sohu.com/20121212/n360162743.shtml

74.《经济参考报》，2013年11月21日。

75. The Memoirs of Cordell Hull， V2， Macmillan Co.，1848. p. 1500。

76. 乔治·柯克：《战时中东》，上海译文出版社，1995年，第600页。

77. 李春放：《伊朗危机与冷战起源》，社会科学文献出版社，2001年，第176页。

78. 乔治·柯克：《战时中东》，上海译文出版社，1995年，第782页。

79. www.gwu.edu/~nsarchiv/NSAEBB/NSAEBB28/

80. 陈悠久：《石油输出国组织与世界经济》，石油工业出版社，1998年，第40-44页。

81. 陈悠久：《石油输出国组织与世界经济》，石油工业出版社，1998年，第87页。

82. 陈悠久：《石油输出国组织与世界经济》，石油工业出版社，1998年，第79页。

83. 恩道尔著，赵刚等译：《石油战争：石油政治决定世界新秩序》，知识产权出版社，2008年，第十章。

84. www.wtrg.com

85. 梁亚滨：《称霸密码：美国霸权的金融逻辑》，新华出版社，2012年，第172-173页。

86. 恩道尔著，赵刚等译：《石油战争：石油政治决定世界新秩序》，知识产权出版社，2008年，第九章。

87. 陈悠久：《石油输出国组织与世界经济》，石油工业出版社，1998年，第306页。

88. 恩道尔著，赵刚等译：《石油战争：石油政治决定世界新秩序》，知识产权出版社，2008年，第十二章。

第三章　美国文化影响力

> 世界上有两种力量，一种是利剑，另一种是思想，而思想最终总是战胜利剑。
>
> ——拿破仑·波拿巴

尽管美国没有中国那样悠久的文化历史，但在当今的世界没有哪一个国家的文化能像美国文化那样影响到地球的每一个角落。比如，无论来自哪个国家，人们几乎都能对下列这些浸透着美国文化的名词或品牌耳熟能详：哈佛大学、感恩节、独立宣言、白宫、华尔街、好莱坞、橄榄球、美联社、普利策奖、自由女神像、华盛顿纪念碑、麦当劳、汽车旅馆、迪斯尼乐园、星巴克、艾森豪威尔、马丁·路德·金、巴菲特、比尔·盖茨、NBA、IPhone……

透过这一切，并不悠久的美国文化正在深刻地影响着整个世界。

那么，什么是文化、什么是美国文化、它对世界又有怎样的影响力呢?

一、何为文化

“文化”一词无疑是出现在大众媒体中最频繁的词汇之一。然而，一个有趣的现象是，对该词的理解和定义却众说纷纭，从来没有得到统

——无论是在国内还是在国外。在中国，许多著名学者，诸如梁漱溟、蔡元培、梁启超、胡适、陈独秀、余秋雨等，都曾给出过何为文化的定义；在国外，一些著名学者诸如作家查尔斯·斯诺（Charles Percy Snow）、人类学家爱德华·泰勒（Edward Burnett Tylor）、美国社会学家奥格本（William Fielding Ogburn）、人类学家亨根斯（F. H. Hankins）等人也都给出过他们各自对文化的定义。然而，所有这些人的理解却各有差异。早在20世纪50年代，美国人类学家克鲁伯（Alfred L. Kroeber）等人就做过统计：在那时之前的80年里，有关文化的定义就已多达164种。[1]迄今，60多年又过去了，恐怕有关文化的定义早已多到难以统计了。可见，得到一个公认的"文化"定义并不像想象的那么容易。

不过，既然要讨论文化问题，总还是先要给出一个基本的概念，哪怕是一个粗略的轮廓。

上海辞书出版社2002年版的《辞海》对"文化"一词做了广义和狭义两个定义（还有一种更狭义的定义是将文化定义为各类知识）。本书倾向于将其中狭义文化的定义作为我们通常理解的文化：文化是指精神生产能力和精神产品，包括一切社会意识形式：自然科学、技术科学、社会意识形态。文化亦可分为政治文化、制度文化、观念文化，甚至还可细分为饮食文化、居住文化、社交文化等。不过，笔者在后文提及的文化多指观念文化，因为它是其他各种文化的基础。

应该指出的是，中文中的"文化"与英文中"Culture"（我们通常译作"文化"）的内涵也有差异。在英语为母语的国家里，特别是在美国，一般的辞书将文化（Culture）一词解释为特定人群的思想观念、价值观、习俗和生活方式。

根据上述，我们大体上可以这样理解，文化是人类社会中某群体对世界的认识、反映及这个群体的生活方式，它主要体现在精神层面。这个"群体"可以是一个国家、一个民族，也可以是一个小的部落。显然，本书中提及的思想、观念（当然包括价值观）、意识形态等均属于文化的范畴。

如今人们对“文明”和“文化”二词的使用常常有些混淆。尽管这两者存在密切联系，而且“文明”一词有时的确意指文化，但在通常的意义上说，这二者还是有所不同的。一般来说，文明所指的是人类社会进步的状态，是“野蛮”一词的反义词。在这个意义里，“文明”代表着人类发展的程度，即表示着人类远离野蛮的程度。可见，虽然文明程度有高低之分，低级的文明可能会发展成为更高级的文明，也可能被更高级的文明所取代，但一般来说，文明总是具有积极、正面意义的，因此“文明”应是一个褒义词。而“文化”却是一个中性的名词，因为在这个世界上既有进步的文化，亦存在腐朽的文化。

我们可以用这样一个方法区分文明和文化的不同：某种文字，比如说中文或英文，它们都代表了人类社会的发展和进步程度，都属于人类的文明；而用这两种文字写的《论语》和《圣经》却分别代表了两种不同的文化。在这里，文明和文化的区别就是语言和文章的区别。也就是说，文明所代表的是人类所掌握的某种能力，而文化所体现的是人类某一群体的思想和观念。可见，文明之间并不应出现大的冲突，就像英文、中文等任何一种语言的发展都不会危害另一种语言的存在和发展一样。但不同文化之间却有可能产生矛盾，就像一篇文章的观点与另一篇文章的观点可能会截然相反一样。因此，世界历史上的各种文明之间存在的主要应是促进、借鉴和对话，而不是冲突；但不同的文化之间却比较容易产生矛盾甚至冲突。

苏联部长会议主席雷日科夫在他的书中也这样写道：“不是文明的对立，而是文明的对话，才能为人类赢得未来。”[2]

应该注意到的另一点是，英文中的“Civilization”的含义与中文的“文明”的含义同样也存在一些差异。英文辞书一般将“Civilization”解释为“具有一定教化程度的社会或组织”。不过，由于它在有些时候也有“文化和生活方式”的含义，因此一些英美学者也常将两者混用。比如，已故的哈佛大学教授亨廷顿，曾写过一本颇有争议的书《文明的冲突与世界秩序的重建》，书中就将这两个词混用。其实如果按通常的理解习惯，他书名中“文明”一词更贴切的含义应是“文化”。

自从有了人类社会，便产生了文明与文化。在人类创造各种文明、发展不同文化的同时，文化也无时无刻不在深刻地改变着人类社会——这是一种无形而又巨大的力量。

二、美国文化

人们时常会将美国文化和西方文化相提并论，也就是说将美国文化和欧洲文化看成一种文化，即所谓的西方文化。实际上，它们两者之间还是存在着一些明显区别的。美国文化既有与欧洲文化同源的一面，但也独具特征。这首先是由于美国的政治历史与其他欧洲国家并不相同。法国著名思想家托克维尔在他的《论美国的民主》一书中就指出了它们在政治、历史及文化观念方面的不同：“在欧洲的大多数国家，政治生活都始于社会的上层，然后逐渐地而且是不完全地扩及其余不同部分。在美国，可以说完全相反，那里是乡镇成立于县之前，县又成立于州之前，而州又成立于联邦之前。”[3]“欧洲人常把公职人员视为政权的代表，而美国人则认为公职人员的工作是行使公民的权利。因此可以说，在美国绝不是人服从人，而是人服从正义或法律。”[4]

说到美国文化，就不能不说到欧洲移民几百年前为什么会落户北美大陆。

这些来自欧洲的盎格鲁-撒克逊人，在登上新大陆之前，他们的前辈们就已开始了航海和海外冒险的实践。历史学家斯塔夫里阿诺斯认为，“基督教及其传统的普救说、改变异教徒信仰的热情和十字军的好战精神，是西欧向海外扩张的一个重要因素。”他还说：“在促使欧洲人开始海外冒险事业的许多动机中，为上帝服务和寻求黄金可能是最强烈的动机。”西班牙征服者伯纳尔·迪亚斯在回忆录中也这样写道：他和他的同伴去美洲大陆是“为了像所有男子汉都欲做到的那样为上帝和陛下服务，将光明带给那些尚处于黑暗中的人们，并发财致富”。[5]

图3-1 矗立在纽约自由岛的自由女神像。她是19世纪80年代法国人民送给美国的礼物，象征着独立和自由。女神右手举火炬，左手的册子上镌刻着美国《独立宣言》发表的日期：1776年7月4日，脚下环绕着断裂的锁链。

应该说，两百多年前那些主要来自英国的移居北美大陆的人们其根本动机也是如此。他们当时共同的想法是，要摆脱王室、教皇、教会及贵族阶级给他们生活的方方面面带来的控制和束缚，在新大陆上自由地追求上帝、财富和平等的权利。这就是美国文化的起源。

1607年，英国在北美弗吉尼亚的詹姆斯顿建立了第一个永久殖民地。1620年著名的“五月花”号轮船抵达马萨诸塞的普利茅斯，搭乘此船的移民们在那里建立了北美的第二块殖民地。不过这块殖民地起初并不是由英国官方建立的（它后来并入了英国官方的马萨诸塞殖民地）。这第二块殖民地在美国历史上似乎更为有名，这首先可能是因为这些移民在登陆之前订立的那部颇具现代民主文化意味的《五月花号公约》，而更重要的原因应是由于他们中间的那些清教徒们带来了具有被后人不断传承和发展的清教主义文化。如果说，追求财富是第一批英国移民落户弗吉尼亚的主要动机驱动的话，那么，乘坐“五月花”号来到马萨诸塞的首批清教徒和后来到这里的清教徒们的主要动机，则更多地包括他们对上帝的追求和使命感。这些清教徒，自称是“上帝的选民”，从他们踏上北美大陆的那天起，就满怀梦想，他们要将北美这块蛮荒之地变成理想和希望的田野，即建立一个基督教社会的典范，一个“山巅之城”。这些清教徒们的此类宗教观为后来形成的美利坚民族意识打下了深深的烙印。

后来，美国的理想主义者在此基础上更进一步，认为美国有一种道德义务，即成为世界其他国家的楷模；在他们看来，美国的这种文化应该输出到整个世界。这些无疑为后来美国文化中滋生扩张侵略和霸权成分提供了土壤。

其实，最初来到北美大陆的移民们并没有建立一个新的、独立于英国的国家的想法，只是后来发生的事情让他们认识到，要保护自己的自由、平等和对宗教的信仰，他们有必要成立自己的政府，而且它必须是一个能确保上述原则的民主政府。于是，民主便成了美国政治文化的基础。

为达上述目的，美国13个州（邦）的代表在1776年发表《独立宣言》，宣布独立。当受到英国的武力镇压后，刚刚诞生的美国不惜与其原宗主国一战，并在6年之后取得了这场独立战争的胜利。

在这篇由杰斐逊主笔起草的《独立宣言》中有这样一段话：“人人生而平等，造物主赋予他们若干不可让与的权利，其中包括生命权、自由权和追求幸福的权利。为了保障这些权利，人类才在他们中间成立政府。”1789年，美国的先驱们制定了联邦宪法，即《美利坚合众国宪法》。该法开宗明义地指出，制定该宪法是为了“使我们自己和后代享有自由的幸福”。该宪法的1791年的修正案进一步规定，美国国会不得制定下列法律：确立国教或禁止信教自由；剥夺言论自由或出版自由；或剥夺人们和平集会和向政府请愿申冤的权力。《独立宣言》和《美利坚合众国宪法》无疑是两个具有非常重要意义的文件。

不过，对于一个国家来说，提出自由和民主的原则和颁布一部有保护公民民主权利内容的国家宪法，其重要性固然毋庸置疑，但更重要的却是这些民主原则是否能够真正成为大众的理念，以及这个宪法是否能在这个国度里得到真正的尊重。

为什么这么说呢？我们不妨看看苏联发生的实例。

在1936年颁布的《苏联宪法》中，第3条规定，苏联的一切权力属于城乡劳动者，由各级劳动者代表苏维埃实现之；第125条规定，它的公民享有言论、出版、集会和示威的自由；在1977年颁布的《苏联宪法》中，第2条也规定，苏联的一切权利属于人民；第50条也再次将“苏联公民享有言论、出版、集会、游行和示威自由”列入其中。

可见，从《苏联宪法》的文字内容来看，苏联人当时享有的民主权利并不在美国人之下，但众所周知，事实远非如此。

比如，自斯大林成为苏联最高领导人后，苏联便逐渐形成了高度集权的政治体制，使党的领袖凌驾于党之上，进而党又凌驾于政府之上，形成了党政不分、以党代政的乱象，劳动者、人民或公民的权利根本无法体现。在20世纪30年代的“肃反”运动中，数以万计的人被定罪、处死，其中绝大多数根本没有经过法定程序。

另一个例子是，1964年，苏联最高领导人赫鲁晓夫下台，不久后他开始写回忆录，此举遭到了苏联官方的阻挠，克格勃曾没收了部分手稿和录音带。可见，《苏联宪法》中所谓的“苏联公民享有言论、出版”等自由的说法并不是真的。后来，赫鲁晓夫将回忆录手稿秘密送到国外，1970年1月该回忆录的英文版在国外出版。在得知该回忆录即将在国外出版的时候，在苏联当局的压力下，赫鲁晓夫同意发表声明，说该回忆录纯系伪造。直至1990年，即赫鲁晓夫逝世近20年后，完整版的《赫鲁晓夫回忆录》才得以开始在苏联陆续发表。[6]在几十年里，苏联的宪法在一个离任的国家首脑身上都无法落实，其他人的境况更是可想而知。

就这样，在苏联时期，许多看上去很好的原则、宪法和其他法律条款实际上是形同虚设。在这里，并不仅仅是建立制度的问题，更重要的问题在于，许多制度只是摆设，官方没打算执行，公众也缺少民主意识和维权理念。这既是一个制度文化问题，更是一个观念文化问题。

可见，民主既是一种制度，也是一种文化；民主的建设不能仅限于制度和法律的建立，更重要的是要弘扬民主文化。这后一点之所以更为重要，是因为法律通常强调的是告诉人们不应该做什么，而好的文化则会告诉人们应该做什么。这个“好的文化”当然要符合公众的利益，体现人类的文明与进步；这种文化是让人们身体力行地尊重民主、主张正义，而不能只说不做。

可举个日常的例子来说明上述观点：为购买紧俏物品人们有时会排起长队，这里的规则当然是要按照先后顺序，然而，此时如果没有专人维持秩序的话，就有可能出现下列四种情况的一种：一是人们依然保持队形，按先后次序购买；二是有个别人试图“插队”，被其他人阻止后秩序得到维持；三是有少数人“插队”，而其他按规则排队的人对这些人采取了忍受，显然这些按规则排队的人利益受到了一定损害；四是由于过多人“插队”，引起次序大乱。

在上述四种情形里，第一和第二种情形体现了较高的文明水准，而在第二种情形里，体现出了公民整体具有较高的民主和维权意识；第三种情形表明人们普遍缺少民主意识，实际上是对强权者表现出的一种软弱，同时也是对破坏规则行为的一种怂恿；这种情形继续发展下去，其最后的结果就是第四种情形的出现，即更大的混乱。

为避免出现后两种情形，有时会安排专人维持秩序。这当然是一个办法，但它并不能解决所有问题，因为不可能一有排队就安排专人管理；而且，对维持秩序的人可能也需要监督，因为他也有可能“以权谋私”。

可见，最根本办法就是提倡公民意识，使公众自觉遵守规则，共同监督维护规则，形成一个人人守法、人人护法的文化氛围。

总之，制定一个好制度并不很难，委派一个监督者也不困难，最困难的是，在全体公民中形成一个自觉遵守制度的习惯和当这个制度遭到践踏时勇于维权的理念。如果缺失这样的理念和行动，再多的法规都可能失效；设立监管机制无疑是维护制度的一个办法，但这个监管者同样应该受到公众的监督……这一切都离不开好的文化和价值观的力量。

在这方面美国也远非完美。例如，虽然美国政治家在两百多年前就提出了“人人生而平等”的理念，但在很长的一个时期里，这一点并没有得到很好的落实——在当时的“人人”之中并没有包括妇女和黑人；而且美国在很长一段时期里仍然保留了蓄奴制，直至南北战争结束；直到1920年美国妇女才获得选举权；在美国建国90多年后，1870年，美国黑人才终于取得了选举权。而事实上，直至20世纪60年代中后期，美国才逐步废除了各种种族歧视政策。为达此目的，1963年8月28日美国著名民权运动领袖马丁·路德·金发表著名演说《我有一个梦》。几年后，他遇刺身亡。

图3-2　1963年8月28日，马丁·路德·金在林肯纪念堂前发表激情演说：“我有一个梦……”

在美国这样一个以政教分离为傲的国度里，有为数不少的基督教徒坚持认为他们的宗教信仰和价值观应该普适于天下，不过，他们似乎并没有意识到，他们事实上正在剥夺10%—15%拥有其他宗教信仰或不信教群众的权利。

不过尽管如此，总的来说，美国的宪法在美国还是得到了较好的尊重，特别是在进入20世纪70年代以后。在宪法受到尊重的程度上，苏联与美国有着巨大的差距，这一点有目共睹，前面已举过几个例子。

为什么会有这样的差距呢？原因固然很多，但其中最根本的是，它们源自不同的文化，当然也可以说是源于不同的意识形态。王晓德教授在他的《美国文化与外交》一书的绪论中曾这样反诘道："希特勒的法西斯主义如果没有一定的文化基础，能在德国泛滥一时吗？"[7]因此可以说，一个国家的文化影响着这个国家的政治走向，这是文化影响力的一个重要体现。

王缉思先生在一篇文章中说："国际政治包含着不同国家利益的协调与冲突，也充满着不同思想原则的相互撞击。因此研究一个国家的外交政策，必须联系该国的政治传统、价值观，以至广义上的文化来进行考察。"[8]其实，无论是一个国家的对外政策，还是国内政策，都会深深地打上这个国家文化的烙印。

那么，究竟什么是美国文化呢？

前面提到过，一般的英文辞书将文化（Culture）一词解释为人们的价值观、习俗和生活方式。在美国，一些学者亦将美国人的政治理念和价值观称为美国信念（American Creed）。亨廷顿在他的专著《失衡的承诺》中列出了美国信念的几个核心词汇："自由、平等、个人主义、民主、宪政下的法治"。[9]尽管亨廷顿认为这些内容比较"杂乱"、"没有逻辑"，但实际上这些核心元素之间还是存在一些必然联系的：正因为美国的先驱和后来者们最看重自由、平等和个人权利，因此他们需要建立必要的制度来保护它们，这就催生了体现民主精神的宪政。中国学者朱世达先生所著的《当代美国文化》一书认为，"基督传统、自由主义和个人主义构成了美国文化的三大因素”。[10]

前文还提到，欧洲人当年海外冒险，包括哥伦布的发现新大陆之旅，其主要动因一是出于对宗教信仰的追求，二是出于对物质财富的追求。与欧洲人类似，从17世纪初开始，来到北美新大陆的欧洲移民也抱有同样的目的。不过，对自由的向往却是后者更为显著的特点。于是，从那时开始，这些欧洲移民和他们的后代们，在北美的这块土地上，从宗教信仰出发，培育出了历久弥新的“理想主义”；从追求财富开始，他们打造出了后来的“实用主义”。

正像许多美国学者所认为的那样，《五月花号公约》、自由主义政治理论家约翰·洛克的观念和《独立宣言》所蕴含的精神，直至今日一直代表着美国的文化和价值观。[11]

美国人的文化及价值观主要体现在下列几个方面：

一是酷爱自由，在追求自由的过程中追求自立、创新和个人奋斗；

二是追求物质财富，但又更崇尚实现自己的梦想；

三是奉行这样的理念，即让每个人都享有成功的平等权利和机会，至少对他们的“自己人”，即对美国公民是这样。

概括地说，美国文化的主旋律就是：“自由”、“梦想”和“机会平等”。

应该说，“自由”的理念是美国人价值观中最重要的因素，人们也常将其称为“个人主义”。这种“自由”主要是指每个人均应拥有和掌握自己命运的必要和权利，而不应受到来自政府、教会或其他组织的干涉。不过，在极力推崇“自由”理念的同时，美国人也知道，得到自由是需要付出代价的，这就是要自立、自强和个人奋斗。因此在美国的传统文化和观念里，家长们通常会要求他们的孩子从小就要尽量做到“自己的事情自己做”和养成独立思考的习惯；孩子长大后应该尽早离开父母，走向社会，获得在经济上的独立，从而得到精神和人格上的独立，等等。在普通的美国人看来，自由必须自立，因为无论是过分依赖家庭、政府还是其他社会组织，都会使他们不同程度地丧失个人的自由权利。

追求自由，这一特征可以说是由美国人的“基因”决定的。1620年底，当搭乘“五月花”号轮船的102名清教徒和其他移民登陆北美大陆后不久，严寒、饥饿和伤病便夺走了他们中间一半以上人的生命。即便在这种情况下，留下的人们仍然没有退缩，他们仍然坚持着追求自由的理想和初衷。

有关对自由的追求，我们上面所看到的大多是其正面的东西，其实，在美国人追求自由的过程中也存在不少负面的东西。

自由本身是一个抽象的概念，而追求自由的过程却是具体的。无论是一个人、一个群体或一个国家，在追求自由的过程中，都常常会影响到，甚至是危害到他人、其他群体或国家的自由和利益。譬如，追求“自由”的欧洲移民们在登上北美大陆不久，便开始了对土著人（即“印第安人”）的驱逐和杀戮，印第安人的人数因此而急剧下降，这些人千百年来居住的领地也因此被急剧压缩；当美国的版图逐渐从东海岸拓展至西海岸之后，美国人又将其“自由”的目光投向了浩瀚的太平洋；在接下来的一百多年里，他们对此类“自由”的追逐，即实际上的扩张、攫取，一直没有停止……

1840年，中国受到了以英国为首的列强们的觊觎和侵略。其实，此时美国人对财富的追求一点也不比他们的近亲英国逊色——当英国人向中国大肆倾销鸦片的时候，美国人尽管在列强的排行中还属于“小弟弟”，但他们也不甘落后地参与其中了。

不过，应该看到的是，作为个体的美国人，特别是他们中的不少精英分子，除财富以外，他们往往具有更高的或独特的追求和梦想。华盛顿在出任美国总统之前，曾作为“大陆军”总司令领导了抵抗英军的独立战争。当看到美国初创时拮据的财政状况，在长达6年的时间里，这位总司令居然没有领取任何薪金——显然华盛顿当时的所作所为不是为了财富，而是为了自己的梦想。在随后美国的历史上，不拿工资、只领取象征性工资，或放弃高薪而出任公职的美国人比比皆是。另外，还有许多美国的百万富翁、千万富翁和亿万富翁最后将其大部分财富回馈社会。显然，这些人的主要追求并不是个人财富，而是个人的理想和梦想。

说到机会平等，最有说服力的例子就是美国现任总统贝拉克·奥巴马。奥巴马是非洲裔美国人，父亲是来自肯尼亚的黑人；尽管母亲是白人，但其家境并不富裕，甚至有些拮据。可见，取得成功前的奥巴马没有任何可以依仗的所谓“家庭背景”，他的成功既可以说是一个奇迹，也可以说是一个必然——说其是奇迹，是因为这种情形在当今世界许多国家都是难以出现的，即使在欧洲所谓的民主国家；说其是必然，是因为在崇尚奋斗与机会平等的社会里，任何人只要努力就有可能获得成功。

这就是美国文化。

余秋雨先生认为，文化是一种沉淀后的“集体人格”，很有道理。[12]

笔者认为，在美国文化中，应特别引起注意的几个特征是：美国文化在其内部（即国内）强调的是以个人自由为核心的价值观；而在外部（即在国际上）它所体现的却是美国作为一个整体（即一个“集体人格”）的自由价值观。这个“内”与“外”的根本区别就在于：在美国国内，由于有宪法、其他法律和公民的民主意识的制约，政府难以取得“霸权”；但在国际上，当美国追求自身自由和利益，并对其他国家的自由和利益造成伤害的时候，因为美国具有超强的综合实力，国际上的任何规则和条约都无法真正有效地限制美国的行为，无论是联合国还是其他国际组织都无法构成对美国的有效制约。在这种情况下，美国的霸权行为便难以避免了。对此情形，俄罗斯总统普京曾多次表示不满。他在2007年慕尼黑国际安全会议上的讲话中批评美国说：“有人经常给我们俄罗斯人上民主课，但不知为何原因，这些给我们上课的人自己却不想践行民主。”[13]

在这里我们看到，美国文化“内外有别”。这便是人们常说的美国人的“双重标准”的文化来源，也是美国霸权行为的文化根源。

三、理想主义还是现实主义

20世纪初，美国开始放弃孤立主义，并在国际事务中扮演越来越重要的角色。此时的总统威尔逊认为，美国有义务向全世界传播美国的民主思想和价值观。他在1919年宣称："我比其他任何人更相信美国的命运，我认为，她有一种精神能量，而任何其他国家都不能用此来使人类获得解放……美国享有完成其命运和拯救世界的无限特权。"[14]事实上，由威尔逊开创的被人们称为"威尔逊主义"的理想主义国际关系理念，对美国外交政策的影响一直持续到今天。

美国文化中的理想主义因素常常成为美国政治家可以借用的力量。从表面上看，无论是美国的大众还是他们的政府首脑，似乎都具有一定程度的理想主义色彩。美国早期的扩张和后来的霸权行为，几乎都是以诸如"拯救世界"之类的说辞作为借口。实际上，对这些说辞甚至连许多美国的政治家都提出了质疑。基辛格明确断言说："世界上没有任何一个宣称的国际领导地位是建立在利他主义上的。""从未有其他国家是为了别国的利益而想领导世界。"[15]他显然不相信美国人有那么高的道德境界。说到底，美国所说做世界的领导者，其主要目的还是为了它自己的利益。法国国王路易十三的宰相黎塞留说过："就国事而言，有权力者便有权利，弱者仅能勉力顺应强者之意见。"对此观点基辛格也深信不疑。[16]霸权者，侵占他人权利者也；霸权国家则常会占有或攫取其不应拥有的他国利益。

理想主义是一种文化，同时它也常常被美国政治家当成一面大旗。不打这一旗号，直言不讳地说美国要扩张、要做世界霸主无疑是自取其辱。于是在当今世界上人们常常看到的是，强权者表面上所推崇的、宣扬的往往是让世人看起来很光鲜的一面。这么做并不奇怪，其实，即便是日本在20世纪30年代对中国和东南亚其他国家进行野蛮侵略的时候，也会打出"大东亚共荣"的旗号。不过，旗号终归是旗号，而不是真正目的，真正的目的则在于利益的扩张。这是帝国政治文化的一种表现。

美国通常认为，在他们的对外政策历史上，大多数总统所奉行的是理想主义的理念，采用实用主义理念的比较少见，只有老罗斯福和尼克松等少数人。其实，无论是奉行“理想主义”还是“实用主义”，都不过是体现了某位总统个人的特点而已，在很大的程度上只是一种表面现象。这就像一个拳击高手，他既可能是力量型的，也可能是技术型的；重要的是要认识到，力量型的高手并非不具备高超的技术水准；而技术型的高手一般也会具有相当出色的力量。同样，像老罗斯福这位以奉行实用主义外交著称的总统，在致力于达到欧亚平衡、美国主导西半球等这些非常现实的目标的同时，并没有忘记宣扬美国的道义，他说：“国际政治与经济日益复杂且互相依赖，使所有文明上轨道的强国愈来愈有义务坚持对世界做适当的警察行为。”[17]同时，他也希望，美国能像英国掌控19世纪一样来掌控20世纪的世界政治。同样，即便是像威尔逊这样的以理想主义著称的总统，他在高调宣扬自由理念、在世界上声称弘扬民主和美国价值观的同时，也并没有忘记美国自己实实在在的利益。譬如，美国在第一次世界大战中对德宣战完全是出于现实的目的，即不希望德国取胜而在欧洲独大，威胁到美国的安全和利益。只不过威尔逊总统把参战的理由说成是美国对正义的支持，是为了世界和平这样的道德原因。其实，美国在二战后提出的“杜鲁门主义”也是继承了威尔逊主义的衣钵。威尔逊在1915年就宣称：美国的安全与全人类的安全密不可分。他认为，今后美国有责任对抗任何地区的威胁安全的行动。[18]

美国之所以能够在两百多年的时间里发展成为今天这样一个强大的国家，它独特的文化功不可没。美国文化中蕴含着许多优良成分，这是不言而喻的。不过，人们也必须看到其中的糟粕。人们应取的态度是，汲取其中自由、民主和公平等优良成分，同时警惕美国文化中的那些遏制他国发展、歧视他国权利、藐视联合国权威等不良成分。

四、文化差异与战争根源

亨廷顿教授的“文明冲突论”在20世纪90年代后期曾风行一时，同时也备受争议，他认为文明是引起今后世界大规模冲突和战争的根源。

他在1993年发表多篇文章，提出了这个“文明的冲突论”，认为激烈的冲突最可能出现在基督教、伊斯兰教和儒教文明之间。之后，他将自己的观点综合起来，在1997年出了一本专著《文明的冲突与世界秩序的重建》(Samuel P. Huntington， The Clash of Civilization and the Remaking of World Order)。概括来说，在亨廷顿教授看来，当今世界的主要威胁，乃至战争威胁，是来自不同文明之间的矛盾和冲突；不同文化的分布反映了权力的分布，即文化由权力决定；作为主要文明之一的西方基督教文明仍是最具强势的文明；但由于美国相对实力的下降，西方文明的影响力亦在衰退；在这种情形下，美国不应强调自身文化的多元化，而应该坚持自己的西方文化与基督教文明的归属，以免美国在世界文明多元化的进程中失去自我；美国和西方应维持对其他文明在科技和军事上的优势，限制伊斯兰教和华人国家扩张传统的和非传统的武力。但他同时也指出，美国不应该干涉其他文明国家的事务，应在世界范围内接受文化的多元性，并寻找其中的共通性。[19]概括地说，亨廷顿教授在这里提出的是一种“文明冲突论”。

亨廷顿教授从不同文明（更准确地说应该是文化——笔者）之间的差异为着眼点，洞察今后世界矛盾和可能出现的危机，这无疑是一个独特的观察和分析方法，与过去有人曾用经济地位，即阶级分析的方法来解释一些矛盾和冲突的起源类似，他为人们观察问题提供了一种新的方法。亨廷顿教授的这本书发表后曾一度引起了人们的热议——有人表示赞同，也有人提出了批评。尽管基辛格博士将该书评价为：“冷战结束以来最重要的著作之一”，提出了“对21世纪全球政治架构一个具有挑战性的看法”。[20]

但这一评价并不说明他同意亨廷顿书中的观点。来自德国国际关系学者哈拉尔德·米勒曾在一个研讨会上当面与亨廷顿进行过辩论，提出不同看法。在他随后所写的《文明的共存——对塞缪尔·亨廷顿“文明冲突论”的批判》一书中，他更系统地批判了亨廷顿的“文明冲突论”，认为亨廷顿对文明的界定过于狭隘，指出文明之间可以共存、互通，并提醒说，简单地渲染或接受那种片面的世界观或敌对论是极其危险的。

中国也有许多学者对亨廷顿的观点提出了批评，其中余秋雨先生比较有代表性。他甚至也打算在2009年春的一个研讨会上当面与亨廷顿教授探讨这一问题，不幸的是，亨廷顿先生在2008年12月去世了。余先生的观点是：“所有的恶性冲突都发生在文明和野蛮之间，而不是发生在文明和文明之间。”因此，人类的文明之间更多的应是“共同”，应该保护“文明范围内的多样差异”；他对亨廷顿的理论抨击道：“从世纪之交开始激化的西方文明和伊斯兰文明之间越来越严重的冲突，是由亨廷顿先生的‘文明冲突论’引起的……”[21]此话说得有些重，但亨廷顿先生的“文明冲突论”的确可能在一定程度上被美国的一些政治家所利用，也不利于不同文化和不同文明之间的对话与沟通。例如，有一些政治力量正是利用此类理论发明了颜色革命之类的东西，然后利用在一些国家里普遍存在的对现实的不满和不信任情绪，来制造政府与人民的冲突，特别是制造选举危机。

其实亨廷顿先生“文明冲突论”的缺陷是非常明显的，甚至可以说是完全站不住脚的，他的理论之所以很流行，只能解释为它迎合了美国官方和主流媒体的需要——他们需要为自己争夺利益的全球战略找到遮挡物。例如，伊拉克战争真实用意显然在于保证石油美元的利益，但美国却打出了不允许伊拉克（作为一个伊斯兰国家）藏有大规模杀伤性武器的旗号，这就是让人们认为，美国的目的并不是自身的利益，而是为了保卫自由世界的普世价值。

亨廷顿先生的“文明冲突论”存在很多谬误，既有概念上的，也有理论上的。譬如，他说“在后冷战的世界中，人民之间最重要的区别不是意识形态的、政治的或经济的，而是文化的区别。”[22]在这里，亨廷顿先生将“意识形态”和“文化”在概念上看成两个完全不同的东西，这显然是概念上的错误——什么是意识形态？从定义上看，意识形态是与一定社会的经济和政治直接相联系的观念、观点的总和；简单地说，意识形态就是人们的观念与思想。可见意识形态属于文化的范畴。同时，文化和意识形态二者在这里又是相互对应的，比如，有封建主义的文化，就会有封建主义的意识形态；有资本主义文化，就会有资本主义意识形态……反之亦然；也就是说，如果说人民之间的重要区别在于文化的话，那么这种区别也一定同时存在于意识形态。

因此，在后冷战时代，尽管欧洲已不再有社会主义和资本主义这两种意识形态的分歧，但无论是在欧洲还是在整个世界，只要存在不同的文化就一定存在不同的意识形态。也就是说，在冷战后的世界里，依然存在不同的意识形态；当然，各种意识形态之间的矛盾也是难以避免的。

亨廷顿先生的另一个观点是，权力决定文化。这一观点尽管在许多时候是对的，但它至少是不全面的——文化有时也会对权力产生决定性的影响。

亨廷顿先生在书中花了很大的篇幅试图对文明加以定义和解释，但似乎并不成功，原因是他将文明和文化这两个概念混用了，虽然这种混用并非不可，但还是容易造成理解上的混乱。尽管他将这本书定为：《文明的冲突与世界秩序的重建》，但他也还是解释说：“这本书的中心题旨在探讨文化和文化定位在后冷战世界正在塑造分合和冲突的不同形态，而按最广义的解释，文化的定位就是文明定位。”[23]因此，亨廷顿先生所说的“文明冲突”实为“文化冲突”，而更准确地说是“意识形态冲突”，虽然他自己并没有这么说。

当然，亨廷顿先生这本书的最大谬误在于，它的主要观点，即文明或文化冲突引发冲突或战争的说法是缺乏根据的。对此后面还有较详细论述。

尽管文化和文明二者之间的确有很多关联，但作为以此为主题的专著

《文明的冲突与世界秩序的重建》一书却没有将其说清楚。应该指出，文明总是好的，是正面的，文明代表了人类社会进步的某种状态。但文化却不同，虽然我们通常说的文化，在大多数情况下是指文化中积极正面的内容，比如儒家文化提倡的“仁者爱人”、基督教的“爱人如己”等；但由于文化中包括观念和意识形态，因此负面的东西在所难免。比如二战时期德国和日本帝国主义意识形态中的“人种”论；比如中国的封建文化，等等。也就是说，并不是所有的文化都是好的，比如也存在反人类的观念文化。

为说明文化与文明的区别，在这里不妨再举一个例子：从甲午战争后，日本开始了对中国东北的渗透、掠夺和侵略，直至他们在二战中战败投降。在此期间，他们在东北建造了很多建筑物，比如沈阳的大和宾馆，东北的中东铁路，大连港等。在修建这些东西的时候，日本所奉行的当然是一种帝国主义的侵略文化，对此我们从来都是坚决反对的；但这些设施本身包括相关技术资料，至少在“八一五”光复后，却仍可为我所用。因此，可以这样认为，所有那些为帝国主义侵略服务的观念和文化都应受到谴责；而那些建筑设施本身包括相关技术资料等却体现了人类文明的进步水平，这些东西无疑可供我们借鉴和使用。

另外，无论是现在人们常说的恐怖主义，还是20世纪30年代后期出现的法西斯主义，它们都属于极端主义的意识形态，都是应该受到世人谴责的文化。显然，它们绝不是任何意义上的文明。

在讨论不同观念文化的问题时，人们还常常会说到一个词——“普世价值观”。

也许是因为受到美国文化的影响，现在有不少人甚至认为美国或西方价值观就是“普世价值观”。那么，果真是这样吗?

大家知道，伊斯兰教主张和平、行善；佛教主张慈悲、普度众生；基督教主张宽恕、爱人如己；儒家学说主张仁爱、中庸……从中我们发现，这些宗教或学说的确存在一些共同的东西，这些共同的东西才真正具有

"普世价值"。也就是说，在我们的这个地球上，的确存在一些大家共有的价值观。不过，它们并非单独属于某一种文化。也就是说，真正的"普世价值"应体现在一切进步文化中，它属于全人类，而并不仅属于基督教文化，更不是美国文化的代名词。

当然，上述各种文化之间除了存在共同点以外，还存在更多的不同之处。这也决定了不同文化之间难免会产生矛盾，甚至是冲突。

因此，为了避免不同的传统文化之间由于差异而产生矛盾、冲突和对抗，任何一种文化都应该不断完善自身，接受世界文化多元化的理念，致力于走向与其他文化的相互包容，而不是执意要让其他文化服从于自己，更不是要消灭其他不同的文化。

然而，自二战结束后，美国在追求霸权的同时，一直不忘大力推销自己的价值观，并将其自诩为"普世价值"。这实际上体现了美国的一种文化战略。这种情形已持续多年直至今日。当然，就当今世界而言，人们看到的是，美国文化大行其道，表现出了一种明显的强势。这样就加剧了不同文化之间的矛盾。

俄罗斯科学院院士萨多夫尼奇说："拯救人类的一条主要线路，就是承认文化差异的事实，并安排好它们之间的对话。掀起人类仇恨的浪潮是不能解决任何问题的。"[24]

笔者认为，我们不必对上述不同的文化厚此薄彼，或简单地作出孰优孰劣的判断；而应该认识到，上述各种文化既然都有着传承了上千年的历史，必然都有着深刻的道理，对其中的任何一种文化，现在人们需要做的是，去其糟粕取其精华，与其他文化共存发展，从而促进人类走向更高度的文明。

不过，无论是将伊斯兰教、基督教、儒家学说之间的矛盾称为不同文明之间的矛盾，还是将其称为不同文化之间的矛盾，将其看成今后国际间冲突的根源的说法都是没有事实根据的，同时也是对人们的误导。事实上这样的观点也是无法使人信服的。

尽管前面说过，一种文化的影响力有时是非常巨大的，它甚至能够促成一个政治力量在与另一个政治力量斗争中取胜，但文化的差异通常并不能构成引起国际间激烈冲突乃至战争的主因，因为引起战争的原因永远是对利益的追求。

回顾历史，特别是从19世纪末以来100多年的历史，人们可以清楚地看到，国家和国家集团之间的各类激烈冲突和战争的起因——没有例外——都起源于它们之间的利益之争，而并非意识形态或文化之争。比如鸦片战争、日俄战争、第一次世界大战、第二次世界大战、朝鲜战争、越南战争等。尽管不同的文化与意识形态在争夺利益的过程中也会起一定作用，但都没有构成主因。即便在美国，许多政治家也同意这一点，即冲突和战争往往起源于利益之争，而不是文化的差异或是对某种理想主义的追求。例如，美国前总统尼克松就坦承：由于“以捍卫我们的利益为口号本身并不能够促使美国人支持美国的对外政策倡议”，于是，“美国总统总是给我们的利益披上理想主义言辞的外衣”。[25]基辛格也认为：“在逐渐显现的国家新秩序中，民族主义又借尸还魂；各国亟于追求本身利益远胜于坚持崇高的原则，而且竞争多于合作。我们找不到证据可以证明此种历史悠久的行为模式已有改变，或是在未来数十年中会有所改变。”[26]

曾有学者提出这样的疑问，如果说战争或大规模的冲突都是出自利益，那么，如何解释那些恐怖主义的暴力袭击，以及类似萨达姆政权与其他教派之间的争斗行为呢？这些行为不是出于文化的差异吗？

此类暴力行为看似通常发生在不同的文化或教派之间，但他们背后最根本的原因仍然是利益。以拉登和萨达姆为例，尽管他们都是穆斯林，都代表了与美国不同的文化，但他们都曾有过与美国合作的历史——美国为了它在中东的利益，曾与萨达姆合作打击伊朗势力；为了遏制苏联在阿富汗的扩张，当然也是为了自己的全球战略，美国当年请拉登组织招募了对付苏军的敢死队，并提供经费、武器和各种训练，拉登手下的基地组织由此才得以发展起来。可见，在有共同利益的情况下，美国原本是可以同萨达姆和拉登这样的人合作的。这无疑证明不同的文化可以合作与共存。

当年苏军从阿富汗撤军后，拉登又回到了沙特阿拉伯。在那里，他看到了美军在沙特阿拉伯驻军等行为，认为这些行为侵害了沙特阿拉伯等中东国家的利益。由于他向沙特阿拉伯政府提出的阻止美军进入的建议未能被采纳，愤愤不平的他才开始走上反对美国的道路。可见，他的反美恐怖行为与他的伊斯兰教文化背景并没有直接关系，而与他认为美国损害了伊斯兰国家的利益有关。

当然，首先我们必须谴责拉登所选择的恐怖主义做法，因为这种做法只能伤害无辜，而不能解决任何问题。其次，我们也应该看到，恐怖暴力行为并非源自伊斯兰教的文化，事实上任何一个反美的伊斯兰教国家的官方都没有将恐怖主义作为其战略。同时，我们还应该认识到，拉登基地组织的反美行动之所以在很长一段时期里一直能够得到一些人的参与和支持，这也并非仅仅由于他们都信奉伊斯兰教，美国对伊斯兰国家利益的侵害无疑也是原因之一。因此，在人们反对恐怖主义的同时，对恐怖主义产生的背景和原因也应该给予深刻的反思。

另一个值得注意的情况是，一些极端主义暴力事件的背后往往都受到更大的利益集团或大国的控制，其目的是搞乱事发国，或达到打击事发国，甚至导致事发国出现政权更替等目的。

由此可见，各类有组织的、具有一定规模的恐怖袭击、极端主义暴力事件的根源仍然是出自不同集团或国家的利益。

综上所述，亨廷顿先生的文明或文化冲突引发战争的说法是没有根据的。因此，人们不应该被一些表面现象所迷惑，而看不到矛盾与冲突背后的利益之争。

在战后的近70年里，美国为了自己的利益千方百计地要掌握住他们在全球的主导权；当然，与此同时其他国家也要维护其自身的权益。在这些利益追求或诉求的过程中，矛盾和冲突在所难免，战争也常常由此而生。

于是，美国便不遗余力地要保持全球第一的实力。这是一种综合实力，它不仅包括军事和经济上的实力，还包括文化影响力和科技竞争力。

文化影响力涵盖范围很广，既包括美国一直所推崇的“普世价值观”

等意识形态领域，也包括国际间的各种“游戏规则”。

尽管文化差异并不是战争和冲突的根源，但文化影响力却是国家综合实力的重要组成部分，它通常体现的是一个国家的软实力。

五、美国的软实力

170多年前，世界上还没有广播，更没有电视，当时中国的绝大部分人甚至还不知道报纸是何物。在这种情况下，当英国因为鸦片问题决定用武力让清朝政府屈服的时候，他们也许并没有想到是否可以利用文化的影响力。于是他们当时主要凭借的是坚船利炮。

100年过后，当法西斯德国准备实施对捷克斯洛伐克突然进攻的“绿色方案”的时候，希特勒拒绝了“不必有任何借口或理由”的进攻建议，他认为“世界舆论的反对可能引起严重的局势”。[27]可见，随着时代的进步，即便是希特勒，他也必须要考虑舆论等文化影响的因素了。当然，此时的德国、日本等国家仍然是要以军事和战争的方式来达到其统治世界的目的。

德、意、日投降后，二战结束，此时老牌的英、法等殖民主义帝国也颓势尽显，而独自拥有原子弹的美国以其强大军事与经济实力雄踞世界之巅。美国很快显露出称雄世界的企图。然而，一则因为殖民主义不得人心，二则由于作为资本主义后起之秀的美国没有殖民地，因此眼下它称雄世界就不能再采用过去殖民者的做法了。于是，一种新的方式应运而生，这个方式有时被人们称为“新殖民主义”。不过，无论将其称作什么，就其本质而言，就是美国要利用强大的经济与军事实力（这些属于硬实力），在世界范围内建立一系列以美国为主导的政治的、军事的和经济的联盟，以及相应的游戏规则，以此来确保美国的利益。

又过去了几十年。世界在发展、在进步，美国人也逐渐开始认识到，他们已越来越难以继续沿用上述方式来主导和控制世界了。也就是说，仅仅依靠或主要依靠硬实力的方式控制世界已经变得越来越困难和不合时宜了。因为即便仅从经济方面来看，美国的经济实力与世界经济总量相比已变得越来越小了——其比例已由二战结束时的近50%，下降到后来的不足25%（如今这个比例约为20%）。也就是说，来自美国硬实力的影响力已变得越来越小了。

于是，美国人开始更加重视软实力（Soft Power）在大国博弈中的作用。

“软实力”这一概念是1990年哈佛大学教授约瑟夫·奈首次提出的。尽管至今学术界对这一概念的定义还存在一些分歧，但大体上我们可以这样认识这个“软实力”：它是一种主要由思想观念、意识形态等因素构成的文化吸引力和影响力，是一种非强迫性的、非物质性的吸引力和影响力。

可见，软实力基本属于文化的范畴，可以认为是一种文化的影响力。

一般来说，军事和经济实力不属于软实力，但它们中间的确也包含软实力的成分，比如用于军事的技术、用于经济的制度和金融运作技术等。美国著名智库兰德公司在一份题为“国家实力评估”的报告中也认为：硬实力和软实力的分界线并不十分清晰，例如，经济实力有时被看作硬实力，有时则被看作软实力，这主要取决于观察者的视角。[28]

苏联解体的教训告诉人们，国家软实力的缺失，或者说在国家的“集体人格”里健康文化的缺失，完全可以使一个曾经让无数人艳羡的巨大帝国毁于一旦。它也告诉人们，今后国与国之间的竞争，特别是大国之间的竞争，不仅体现在经济、军事这些硬实力上，而将更多地体现在软实力上，即在文化的生命力和影响力方面。我们看到，当今美国为了保持和增加综合实力，其关注的重点已从过去的军事等硬实力更多地转向了软实力。

其实，自从当年两个超级大国的核武器达到了足够将地球毁灭多次的那一刻起，大国的政治家们便开始认识到，任何一个大国企图通过武力主宰世界的历史已经一去不复返了；今后最终能够主宰世界的一是经济，二是文化。于是美国开始大力强化他们的文化软实力。

在当今世界，美国文化影响力超过了其他任何国家。

中国科学院曾做过一项有关世界各国文化影响力的研究，其结果，即《中国现代化报告2009——文化现代化研究》，也将美国文化影响力列在第一位；中国名列第七，排在美国、德国、英国、法国、意大利、西班牙之后。[29]

美国兰德公司的一项研究指出："在日益更加紧密联系的世界里，软实力显得愈来愈重要……法国左派人物雷吉斯·德布雷很久以前就说过，好莱坞在全球的影响力将会超过五角大楼或中情局……如果政府的决策者们可以通过使用软实力来取胜，那将比使用军事力量来达到这一目的好得多。约瑟夫·奈着重指出，软实力是一种吸引力，而不是强制力。当其他国家认为美国的观念或政策合理、体现了它们的希望，此时美国的软实力便被强化了。"[30]

这份研究报告还说："如今，国家的边界充满缝隙，实力本身也在发生变化……实力可以来自经济，也可以来自心灵和思想，特别是软实力，它将取决于观念的认同……正像迈克尔·艾斯纳（1984—2004年迪斯尼公司的董事长——引者）所说的，娱乐可以做遏制要做的事情。"该报告明智地指出："硬实力可以消灭阿富汗的塔利班和伊拉克的萨达姆，但要让那里的人们认同美国的软实力却要困难得多。"

该报告自信地认为："在当今世界上还没有发现美国软实力的竞争者。"[31]

下面我们以美国电影为例，通过了解它在中国市场所占的份额，间接地了解美国文化的影响力。

2012年被批准引进中国的美国电影共34部，而同年在国内上映的中国电影达893部。然而，在中国当年全部170亿元人民币（约27亿美元）的电影票房收入中，76部国外片所带来的票房超过了总票房收入的一半，达到51%；其中的一半是由美国的34部影片产生的，即美国影片占据了整个中国电影票房的25%。也就是说，平均每部从美国进口的影片仅在中国的票房收入就能达到近2000万美元。窥一斑而见全豹，美国的影视乃至它的整个文化对中国、对世界的影响力之大可想而知。

2012年中国电影的海外票房总收入仅为10.6亿元人民币（1.68亿美元），也就是说，75部中国的外销片平均每部的国外票房收入仅为220万美元，与国外影片收入的差距巨大。2012年美国影片在中国的票房第一名是3D版的《泰坦尼克号》，在它上映两周后在中国的票房收入就达到了9.4亿元人民币（1.5亿美元）；与此相对照，中国影片在北美的票房第一名《1942》，其票房收入为31万美元，仅为《泰坦尼克号》中国票房的0.2%，差距之大可见一斑。

2012年国内电影总票房为170.73亿元人民币，加海外票房10.63亿元人民币，共计181.36亿元人民币，约合27亿美元；而根据美国电影协会（MPAA）2013年3月21日发布的报告显示，好莱坞电影2012年的全球电影票房收入达到了347亿美元；也就是说，中国国产影片的票房仅为美国影片票房的8%。

《银皮书：2012中国电影国际传播年度报告》显示，2012年中国共在40个国家和地区举办112次影展，展映影片576部，但全年只有75部影片销往海外，海外票房和销售收入为10.63亿元人民币。这份报告还以外国观众为对象开展了问卷调查。调查共涉及107个国家，包括英语、法语、德语等40种语言的电影受众，共回收有效问卷1117份，受访者主要是各国年轻人以及电影业内人士。该报告发现，“动作片”和“功夫片”依然是中国电影国际传播的主打类型与最受欢迎品种。有超过30%的受访海外观众表示，并非对中国故事不感兴趣，但中国电影情节令他们感到“纠结”，有接近50%的受访者认为中国电影故事逻辑混乱、难以理解，编剧和翻译水平有待改进。[32]

另外，不久前的资料显示，西方五家媒体集团掌控世界90%的新闻发布总量，它们给读者、听众和观众的思想、观念所带来的影响之大是不言而喻的，因此它们实际上是实现美国和西方文化影响力更为重要的力量。[33]

然而，人们在对经济的和军事的影响力有较深刻认识的同时，往往对文化的影响力的认识明显不足。其实，文化影响力不但有着潜移默化的特点，而且其作用力也是巨大的和更具根本性的。中国有句古训说"得民心者得天下"，其中所说的"民心"，就是人们的观念；这句话说的就是大众对某种统治文化的认可，它所强调的也是软实力的重要性，即文化影响力的重要性。可以预言，在今后的世界上文化影响力将愈加重要。

一个国家，特别是一个大国，它的文化被认可的范围，便是这个国家最能发挥其影响力的范围。一个缺少文化影响力的国家是不可能成为真正的世界大国的。

六、文化帝国梦

美国前总统尼克松在晚年曾说过这样的话："我们必须记住，民主不能保证产生好的政府或繁荣的经济。我们可以在世界范围内支持自由与民主，但我们永远不能把我们的价值观强加到别人头上。"[34]然而，事实上美国做的与说的并不一样。

第二次世界大战后，美国已认识到，殖民主义明目张胆的侵略和扩张政策已不合时宜，为了牟取更多利益，美国选择了一个从谋求权力到兑现利益的途径。要得到并维持对世界的主导权，美国需要按照自己的理念建立一系列制度，即人们常说的游戏规则。因此，在联合国成立后，在美国的主导下，在国际金融、国际贸易等领域里建立了一系列规则。当美国看到苏联不愿听从领导、不容忍其在联合国内难以为所欲为后，便又陆续主导建立了北约等军事政治同盟组织。与此同时，美国也开始有计划地实施自己的文化战略，用美国价值观来改造世界——美国在打造一个军事和经济帝国的同时，实现文化帝国梦。

正像一位学者所说的，“历史上，美国曾有目的、有计划地把文化作为实现其国家利益的一种特殊工具加以运用，并通过制定和实施文化战略去实现美国的对外政策目标”。[35]在冷战期间，美国创造出一系列强有力的文化和智力工具向“铁幕”后传播美国价值观。[36]

1945年，当二战就要结束时，时任美国中央情报局局长的艾伦·杜勒斯（他是后来曾担任国务卿的约翰·福斯特·杜勒斯的弟弟）发表了一篇演说，明确提出了一些美国应采取的颠覆和瓦解苏联的手段和建议：“战争将要结束……我们将倾其所有……把人们塑造成我们需要的样子，让他们听我们的。人的脑子，人的意识，是会变的。只要把脑子搞乱，我们就能不知不觉改变人们的价值观，并迫使他们相信一种经过偷换的价值观念。用什么办法来做？我们一定要在俄罗斯内部找到同意我们思想意识的人，找到我们的同盟军……他们的自我意识将无可挽回地走向消亡……我们将使用一切办法去支持和抬举一批所谓的艺术家，让他们往人类的意识中灌输性崇拜、暴力崇拜、虐待狂崇拜、背叛行为崇拜，总之是对一切不道德行为的崇拜。在国家管理中，我们要制造混乱和无所适从……我们将不知不觉地，但积极地和经常不断地促进官员们的恣意妄为，让他们贪贿无度，丧失原则。官僚主义和拖沓推诿将被视为善举，而诚信和正派将被人耻笑，变成人人所不齿和不合时宜的东西，无赖和无耻、欺骗和谎言……我们将以高超的手法，在不知不觉间把这一切都神圣化，让它绽放出绚丽之花……只有少数人，极少数人，才能感觉到或者认识到究竟发生了什么。但是我们会把这些人置于孤立无援的境地，把他们变成众人耻笑的对象……我们要从青少年抓起，要把主要的赌注押在青年身上，要让它变质、发霉、腐烂……”[37]

可见，美国很早就开始重视文化的影响力并将其作为武器了。

美国的文化外交政策也是一种以政府为主导、充分发挥国际组织影响力和民间交流渗透力的整体政策。也就是说，美国政府常常是有目的、有计划地通过文化交流、制度改造和价值观输出来扩大其政治影响力。

“在美国人看来，新闻、广播、图书、出版、电影、电视、音乐、舞蹈、戏剧、文学、美术、教育、体育、卫生与科学技术等都是向各国进行‘思想战’的可被利用的‘兵种’。”[38]

包括电视、广播、电影、书报出版、音乐、广告以及表演艺术等在内的美国文化产业是一个庞大的产业，它的年产值约占美国国内生产总值GDP 总量的18%—25%。[39]

由于美国向世界不同国家和地区大量出口电影、电视、音乐、艺术、文学等有形的文化产品，因而它成了世界文化消费市场的最大生产商和供应商。美国电影更是成为它向国外传播美国文化的最重要的手段。

斯坦顿·格里菲斯在二战后曾在东欧和中东的四个国家担任大使，在那段时间他不但时常在当地看电影，有时还将美国的电影放给他的私人朋友看。在许多场合他毫不隐讳地说，“用好的美国影片所取得的效果，比官方外交那些正式的活动与烦琐的手续所取得的效果要好得多”。他坚信，美国的电影是“美国政策的一个极有价值的辅助手段”。[40]

如今，随着一些大众媒介的发展，特别是互联网的普及，这些媒体在向全世界传播美国文化的过程中发挥的作用越来越大。

杜勒斯曾经说过：“如果我们教会苏联的年轻人唱我们的歌曲并随之舞蹈，那么我们迟早将教会他们按照我们所需要他们采取的方法思考。”尼克松也认为，动员意识形态力量是同苏联竞争的六种方法之一，在军事遏制的基础上，应“充分运用作为西方文明基本特点的精神和文化价值观的影响”，以使苏联人“彻底地受到西方的爱好和思想的熏陶”。[41]

请看下列这些数据：美国控制了全球75%的电视节目的生产和制作；许多第三世界国家电视节目60%—70%的栏目内容来自美国；美国公司生产的电影占据了全球市场总放映时间的50%以上；美国占有全世界50%的因特网用户。[42]

可见，自二战结束以来，美国不仅是经济产品，也是文化产品和政治思想产品的主要出口国。[43]

至少在美国人看来，由于美国的文化战略，“在20 世纪的三场意识形态世界大战中，美国一直是赢家”。[44]

可以说，向世界宣扬和推广美国的自由、平等、民主、人权等价值观早已成为美国外交政策的基本特征之一，无论是在冷战前还是冷战后。美国的目的，就是要通过文化思想及其产品的渗透和输出来控制、影响别国人民的思维方式。

美国文化的垄断地位还反映在它对世界舆论的超强影响力上。《霸权背后：美国全方位主导战略》一书的作者、美国著名地缘政治学家威廉·恩道尔甚至这样说：全球化的英美媒体常常是“受控制的”、“充满偏见的”，它们所描述的世界图像通常是“经过过滤了的扭曲图像”。[45]

从历史上看，美国往往有目的、有计划地把文化权力作为实现国家利益的一种特殊工具，并通过制定和实施文化战略去实现美国对外政策的目标。[46]

1986年美国通过了一个法案：今后美国将不定期公开发表美国的《美利坚合众国国家安全战略》报告。随后，1987年发表的第一份战略报告指出：“要在全世界保护和推进民主、自由和人权事业”；“要鼓励苏联和其阵营内国家内部出现的自由化倾向”。[47]

不过，苏联的解体不但没有给美国带来繁荣，相反，此时的美国出现了战后的第九次经济危机，其国民经济与世界经济总量之比已从二战初期的近50%下降到20%；1992年美国外贸逆差比上一年增加了31%。在这种情况下，老布什没能因为在其任期内苏联的解体而继续连任——克林顿当选为新一任总统。

老布什离任前签发的最后一份《美利坚合众国国家安全战略（1993）》明确指出：“在当今世界，我们面对各种新的国际和国内的挑战，这要求我们借助国家的实力和影响力之下的各种资源来承担各种义务。我们必须致力于迎接经济的挑战，并在世界范围内培育民主精神。与我们在军事能力方面的优势地位相比，我们的影响力应更大地投放在推广以下方面：我们优秀的观念、价值体系、领导地位，以及在国际市场上的竞争力。”[48]

随后上任的总统克林顿，更是明确地将向国外推销民主作为其国家战略的“三大支柱”之一。这“三大支柱”是：“用随时可以作战的军力确保美国的安全；促进美国经济复苏；将民主推向海外。”[49]克林顿在出席第二次亚太经合组织首脑会议前曾发表讲话说：“促进人权和民主价值也要求各政府之间加强联系，所以我将毫不后悔地在亚洲和全世界推动这些权利和价值。”[50]

1994 年，美国国会通过《美国国际广播条例》、《对古巴进行电台广播条例》及《对古巴的电视广播条例》。这实际上是在法律上延续了冷战以前美国的海外广播与宣传政策。

在1994 年的年度预算中，克林顿政府要求国会拨款3000 万美元用于创立一个叫作“自由亚洲电台”的广播系统。1996年3月 11 日“自由亚洲电台”正式开始运作，其广播主要针对中国大陆、缅甸、柬埔寨、老挝、朝鲜及越南的听众。[51]

可见，无论是在冷战期间还是在后冷战时期，美国一直有一个明确的对外文化战略，它构成了美国国家战略的一部分。事实上，美国是在打造一个美国统治下的文化帝国。

另外，美国文化还有一个传播优势，这就是它的语言——英语。英语因为是当今世界通用语言，无论是在教育、科研还是在大众媒体中，英语都是使用最多的语言，这也给美国文化的传播带来了得天独厚的方便。

尽管本章的重点是讨论观念文化，但我们知道，并没有一种文化能脱离制度或规则而存在，也没有任何的规则不体现一定的价值观念。

特别值得注意的是，由于美国自从成为世界舞台的主角之后，在国际上它一直在按照自己的制度文化和观念制定国际间游戏规则，并给这个世界带来了巨大的影响。

制度文化是人类在物质生产过程中所结成的各种社会关系的总和，它不但包括国家内部的法律制度，也包括各类国际间的游戏规则。

二战结束后的世界，殖民主义气数已尽，世界新一任强国美国从此开始寻求的是一种新型的霸权体系——一种不同于以往一切帝国的以直接控制其他国家为特征的权力主导体系，一种以美国价值观和政治制度为基础的、由美国主导的、既相对稳定又能充分保证美国利益的世界新秩序。

为实现这一秩序，美国主导建立了若干联盟体系，并制定了一系列国际间的游戏规则。它们主要包括：一些国际组织和机构，如联合国、世界银行、国际货币基金组织、世界贸易组织等；一系列军事政治联盟在内的安全体系，例如北约、美日安全条约等；一系列地区性经济组织，比如亚太经济合作组织、北美自由贸易协定等；并初步建立了全球性立宪及司法机构，比如国际法院等。

正像美国前国家安全事务顾问布热津斯基所言："美国的全球力量是通过一个明显地由美国设计的全球体系来发挥的，它反映了美国的国内经验。美国国内经验最主要的一点就是美国社会及其政治制度的多元性特点……美国的全球体系也在很大程度上依靠对依附它的外国精英们行使间接的影响。由于美国主宰全球通信、大众娱乐和大众文化的巨大但又无形的影响，也由于美国技术优势和全球的军事作用的潜在的有形影响，以上这一切都得到了加强。"[52]基辛格亦有同样看法："自从美国于1917年进入世界政治舞台以来，依仗其强大的国力及对理想之自我肯定，以至于本世纪主要的国际协议均是美国价值观的具体呈现，从国际联盟即凯洛格-白里安公约（Kellogg-Briand Pact）到联合国宪章及赫尔辛基最后文件（Helsinki Final Act），均是如此。"[53]

由于美国的强大实力，它主导了战后国际秩序的安排和游戏规则的制定。这些规则使美国得到了巨大的霸权利益，这一点前一章已谈到，而巨大的收益当然会进一步增强美国的综合实力。也就是说，这些规则和制度保证了这样一个循环，即从实力到规则，再到利益，最后又回到实力这样一个不断的循环。这也正是美国制度文化在国际经济关系上的精髓所在。

可见，美国文化既是美国走向强大的基础和武器，也是它实现霸权利益的有效工具。

七、美国舆论和传媒的妙用
——体现美国官方和利益集团意志

美国著名智库兰德公司曾在一份报告中指出："通过回答'你最喜欢哪一个国家的产品？'这一问题，便可以看出哪一个国家具有更强的经济实力；通过回答'你最相信哪一个国家的新闻和资讯？'这一问题，便可以看出哪一个国家更具文化影响力。"

正因为如此，美国人一直十分重视媒体和舆论的作用。不过，应该注意到的是，包括新闻、报刊等在内的美国传媒的文化传统是内外有别的，它既有新闻言论自由、舆论监督的一面，也有在对外问题经常采用双重标准的一面。

例如，在美国近代史上大名鼎鼎的新闻人约瑟夫·普利策及旗下的媒体以揭露社会黑暗面、政府黑幕、官商勾结、官员劣迹等著称。1908年普利策旗下的刊物《世界报》发表文章公开质疑老罗斯福政府在操作巴拿马运河项目过程中有贪渎行为。得知此事后，老罗斯福总统非常愤怒，对普利策等人提出起诉。这个案子一直持续了两年多，最后老罗斯福上诉到了最高法院，但高法也没有给这位总统任何面子，驳回了他的上诉，尽管在这个案子里，最后还是没有拿到罗斯福贪渎的证据。

可见，美国媒体历来有监督政府、不容忍政府侵害美国公众利益的传统。普利策去世后，1917年根据他的遗嘱，设立了普利策奖，由哥伦比亚大学组织评选，每年颁发一次——它是美国新闻界的最高奖项。

直至今日，美国的媒体依然保持这样的传统。2014年4月，美国公民斯诺登因在过去的一年里揭露美国政府"监听门"的相关新闻报道，从而获得了年度普利策新闻奖。可见，在当事人是美国公民时，美国的新闻媒体还是能够站在自己公民的一方来监督他们的政府的。

然而，在面对其他国家蒙受利益损害时，美国的媒体却往往做出截然不同的反应。伊拉克战争就是一个很好的例子：布什政府以萨达姆政府拥有大规模杀伤性武器为由，发动了这场战争，几年过后，占领伊拉克的美军终于不得不承认，在那里根本没有任何大规模杀伤性武器。面对这样的真相，尽管美国的媒体有所报道，但它们却对布什政府以一个完全不存在的理由发动一场对外战争表现了极宽容的态度——如果布什政府因为一个完全不存在的理由在国内杀害了数万人，国内媒体舆论是绝对不能容忍他继续当这个总统的。

可见，尽管美国的媒体在涉及损害国民利益的事情上往往能够监督政府，但在面对许多危害到他国利益，而对美国和美国国民有利的事件时，它们更多体现的却是美国官方或利益集团的意志。这就是美国公共传媒的两面性，或将其称作“双重标准”。这也许不难理解，就像一个国家的民众在体育比赛时往往更多地给本国的选手加油助威一样。但这并不应该，因为做媒体最基本，也是最重要的就是其言论内容要真实，其观点要公正。

媒体舆论的影响力是巨大的，如今美国政府和利益集团也堪称是利用媒体和舆论的专家，他们既能让世人感觉美国是维护舆论自由的，又能使这些媒体为己所用，美国媒体也因此在对外事务上常常不够公正。

当年，在看到显赫一时的苏联终于解体时，美国人禁不住为自己在冷战中取胜而感到非常欣喜，因为从此美国便成了世界上唯一的超级大国。然而，很快他们发现，苏联的解体同时也带来了明显的弊端——这时西欧等国家已不再担心来自苏联的威胁了，因此这些国家对美国也就不必言听计从了。于是，美国对它们的影响力开始下降，国际上对美国作为全球领导者的认可度也下降了。20世纪90年代初美国出现的战后第九次经济危机与此也不无关系。

人们经常将美国人谋求世界主导权称为“霸权”，而美国人则更愿意自诩为“世界领导者”。这种权力不但需要有强大的实力做后盾，还要有其他国家的认可。也就是说，要让这些国家对美国担当世界的领导者有需求。也许有人会怀疑：难道真的会有国家愿意让美国来领导自己吗？当然有——一些国家是出于对来自其他国家威胁的担心，另一些国家由于受到来自美国的影响，当然还有一些国家是出于对美国威胁或制裁的惧怕，等等。正如上面所说，在冷战初期，西欧国家出于对苏联威胁的担心，它们需要拥戴美国作为头领人，带领它们提防苏联，于是它们才同意加入美国人主张建立的北大西洋公约组织。同样，在亚洲，美国在日本、菲律宾、印度尼西亚等国都找到了类似的需求。可见，美国之所以能成为这些国家的共同领导者，主要是这些国家有这样的需求。由于西欧和日本很快便在世界经济中占有了举足轻重的地位，这样，美国作为这两个集团的领导者也就成了世界的领导者，这也算是顺理成章。因此，在多数情况下，美国的这个领导权也并非仅凭美国人一厢情愿就可得到，它是需要“市场”的，它需要得到一些国家——特别是在经济上有影响力的国家的需要和支持，否则美国就成了“光杆司令”。正是因为这种“市场”因素，当年苏联的解体不但没有强化美国在世界的领导权，反而使得这一领导权弱化了。

美国人当然认识到了这一点，于是他们采取了两个办法，一是将苏联的继承者俄罗斯继续说成威胁的来源，从而让人们觉得北约有继续存在的必要，甚至还有扩大的需要；二是以“中国威胁”论作为铺垫，将其作为美国战略重点东移，转向亚太地区的理由之一。在这个过程中，代表美国官方意志的媒体和舆论起到了至关重要的作用。它们的作用是，让人们相信，在欧洲仍然有“俄罗斯威胁”；而在亚洲更存在着“中国威胁”；从而让所有相关国家感到恐慌，进而向美国寻求帮助，继续拥戴美国作为它们的“领导者”。这样，美国也就可以保持甚至是扩大自己的势力范围，使自己的主导地位得到巩固。

近期人们普遍关注的乌克兰局势也印证了美国的这种做法。尽管乌克兰内部利益集团的矛盾是其紧张局势的根源，但其背后大国的利益博弈却使得这一矛盾变得激化了。其实，苏联解体后，欧洲的安全局面已根本改观，但“北约东扩”战略明显激化了俄罗斯和东欧国家的矛盾，乌克兰问题便是其中之一。北约和欧盟的东扩引发了俄罗斯的反弹，而俄罗斯的反弹又让乌克兰等东欧国家感到面临新的威胁。这样，原本并不应有的威胁便出现了。应该说，美国在东欧基本达到了它的目的——在后冷战时代它继续保持了在这个地区作为领导者的“市场”。

由此可见，在很多时候，世界上的许多“威胁”是人为制造出来的，特别是美国官方为了自己的利益常常会千方百计地寻找各种理由或借口，来证明这些“威胁”的存在，以此来增加一些国家对美国“领导权”的需求。美国人当然明白：如果没有所谓的“威胁”，其他国家也就失去了请美国当领导、当“保护伞”的需求了，美国的领导权也就会大打折扣。

从目前的情形看，如果美国不改变对其充当世界领导者所带来的利益的过度依赖，那么它就不会改变上述做法。也就是说，美国将会继续在世界范围内树立“假想敌”并不断强调其“威胁”，以此来衬托出美国作为其他国家保护者和领导者的价值。当然，在许多情况下要做到这一点也并不容易，这不但需要有易于让人们相信的理由，还要保持必要的实力，它既是一个地缘政治战略问题，也涉及文化战略问题。

也许，美国如今最应该做的是，逐渐改变过去那种将其利益来源之一放在由战争和对抗所带来的“市场”上；而将重点放在扩大自己在国内外的真实市场和创新领域上面。当然这绝非一朝一夕之功。

从目前情况看，美国人并不准备这么做，其原因在于，美国的走向往往取决于华盛顿和华尔街，从本质上说，这是由美国主流资本的意向决定的，而资本不仅是逐利的，且在很多时候是短视的——比如2008年的金融危机，其根源就出于美国资本的贪婪和短视。

美国今后还会继续利用其舆论和传媒不断制造出各种“威胁”论，强调不同文化的“冲突”论，将世界引入某种程度的对抗之中。当然，美国所需要的只是某种程度的对抗，而不是大规模的战争，因为大规模战争并不符合美国的利益。在美国看来，只有在这种情况下，它才能比较容易地为自己找到充当“领导者”的理由，从而维持它的主导权——有对抗和战争的可能性，美国的武力才更显得不可或缺。这便是许多国家需要美国的重要原因之一。这些国家有求于美国自然要付出代价，而此类代价又成了美国利益的来源之一。可见，对美国来说，对抗，常常意味着它得到利益。在此，舆论传媒的作用亦不可低估。

可见，文化影响力既取决于它的内涵，亦取决于它的传播方式。

注　释

1. Alfred Louis Kroeber， Clyde Kluckhohn， Culture. A Critical Review of Concepts and Definitions，1952. Cambridge。

2. 雷日科夫著，徐昌翰等译：《大国悲剧——苏联解体的前因后果》，新华出版社，2008年，第23页。

3. 托克维尔著，董果良译：《论美国的民主》上卷，商务印书馆，1991年，第44-45页。

4. 托克维尔著，董果良译：《论美国的民主》上卷，商务印书馆，1991年，第105页。

5. 斯塔夫里阿诺斯著，吴象婴等译：《全球通史》上卷，北京大学出版社，2006年，第289页。

6. 赫鲁晓夫著，述弢等译：《赫鲁晓夫回忆录》第一卷，社会科学文献出版社，2006年，第1-8页。

7. 王晓德：《美国文化和外交》，世界知识出版社，2000年，第6页。

8. 王缉思："美国外交思想传统与对华政策"，《美国研究参考资料》，1989年，第3期，第1页。

9. 塞缪尔・亨廷顿著，周端译：《失衡的承诺》，东方出版社，2005年，第15页。

10. 朱世达主编：《当代美国文化》，社会科学文献出版社，2001年，第1页。

11. 塞缪尔・亨廷顿著，周端译：《失衡的承诺》，东方出版社，2005年，第22页。

12. 余秋雨：《何谓文化》，长江文艺出版社，2012年，第7页。

13. The Washington Post， February 12，2007。

14. Schlesinger， The Cycles of American History. p. 16。

15. 基辛格著，顾淑馨等译：《大外交》，海南出版社，1998年，第28页。

16. 基辛格著，顾淑馨等译：《大外交》，海南出版社，1998年，第46页。

17. 基辛格著，顾淑馨等译：《大外交》，海南出版社，1998年，第22页。

18. 基辛格著，顾淑馨等译：《大外交》，海南出版社，1998年，第29页。

19. 亨廷顿著，周琪等译：《文明的冲突与世界秩序的重建》，新华出版社，1998年，第15、88，347-372页。

20. 亨廷顿著，黄裕美译：《文明冲突与世界秩序的重建》，联经出版事业股份有限公司，台北， 2010年，封底页。

21. 余秋雨著：《何为文化》，长江文艺出版社，2012年，第40-49页。

22. 亨廷顿著，周琪等译：《文明的冲突与世界秩序的重建》，新华出版社，1998年，第6页。

23. 亨廷顿著，黄裕美译：《文明冲突与世界秩序的重建》，联经出版事业股份有限公司，台北，2010年，第4页。

24. 雷日科夫著，徐昌翰等译：《大国悲剧——苏联解体的前因后果》，新华出版社，2008年，第24页。

25. 尼克松著，范建民等译：《超越和平》，世界知识出版社，1995年，第30页。

26. 基辛格著，顾淑馨等译：《大外交》，海南出版社，1998年，第3页。

27. 威廉·夏伊乐著，李奈西等译：《第三帝国的兴亡》中卷，世界知识出版社，2005年，第411页。

28. Gregory F. Treverton， Seth G. Jones， Measuring National Power， Published 2005 by the RAND Corporation， Santa Monica， CA， USA. p. 10。

29. 《人民日报》，2009年1月19日。

30. Gregory F. Treverton， Seth G. Jones， Measuring National Power， Published 2005 by the RAND Corporation， Santa Monica， CA， USA. pp. 9-10.

31. Gregory F. Treverton， Seth G. Jones， Measuring National Power， Published 2005 by the RAND Corporation， Santa Monica， CA， USA. pp. 12-13.

32. http：//culture.china.com/info/news/11022808/20130617/17894426_1.html

33. 朱冠华：《美元末日》，如果出版有限公司，台北，2012年，第11页。

34. 莫妮卡·克罗利著，杨仁敬等译：《冬天里的尼克松》，江苏人民出版社，1999年，第490页。

35. 刘永涛："当代美国的对外文化战略"，倪世雄主编：《我与美国研究：复旦大学美国研究中心成立二十周年纪念文集》，复旦大学出版社，2005年，第252页。

36. Mark Leonard，"Diplomacy by Other Means"，Foreign Policy，No. 132 Sep. - Oct.，2002）.p. 48. 转引自：简涛洁："霸权文化与文化威胁"，《太平洋学报》，第19卷，第6期，2011年6月，第23-24页。

37. 雷日科夫著，徐昌翰等译：《大国悲剧——苏联解体的前因后果》，新华出版社，2008年，第1-3页。

38. 钟亚平："从'超越遏制战略'看全球化的本质"，《哲学研究》，1999年，第12期，第19 页。

39. 刘彦武："论世界经济转型背景下的文化竞争"，《四川行政学院学报》，2007年，第4 期，第98 页。转引自：简涛洁："霸权文化与文化威胁"，《太平洋学报》，第19卷，第6期，2011年6月，第24页。

40. 唐纳德·怀特著，徐朝友、胡雨谭译：《美国的兴盛与衰落》，江苏人民出版社，2002年，第326页。

41. 钟亚平："从'超越遏制战略'看全球化的本质"，《哲学研究》，1999 年，第12期，第18-19 页；转引自：简涛洁："霸权文化与文化威胁"，《太平洋学报》，第19卷，第6期，2011年6月，第25页。

42. 李江涛著：《当代文化发展新趋势研究》，中央编译出版社， 2009 年，第188 页。

43. 理查德·克罗卡特著，陈平译：《反美主义与全球秩序》，新华出版社，2004年，第51 页。

44. 巴里·布赞著，刘永涛译：《美国和诸大国：21 世纪的世界政治》，上海人民出版社，2007 年，第161 页。

45. 恩道尔著，吕德宏等译：《霸权背后：美国全方位主导战略》，知识产权出版社，2009年，第15页。

46. 参阅 Frand A. Ninkovich：The Dipplomacy of Ideas：U. S. Foreign Policy and Cultural Relations （New York：Cambridge University Press，1981）；Michael J. Mazarr："Culture and Internaitonal Relations：A Review Essay"，The Washington Quarterly，19：2（Spring 1996）；王晓德：《美国文化与外交》，北京：世界知识出版社， 2000 年。转引自：刘永涛："文化与外交：战后美国对外文化战略透视"，《复旦学报（社会科学版）》，2001年，第3期，第63页。

47. www.bits.de/NRANEU/others/strategy.htm （National Security Strategy of the United States，1987）

48. National Security Strategy of the United States，Publisher： White House，1600 Pennsylvania Ave。，NW，Washington，DC，Jan 01，1993. p. 4。

49. www.bits.de/NRANEU/others/strategy.htm （National Security Strategy of the United States， 1994. p. i）。

50. 法新社华盛顿1994年11月10日英文电。

51. 刘永涛："文化与外交：战后美国对外文化战略透视"，《复旦学报（社会科学版）》，2001年，第3期，第65页。

52. 布热津斯基著，中国国际问题研究所译：《大棋局》，上海人民出版社，1998年，第33-34页。

53. 基辛格著，顾淑馨等译：《大外交》，海南出版社，1998年，第3页。

第四章　美国科技竞争力

> 提供有竞争力的工资和科研条件，让美国成为对全世界的科学家和工程师们最具吸引力的生活与工作的地方。
>
> ——兰德公司《美国科技竞争力》[1]

说到美国的科技竞争力，最有发言权的自然还是美国自己。因此，下面我们先从一份来自全美最负盛名的智库——兰德公司的研究报告开始，对美国的科技竞争力做一个概要解读。

一、一份来自兰德公司的研究报告

当世界刚刚走进21世纪之时，中国等新兴国家经济发展极为迅速，而美国却一度陷入了伊拉克和阿富汗战争的泥潭。于是，此时的美国不但开始担心自己的经济，也开始为他们的科技领先地位是否正在下降感到焦虑了——他们感到，美国似乎正在失去在全球的科技领导地位！

美国人为什么有这样的感觉呢？这主要是因为他们当时看到了以下情景：科技的全球化趋势、在中国和印度等发展中国家陆续建立起许多科技研发中心、美国在科技领域尤其是基础科学研究方面投资不足、高等教育中的理工科教育中存在诸多问题、国内科技工作者和工程师短缺、对国外科技人员的依赖，以及科技和工程方面的工作在美国缺少吸引力等。

美国人知道，如果他们真的失去了在科技方面的领先地位，这将会给美国经济、生活水平和国家安全带来根本性伤害。

在这种情形下，美国国防部在2006年请兰德公司（RAND Corporation）安排了一次有众多来自各方面高端人士参加的研讨会，其中包括政策制定者、军事专家、教授，以及企业界领袖等，美国官方希望听到这些人针对美国科技竞争力是否正在下降这一命题的看法。

兰德公司于1946年3月1日，在美国加州成立，现在其总部仍在加州，分支机构主要分布在美国，在国外也有数家机构。这个素有“美国政府第一智囊”的机构，既著名又神秘，之所以这样说，是因为尽管在当今世界知道这家公司的人非常之多，但对它的来历和具体情况真正了解的人却很少。这家公司的名字“RAND”来源于英文“Research and Development”，即“研究和发展”，不过，在它60多年的历史中，它却只做研究而基本没有其他业务发展。这家公司，更确切地说是这家研究机构的创建，主要是当年出于下列一些人的积极推动：美国陆军航空队司令阿诺德、麻省理工学院的鲍尔斯教授、李梅将军、当时美国最大的飞机制造商道格拉斯飞行器公司总裁道格拉斯、总工程师雷蒙德和助理科尔博姆等人。他们当时认为，二战虽然结束，但美国仍然需要有专门的机构对前沿军事技术与战略进行研究，使其成为军方和军火商的纽带。最初兰德的员工只有4人，最初的研究方向是洲际导弹和空间项目。它在资金上首先得到了陆军航空队和道格拉斯公司的支持，但它在业务上主要听从军方的领导。为满足大量的研究课题，不久之后兰德开始大量聘请顶级科学家或参与其项目研究，或担任顾问，其中包括数学家约翰·冯·诺伊曼、来自加州大学伯克利分校的诺贝尔物理学奖得主阿尔瓦雷斯、普林斯顿大学数学家威尔克斯等。他们在这里参与了世界上第一颗氢弹的研制。若干年后，该机构不但资金来源发生了改变，即变为主要由美国政府和私人企业赞助，它的研究范围也扩大了许多。现在兰德约有1700名雇员，其中包括32名诺贝尔奖得主，他们的主要研究领域是经济学和物理学。

美国作家阿贝拉这样评价道："在20世纪50年代，兰德协助艾森豪威尔政府做好应对美苏热核战争恐惧的准备。在20世纪60年代，兰德学者填满了美国关于干涉东南亚及应战贫困等事务的高级政府职位。在20世纪80年代，里根推广小政府及外交干涉主义政策，这些都可以直接追溯到兰德的思想家身上。波斯湾战争、伊拉克自由行动、在所谓的军事变革理论中的五角大楼重组等，这些都是兰德学者们策划已久的研究项目的巅峰。"[2]

兰德公司自诩其使命是：将质量和客观作为核心价值标准，通过研究和分析来帮助改善政策和作出决策。不过，兰德公司的作用并不仅限于为国家安全方面提供研究和咨询，它的研究和影响范围远远超出了这个范围。譬如，正是兰德的一名工程师发明了信息封包交互技术，为日后发展起来的互联网奠定了基础。另外，在为美国政府提供用西方意识形态对抗共产主义的理论和方法的基础上，也是兰德公司提出了一种更广义的理性选择理论，即一种以对个人利益的崇拜为基础的理论，它对西方世界产生了深刻的影响。[3]

兰德所提供的专题研究报告通常都很严谨，均要通过严格的分级审核，以确保其高质量和客观性。兰德的另外一个特点是，它的研究结果无须考虑到是否与它的客户或赞助人的观点一致。

由兰德公司安排的这次讨论会于2006年11月8日在华盛顿召开。会上专家们提出了一系列报告，后来汇编成一本名为"关于美国科技竞争力的观点"的文集，并在2007年公开发表。[4]此后，在参考了与会人士的观点之后，兰德公司的国防研究所对这个专题进行了更深入的研究，然后将研究结果写成了一份系统报告《美国科技竞争力》，并在2008年发表。[5]

该报告的结论是：在科学和技术领域美国仍然是当今世界的领导者。

该研究指出：美国在科技的许多方面的发展能力超过了日本、欧洲。虽然包括中国、印度和韩国在内的许多发展中国家在科技方面进展迅速，但它们的起点较低，因此，发展中国家的发明和创造在全世界所占的比例并不大。也就是说，当今世界科技发明和创造领域仍然被美国、欧洲和日本所主导。

该报告给出了下列数据：美国在科技方面的投资占到了世界所有国家投资总和的40%；在新技术发明专利技术方面，美国在经济合作与发展组织（OECD）的工业化国家里所占比例为38%；并在这个组织中雇用了37%的研究人员；美国的出版物、被引用的文献和被高频率引用的文献分别占到其世界总量的35%、49%和63%；美国雇用了70%的诺贝尔奖金获得者和66%的其科技成果被频繁引用的科学家；世界排名前40位的大学有75%在美国；世界排名前100位的大学有58%在美国。

该报告显示，其他国家和地区在科技领域的投入并没有超过美国。尽管中国和韩国的科技投入增长很快，但这只是基于它们过去对科技较小投入基础上的快速增长；欧洲15国和日本的科技投入增长均落后于美国。

在科技人员的使用方面，其他国家和地区也没有超过美国。欧洲15国的科研人员增长同美国相当；日本在这方面落后于美国；从1995年到2002年，中国的科研人员的增量与美国相当，但超过了日本。

欧洲15国和中国的理工科大学生毕业人数都超过了美国；中国、印度和韩国在科技引进的投入在当今世界已日益显著；其产出也快速增长；但在专利、科技出版物和被引用文献等方面的占比还很小；在科技人员人数和发明专利增长方面，美国与世界平均水平持平或略胜一筹；但欧洲15国和日本在发明专利方面都落后于平均水平。

该报告认为，只要美国继续保持获取和利用国外科技发明成果的能力，即便世界其他地方在科技发明方面成绩显著也同样会造福美国。技术是提高生产力的关键因素，因此新技术的使用（无论该技术是否来自美国）将带来更高的效率、经济的更快增长和更高的生活水平。对于国际化给美国发明成果带来的影响还不清楚。不过，如果美国打算在科研发展领域继续保持优势地位，美国就应该利用世界其他地方的重要发明和科研成果，来激发美国的科技研究和发展。那些人口众多、低收入的国家，在一些方面的确有可能对美国在科研领域的优势带来威胁，因为这些国家可能已具备了使用新技术的能力和研究机构，而且也有受到良好教育的低工资的科技人员。

从1994年到2004年，美国联邦政府用于研究发展的投入其年增长率为2.5%，明显低于它的长期（从1953年到2004年）年增长率3.5%（已考虑通胀因素）。2004年，在美国科研总投入的2880亿美元中，联邦科研投入为860亿，占比不到30%。不过，企业界对科研投入却是主角，而且有很快增长，从1953年到2004年，平均年增长率达到5.4%；这个数据与世界平均水平基本持平。

美国初等教育的平均投入与其他工业国家持平。

美国的科技工作者和工程师收入明显高于世界平均值，他们的失业率与其他非理工专业的同等学力人员类似。根据当时的人口普查数据，美国的科技工作者并不短缺。尽管工资较高，但出生于美国本土的理工科毕业生人数增长缓慢；其中大部分的增长来自国外在美国的留学生，以及在国外大学毕业后与美国人结婚后来到美国的人。在美国的科学和工程领域的全部就业人群中，非美国公民从1994年的6%增长到2006年的12%。有人认为，本土出生的美国人之所以不大愿意选择理工科，是因为其待遇和回馈没有足够的吸引力。

报告认为，美国一直不间断地从外国涌入美国的理工科留学生中得到好处。这些毕业生满足了美国对理工科毕业生快速增长的需求，同时还抑制了在这个领域里工资的增长，也降低了美国的科研成本。这些学生在来美国前或已高中毕业，或已大学本科毕业，这样，美国在他们身上就省去了大量的教育成本。

报告还认为，科技是美国经济增长的发动机，人才是产生这一增长的主要投入。引进高素质的科学家和工程师，就要让美国能从全球，而不仅局限于在美国国内，吸纳最好、最具前途的人才。数字显示，服务于美国的那些来自外国的科技人员，无论是业务水平还是工资待遇与美国公民并无二致。

不过，美国公民取得学位的比例有降低的趋势，特别是取得像硕士和博士这样较高学位的比例的下降趋势更为明显。这说明理工科对美国公民的吸引力正在变弱，或者说明在大学里在这方面美国公民遇到了较大的竞争。与国家安全有关的一些工作只对美国本土学生开放，但此类工作占比很低。

尽管也有部分来自国外的科技人员最后选择回国，但科技人员中的大部分还是选择留在美国，这使得美国一直是一个高素质人才的净接收国。如今，那些在美国取得理工科博士学位的外国人约有70%选择继续留在美国。

该报告指出，由于中国和印度国内经济发展迅速，来自这两个国家的科技人员回国的比例有可能会增加。另外，一些美国公司已开始设立海外研究机构，将其部分研究工作转移到国外，这样就可以利用国外人力成本较低的优势为公司服务。这已成为一些公司的发展战略。

报告指出，以往的研究结果表明，为避免一些（不是全部）敏感的防务科技外泄而采用限制措施的想法往往适得其反，它不但可能会对美国的长久利益带来损害，即便是对短期利益也并无好处。

该报告认为，美国的科技企业表现得很出色。美国仍然在科技方面引领世界潮流——美国一直在紧跟，并在某些领域超过了世界科技发展的步伐。虽然像印度等发展中国家在科技领域表现出高速的成长，但它们的发明和科技产出在世界上的占比还很小。

该报告认为，科技的全球化和其他国家在科技上的进步更可能给美国经济带来的是好处而不是坏处。

该报告指出，美国中小学在科学和数学教学中存在不足，这使得美国学生减少了对科技的兴趣；目前美国的科研对来自海外学生的依赖度不断提高，对此情形会产生怎样的后果还缺乏研究。

报告说，美国目前仍能引领世界科技潮流，能做到这一点并不容易。对新的发明和创造的激励机制、新一代科技人才的教育和培训、对学术和企业型研究中心的完善、对知识产权的保护、基础科学新发现的产生和传播等，所有这一切都有助于美国在科技领域的领先。这样的机制需要保持，并在全球经济中得到应用。

该报告提出以下建议：

* 建立一个持久的、有资金支持的、得到授权的实体，负责对美国在科技领域的表现和科技人员的状况实施定期监察、评估和分析；应采取必要的方式，确保美国在基础科技和应用科学方面的领导地位，并保证为科技人员提供有足够竞争力的工资和工作条件，让他们感觉到美国仍然是世界上最具吸引力的国家。

* 为那些毕业于美国大学理工科专业的外国留学生提供临时或不定期留美的方便。譬如，给他们提供为期一年的签证延长期，以便他们毕业后寻找工作。研究表明，在留学生临近取得博士学位时，美国的就业或移民的条件将是影响到他们决定是否长期留在美国的决定因素。

* 为高水平的人员，特别是科技人员，提供移民美国的方便。这将有助于美国在新科技发展方面受益，确保美国在科技和新发明方面的持续竞争力。用移民的方式可使美国从全球吸引最好的人才，同时也能降低培养人才的成本。

* 增加吸收来自其他国家科技中心成果的能力，这些国家包括欧洲国家、日本、中国、印度及其他国家。这样可从其他国家的科技发展方面受益。可以采取的方式有：合作投资、合作开发等，也可以鼓励美国研究人员参与国外项目研究。

* 改善美国的12年初等教育，特别是对理科和工科课程教学的改进。因为人力资本是经济增长和生活水平提高的主要推动力，因此应重视对儿童早期教育的研究。

该报告还建议对影响录用和保留外国科技精英的主要因素、美国科技领先地位和相对少数天才人物之间的关系，以及聘用外国科技人员的增加在对美国经济作出贡献的同时是否也会让美国变得脆弱等问题进行研究。[6]

也许有人会怀疑——兰德公司的报告是否会对美国的竞争力有所夸大呢?

应该说，并不存在故意夸大的理由。首先，这一报告和后面将要看到的此类研究和报告都是在美国已感觉到其科技竞争力正面临挑战的时候作出的，其目的是找问题而不是要自我吹嘘成绩；第二，兰德公司做此类研究从不接受委托人对其结果的任何事先要求，也就是说，它的研究具有独立性，并不受政府等方面的干涉和干扰。

二、 由《站在风暴之上》引发的关注

上面说到，兰德公司的相关研究是根据美国国防部的要求进行的。其实，对美国科技竞争力的担忧并非首先出自国防部。

2005年2月，在美国国家科学院和工程院一年一度的联合年会上，与会者们讨论了在全球科技领域美国所面临的压力和挑战。他们大多数人表示出了这样的担心：如果美国的科技竞争力下降，将不可避免地导致其社会和经济状况下滑，还会使人们追求更高品质工作机会的愿望受到打击。

由于很多人认为这是一个迫在眉睫的问题，很快，美国国家科学院的科学、工程和公共政策委员会便在5月11日召开了一个计划会议，讨论美国科技竞争力问题。联邦参议员拉马尔·亚历山大是这次会议的发言人之一，此人曾担任过美国的教育部长和田纳西大学校长。他在会上说，他已代表参议院能源和国家资源委员会能源分会，授权多梅尼西参议员对此问题安排听证会，进而对联邦政府今后应采取怎样的战略来确保美国科技领先提出建议。然后，他请美国国家科学院提供协助，挑选科技专家组成一个委员会，对美国目前的科技状况作出评估，并对其中美国所面临的最急迫的问题和如何确保美国科技在21世纪处于全球领导地位提出建议。

第二天，即5月12日，国会众议院与科技相关的三位议员也提出，应该在10月份举行一次以科技、创新和制造为主题的研讨会。

5月27日，美国国家科学院收到了有亚历山大和宾加曼代表参议院签名的信，要求该学院针对美国竞争力做一个正式的研究，并建议在国会上提出相关议案。随后，该学院又收到了贝勒特和戈登代表众议院的一封信，他们表达了与参议院同样的要求。就这样，根据国会参众两院的建议，美国国家科学院用自有资金启动这一研究课题。

美国国会为什么要请这家研究院做这件事呢?

这是因为国家科学院早在1863年成立时就被国会授权，为美国政府提供在科学技术事务方面的研究和建议。

为了完成国会提出的课题，该院专门组织了一个研究委员会，即“繁荣21世纪全球经济委员会”（以下称“研究委员会”），由20人组成，其中包括一些来自美国主要大学的校长、《财富》100强公司的首席执行官、诺贝尔奖得主及以往的总统候选人等。

研究委员会的初步报告提出后，国家研究理事会对其进行了审读，并安排了37位顶尖学者进行审阅。因为该研究认为，在若干领域美国应该优先发展，对此，国家科学院又请了66位有关领域的专家，利用一个周末到华盛顿参加咨询会。委员会将专家们分成五个小组，就下列五方面题目进行讨论：小学到中学的12年教育、高等教育、研究、创新和劳动力问题，以及国家和国土安全。委员会要求他们每个小组提出三个他们认为国家应采取的行动建议，这些建议应有助于国家在21世纪变得更有竞争力、更富强、更安全。该委员会综合了这些建议和自己的研究成果后提出一个综合性建议。

在上述研究和讨论中，最为关注的有两个问题，一个是创造高品质的就业机会；另一个是满足国家对清洁、有能力承受的和可靠的能源。

经过几个月紧张的工作，研究委员会终于完成了这个课题的研究，做好了参加听证会的准备。

10月20日，在国会众议院会议厅，就美国科技竞争力问题举行了听证会。69岁的众议院科技委员会主席包勒特（Sherwood Boehlert）在开场白中提醒道：“盲目自大将会毁了我们。在这个充满竞争的世界里，如果美国还热衷于坐在枯萎的花环上不思进取，我们将会看到我们以往的荣光、我们的安全、我们的生活水平都会渐渐衰退。这绝非危言耸听。”[7]

在这次听证会上，研究委员会向国会作了题为“站在风暴之上：为美国增加动力争取光明的经济前景”（以下简称为“站在风暴之上”）的报告。该报告分三部分，报告人也有三位：第一位是已退休的洛克希德·马丁公司（Lockheed Martin Corporation）前董事长兼首席执行官奥古斯丁（Norman R. Augustine），他是该研究会主席；第二位是已退休的前默克公司（Merck & Co.， Inc.）首席执行官瓦格洛斯（P. Roy Vagelos）；第三位是美国国家工程院院长沃夫（William A. Wulf）。他们都是美国科技领域的重量级人物，也是研究项目的主要参与者。

奥古斯丁说：“我们这个委员会一致认为，在今后的竞争力和生活水平方面，美国现在面临的挑战正日益严峻。可是，美国政府目前对发展方向并不清晰。”为什么会出现这种情况呢？他解释道：“在20世纪，航空业的发展为世界提供了长距离运送人和货物快速和高效的方式”，“在新世纪开始的今天，我们现在已具备这样的条件，即通信、信息的储存和加工几乎是免费的，也就是说，我们现在不但可以高效地运送实体物件，而且还可以几乎不花成本地大量传递信息。”它所带来的结果是，“不久后，只有那些需要各方有实际接触类的工作才不会面临来自世界其他地域人们的竞争”，而通常那些来自国外的竞争与我们之间只有手指“点击鼠标”的距离。那么，“在面对这种来势凶猛，超出许多人想象的残酷的全球化竞争环境时，美国表现得如何呢？现在看起来只能用‘不是很好’来回答——除非我们采取一些办法，即采取一些不同于我们以往一贯做法的措施。”他列出了一系列具体事实来说明美国面临的挑战：

“在美国雇用1名工程师的费用，在印度同样的工程师可以雇用11个。”

“在2004年，美国关闭了70家化工厂；另外40家也在计划关闭之列。在120个新建的、投资超过10亿美元的化工厂中，只有1家在美国，而50家在中国。”

“1997年，中国只有不到50个跨国公司的研究中心，但到2004年此类中心已超过了600个。”

“两年以后，在美国之外将出现世界上最高性能的高能粒子加速器。”

“我们国家的后代，将成为我们数代人以来，第一次面临着生活水平可能变得比他们的父母和祖父母有所降低的一代人。”

……

为了应对这些挑战，上述报告提出了4个方面的建议和与其对应的20项具体措施。其中的4个建议是：

第一，提高在小学和中学的12年教育中科学和数学课的质量；

第二，加强科学研究，保持和加强那些有可能转化为经济、国家安全和人民生活中实用技术的研究；

第三，注重高等教育中优秀人才的培养，让美国的学习和研究条件成为世界上最具吸引力的条件，以此来保证美国能够吸引、录用，并保留住最好的学生、科学家和工程师；

第四，制定创新激励机制，如改进专利申报系统、修改税法等，确保美国成为发明和创新的乐园。[8]

这份《站在风暴之上》的报告很快被送到小布什总统手里。在这段时间里，许多议员也纷纷向布什提出建议说：在您剩余的任期里，应该将提升科技竞争力作为重点。

不久后，12月6日，在华盛顿召开了一个由来自政府、企业和学界的63名资深人士参加的有关科技竞争力问题的国家级峰会。该会议对《站在风暴之上》中所述观点均表示了支持。

当布什对上述情况有所了解后，他感到责任重大；而且此时他也看到了参众两院对这一问题所表现出普遍的关心，于是他决定要有所作为。很快，他让人拟订了一个振兴美国科技、提高美国竞争力的计划。

2006年1月31日，布什在国情咨文演讲中宣布，美国已制定了一个雄心勃勃的《美国竞争力计划》(American Competitiveness Initiative)。他说：“我们在世界上一直保持的最大优势，就在于我们有受到良好教育的、勤奋工作的、有抱负的人民。我们一定要保持这种优势。”当他讲到计划中改善中小学教育问题时，他说：“在我们的全部的经济发展中，要鼓励创新，为我们国家的孩子们打下一个坚实的数学和科学的基础。”其实，布什的讲话和这个竞争力计划的许多理念与《站在风暴之上》中的许多内容是类似的。

布什所说的竞争力计划在两天后被公开发表，其中提出了一些具体的措施。根据该计划，联邦政府在科技方面的投资将增长50%，达到1370亿美元——这一增长幅度是自美国1960年阿波罗登月计划之后最大幅度的提升。同样，布什建议的今后5年中为小学教育提供基金的增长幅度也创下历史新高。该计划设定了5个具体目标：一是为学校提供300个资助项目，用于改进以研究为基础的数学教学；二是增加10000个科学家、学生、博士后和技师，为他们在创新型企业发挥作用提供机会；三是到2015年增加10万个高素质的数学和科学教师；四是为低收入学生提供70万个高级岗位考试；五是使80万工人获得他们在工作中应有的技能。[9]

当然，美国总统的建议和计划最后是否能够落实，还要看相关法案和预算是否最终能在国会通过。

在《站在风暴之上》这一报告提出后不到一年的时间里，国会收到了20多份相关议案。[10]

不过，并非所有美国人都认为他们在科技领域的情况如此严峻。一些学者和专家通过研究提出了与《站在风暴之上》有所不同的看法：美国在科技和创新方面仍然在世界上起主导作用，没有任何一个国家能与美国相比；当然，如果将欧洲作为一个整体的话，则欧洲可算是一个对手；美国在研发上的投入占到了全球的40%，世界上三分之一的新技术发明专利、37%的研究人员、70%的诺贝尔奖得主出自美国……[11]

为了对美国的科技竞争力有更真实的了解，并提出相应发展战略，美国国防部委托兰德公司进行相关研究。2006年11月，在兰德公司主持下召开了一个研讨会，在这次会上与会者提出了若干报告，其中也包括上述《站在风暴之上》。后来，兰德公司将这些报告编辑整理成了一本文集《关于美国科技竞争力的观点》。随后（2008年）兰德公司又发表了自己的一份独立报告《美国科技竞争力》。对兰德公司的这份报告前面已有介绍。

应该说，时至2007年，美国政府对美国当时在科技方面所面临的挑战不但已有了切实的了解，也确定了应对的办法。8月9日，布什总统签署了旨在提高美国科技竞争力的“康派”法案（Competes Act）使之成为法律。此后，美国在研发、教育方面的投入开始加大。

不过，由于一年以后爆发的金融危机，在随后的一段之间里，美国政府对大多数“康派”法案规定的内容并没有很好地落实。

当金融危机趋于缓和后，已接过总统权杖的奥巴马再次注意到美国在科技竞争力方面所面临的挑战。

其实，早在奥巴马上台之前，他就向公众宣布了自己的互联网计划：保护互联网的开放性；促进媒介传播途径的多元化；通过技术改革政府职能，促进信息交流，同时使施政更加民主化。奥巴马上台伊始，这位被人们称为“互联网总统”的奥巴马，很快将部署下一代宽带的计划列入议程，他提倡不分富人和穷人，也不分城市和农村，都要普及网络，认为宽带是每个美国人必备的设施。

从奥巴马主政开始，美国政府对科技的重视程度超过了以往。在奥巴马的内阁中，科学家和专业人士也越来越多，其中包括5名诺贝尔奖获得者，这在美国历史上是前所未有的。另外，公务繁忙的奥巴马几乎出席了每一次科技方面国家奖励的授奖仪式。奥巴马常说，他宁愿减少一些会见运动员的时间，而增加多一些会见科学家的时间。

2010年11月17日，奥巴马在美国国家科技奖颁奖仪式的演讲中说：“在全球经济中，我们取得繁荣的关键绝不是要靠减少工人工资、降低生产成本或靠生产低质量的产品，这些不是我们的优势。我们成功的关键从来都是这样——依靠新产品、依靠创造新产业、依靠我们在世界的科学发现和技术创新进程中所保持的领先水平。这些对我们的今后是必不可少的。”[12]

2010年12月，美国国会通过了新版本的“康派”法案，该法更强调，要将增加的投资重点放在科学、技术、工程、数学的基础研究和教育，认为它们应是国家发展的优先所在。

2011年初，出于庞大财政赤字的压力，奥巴马政府不得不缩减已在执行中的该年度预算。尽管如此，在科技方面的预算仍然达到了1479亿美元，比上一年有所增加。在这里特别值得注意的是：奥巴马不惜减少在设备购买和国防研发等方面的投入，而使预算在基础科学、应用科学方面的投入比之上一年有两位数的增加。[13]

奥巴马在2011年1月25日发表的年度国情咨文演讲中，清楚地表达了美国政府对科技与创新的重视。他说："是的，现在的规则已经改变。在一代人的时间里，技术上的革命已经改变了我们的生活、工作和商业。一个过去曾经需要1000个工人的钢铁厂现在只需要100人。今天，只要有互联网，那么，几乎任何公司都可以在任何地方设立车间、雇用工人，并销售他们的产品。同时，一些像中国和印度这样的国家已经认识到，通过自己的一些改变，他们就能参与这个新世界的竞争。他们因此对自己的孩子们实施更早、更长期的教育，且将重点放在数学和科学上；他们不断在研究和新技术领域投资。最近，在中国已经出现世界最大的个人太阳能研究机构，中国还生产出世界上最快的计算机……当然，这些不应该让我们丧失勇气和信心……美国仍然是世界上最大的、最具活力的经济体，没有任何劳动者的生产力能超过我们，没有任何国家拥有像我们那么多的成功企业，或授予那么多的个人和企业发明专利。我们还拥有世界上最好的学院和大学，它们在世界上吸引的留学生超过了任何其他地方……我们不能止步不前……现在是我们行动的时候了……我们需要强化创新，强化教育，强化对外部世界的建设。我们必须让美国成为世界上最好的经商之地。我们有责任控制我们的赤字，改造我们的政府。"接下来，他讲到了美国要"决胜未来"的4个要点：

"首先是要激励美国创新。没有人肯定地知道下一个大型产业是什么或新的职业会在哪里产生。30年前我们并不知道一个被称为互联网的东西会引起一场经济革命。我们所能做的就是——对此美国做得比任何人都好——激发我们人民的创造力和想象力。”在这里他重点谈到，美国将大力扶持新能源开发和使用清洁能源。他说，对切实可行的项目，国家将给予像过去在60年代“阿波罗”项目所得到的那样巨大的资金支持。

奥巴马讲的第二个要点是改进美国的教育。他说，“教育的责任并非起始于学校，而是起始于我们的家中和社区”。当然，“学校要承担应负的责任”，“除了家长，对孩子成功与否的最大影响来自教室里站在学生面前的老师”，“我们要对好教师给予奖励，而不给那些不称职的教师提供借口。随着现在学校里大批人员的退休，我们将在今后10年内，在科学、技术、工程和数学科目新增10万个教师岗位”。

奥巴马讲的第三个要点是“重塑美国”。他说：“为了吸引新的产业来为我们服务，我们需要用最快、最可靠的方式来促进人口、货物和信息的流动——从高速铁路到高速互联网”，“在25年内，我们的目标是让高速铁路网覆盖到80%的美国人”，“在今后五年里，我们将使下一代互联网覆盖98%的美国人”。

奥巴马讲的最后一个要点是，“决不能让债务的大山压垮我们”。他说，美国政府的瘦身计划包括，国内的年度开支额5年内冻结不变；在两年内停止联邦政府工作人员工资增长；缩减国防支出数百亿美元等。

与此形成鲜明对照的是，奥巴马坚决拒绝在创新和教育上的削减开支，他坚定地说：“为了减少赤字而削减我们在创新和教育上的投资就如同在超负荷的飞机上拆卸下发动机——这起初让你觉得它会飞得更高，但不久就会发现此举带来的恶果。”

可见，在奥巴马的上述国情咨文中，他主要讲的就是如何依靠创新、科技和教育来重塑美国，使美国能够“决胜未来”。也就是说，不管财政上有多么困难，美国都不会停止在科技和创新领域增加投资。

奥巴马说：“在美国，创新不仅改变了我们的生活，而且创造了我们的生活。”[14]

上述讲话发表9天后，奥巴马签发了更新版的《美国创新战略》，其副标题是“确保我们经济的增长和繁荣”。[15]

《美国创新战略》是由美国国家经济委员会、经济顾问委员会和科学技术政策办公室联合制定的。该战略主要分为3个方面：

第一个方面是，美国要对创新基础元件投资，即对劳动力素质、科学研究和基础设施投资。其中包括对美国从中小学到大学教育体系的改进，加强学生在科学、技术、工程和数学方面的基础，并注重创新意识的培养；强化美国在基础研究方面的领先地位，对国家科学基金（NSF）、能源部科学办公室（DEOS）和国家标准和技术研究院（NIST）3个基础研究单位的投资增加一倍，使美国在科研方面的投资提高到占GDP的3%；建立能引领21世纪的基础设施，其中包括公路、高速铁路、桥梁、新一代航空控制等；发展先进的信息技术（IT）生态系统，为21世纪的创新事业服务。

第二个方面是，推进以市场为导向的创新。包括实行简化的和永久的研究与实验税收扣除政策，加速产业创新；支持创新企业，包括提高专利批准效率等措施；促进创新中心，鼓励发展富有企业精神的生态系统。

第三个方面是，努力在国家重点项目上取得突破。加快清洁能源开发；加快生物科技、纳米技术，以及先进的制造技术；在空间技术的发展和应用方面也要有新的突破，因为它不但对自然灾害预报和国家安全十分重要，对全球通信、航运、商业也具有重要意义；致力于医疗健康技术方面的发展；努力促进教育技术手段的进步，比如利用教育软件来提供终生教育和培训等。

综上所述，自2005年，美国精英阶层便开始感觉到美国在科技方面的领先地位已受到日益严峻的挑战，于是他们便着手对自己的竞争力进行评估，同时提出改进建议。在其后6年的时间里，他们在这一问题上进行了大量的研究，提出了许多报告、文件和法案等。其中有4个文件具有重要意义，它们是：2006年国家科学院的报告《站在风暴之上》、2007年根据布什总统指令制定的《美国竞争力计划》、2008年兰德公司的《美国竞争力报告》和2011年2月奥巴马签发的《美国创新战略》。

这4个文件中许多内容有共同之处，当然也有各自的特点：《站在风暴之上》主要强调了美国面临挑战的严峻性；《美国竞争力计划》是布什政府主要根据上述报告制订的具体方案，希望在预算方面得到国会的支持，但后来由于受到金融危机的影响基本上未能实施；兰德公司的《美国科技竞争力》除了分析了美国所面对的挑战之外，也通过数据对美国科技在世界上仍处于领先地位这一点做了肯定，同时对加强和保持这一地位提出了建议；2011年奥巴马政府提出《美国创新战略》在总结过去几年的研究和讨论的基础上，提出了美国要以增强创新能力为基本点的科技振兴总体战略。

应该说，兰德公司的《美国科技竞争力》这一报告更为全面、客观地反映了美国科技状况的现实。尽管后来美国又经历了经济危机，并给其经济带来了巨大负面影响，但应该认识到的一点是，迄今美国的科技竞争力仍处于世界首位，美国的科技实力不可低估。

特别值得注意的是，美国人不但能够提前认识到自己面临的挑战，而且随后提出的科技提升计划已经开始得到落实。譬如，正像兰德公司所建议的那样，为了在全世界范围内吸引科技人才，现在美国的大学已大幅度增加了录取国外留学生的人数，同时美国也放宽了在美国取得本科以上学历的国外留学生的留美签证。显然，美国比以往更加重视对科技人才的争夺。同时我们还应认识到，对人才的吸引力不但是一种竞争力，而且是一种更重要的竞争力。因此，如欲概括美国的科技战略要点，则只需用四个字，即："人才"和"创新"。

重视人才和创新是美国长期以来的一种理念、一种文化，它是美国竞争力的核心所在。

三、创新——美国科技竞争力的核心

1. 创新理念与传统

罗马不是一日建成的，美国也不是一个天生的强国和富国。18世纪中后期，当欧洲已经开始第一次工业革命的时候，美国不过是一个在大西洋岸边刚刚独立的穷困小国，科技水平与欧洲国家相比差距巨大。然而，100年后，即当欧洲开始第二次工业革命的时候，美国的科技与这个国家本身终于开始引起世人的关注；爱迪生、贝尔等人的发明成果也在这时走向世界。从20世纪初至今，美国更是一路引领了世界科技发展的潮流，诸如汽车、飞机、雷达、抗生素、现代火箭、核能、电视、电子计算机、基因工程、因特网等一系列重大科技发明成果，绝大部分源自美国或在美国得到推广。

为什么美国能在这个世界上后来居上，在过去长达一个世纪的时间里成为世界科技发展的领头羊呢?

人们，包括奥巴马总统，所给出的简要答案只有两个字——“创新”。事实上这两个字也正是美国科技竞争力的核心。的确，只有创新，科技才可能更快地发展。

2004年，历史学家哈罗德·埃文斯（Harold Evans）的《他们建造了美国》一书出版后得到了大众的好评。埃文斯先生在书中对创新做了这样的诠释：“创新……现已成为美国与众不同的显著特征。创新并不意味着简单的发明，它意味着将发明付诸实施。赫伯特·博耶（Herbert Boyer ）并不满足于将基因合成局限在大学的实验室内，他宁愿冒着学术界的非议，投身到大规模生产人造激素的产业中；赛勒斯·麦克康米克（Cyrus McCormick）并不是农场主里唯一发明收割机的人，但却是他首先提出了实用的融资机制，让成千上万农产品生产者可以有能力享用这一发明的成果；那位几乎被人们遗忘了的无线电天才埃德温·阿姆斯特朗（Edwin Armstrong）当时选择走进市场，而不是任凭自己的FM（调频）收音机被美国无线电公司（RCA）束之高阁，将其收入来源继续依赖生产传统的AM（调幅）收音机……”[16]

埃文斯先生接下来指出：美国能从大西洋西岸的一个穷困小国迅速崛起，其原因并不在于它的自然资源和众多的人口，俄罗斯、中国、巴西等国在同时期也具备类似的条件，但其发展的速度却远不如美国；因此他认为，美国崛起的主要奥秘在于它长于各种实用性的创新。

不过，“创新”这两个字说起来简单，做起来并不容易。那么，美国人为什么能在这方面做得比别人更好些呢？

有人说，这是因为美国人没有包袱——他们既没有经济上的负担，也没有宗教和思想方面的束缚，同时又有知识产权等制度方面的保证，这些因素成就了美国科技创新事业的快速发展。应该说，这种看法还是有道理的。不过，人们还应该从更深的层次上理解美国人为何能有更多的创新思维并建立行之有效的各种制度和机制。

实际上，对美国人来说，创新既出于他们的生活需求，也出于他们的文化传统。一方面，早期来到北美大陆的人们之所以离开英伦来到这里，最基本的原因是追求自由，因为在当时的英国以及大多数欧洲国家，基本上是政教一体，占统治地位的宗教对其他教派有明显的压制甚至是迫害，美国的先驱们希望这种情况在这块新大陆上能有所改变，因此在观念上他们有创新的要求。另一方面，直至美利坚脱离英国走向独立，甚至在此之后很长的一个时期里，在这个“新世界”里，人们的生活都是非常艰苦的，其物质供应也相当匮乏，从英国等欧洲国家进口的工业品远不能满足这里人们的基本需求，因此，自己制造和创造便成了这里人们的一种需要。从早期移民制造与印第安人作战的简单武器，到约翰·罗尔夫（John Rolfe）推广烟草种植技术并将其作为弗吉尼亚的主要出口产品，再到富兰克林的炉子、莫尔斯的电报、爱迪生的电灯等，人们看到，对美利坚民族来说，创新既是他们生活的一种需要，也早已成为一种融化在他们自由理念中的文化。在美国人看来，自由需要自立，自立则需要创新。

2. 契约精神与制度

创新作为一种文化，它自然也会体现在政治、经济等各个方面。比如，美国的独立宣言、宪法就体现了美国先贤们在政治制度方面的创新。其实这也很自然——科技的创新，或任何其他创新，既需要有开放的思想，还需要有制度的保障；当然经济方面的支持在很多时候也是必不可少的，这一点在现代社会尤为重要，比如当代美国的风险投资基金等，就是为此类需求设立的。

为适应科技发展的需要，自宪法之后，美国制定了许多有关知识产权制度、企业及融资制度、税务制度等，并不断使其完善。不过，这一切都有一个基础，这就是人们常说的“契约精神”，它实际上也是一种文化传统。

法国思想家卢梭在1762年写了一本对后世颇有影响的书《社会契约论》(The Social Contract)，他认为法治社会保护个人自由权利的最好方式就是民主，也就是说他主张一种民主和法治兼备的契约社会，实际上这体现了一种契约文化，一种“社会契约传统”。在西方的契约文化里，虽然有许多流派，但总的来说，契约文化或契约精神，追求的是一种崇尚契约的社会，它既包括法治的理念，更体现了人群之间基于道德等观念而在权利等社会诸多事情上所形成的相互承诺，其重点在于，它主张的是一种公众共同认可的理念和契约，而不是单方面的规定或训令。这就是契约精神的精髓。

在中央电视台曾经播出的《大国崛起》的第二集中，荷兰北方航海博物馆馆长维歇尔·克尔克迈尔讲述了这样一个故事：16世纪末，荷兰的一位名叫巴伦支的船长和船员在航海途中被困在处于北极圈内的三文雅地区长达8个月。他们拆掉了船上的甲板做燃料，以便在零下40摄氏度的严寒中保持体温；他们靠打猎来勉强维持生存。8个人在严寒和困苦中死去。但在这8个月的时间里，他们并没有动用别人委托他们运送的货物，其中甚至还包括一些可以救助他们的一些衣物和药品！8个月后，剩存的船员们终于将货物完好无损地带回荷兰，送到委托人手上……在这些欧洲人身上无疑可以看到契约精神的闪光。

在纽约曼哈顿哈得孙河岸边，有一个“可爱小童纪念碑”（Amiable Child Memorial），它位于河岸公园内，占地不过4平方米，与美国第18任总统格兰特的陵墓相邻。

图4-1 “可爱小童纪念碑”

1797年，只有5岁的圣柯莱尔·波洛克（St Claire Pollock）在这里不幸死去，据说是坠崖身亡。他的父亲（也可能是他的叔叔）乔治·波洛克，一个英裔商人，为纪念孩子，在这里立了这座约1.5米高的“可爱小童纪念碑”。三年后乔治将包括该墓地在内的这块土地卖给了他过去的邻居弗普朗克夫人，同时希望她满足一个条件——该地块中的这个小围栏及里面的大理石墓碑要得到永久保留和关照；弗普朗克夫人同意了。1806

年，这块地又转到了前英国驻哈瓦那领事迈克尔·霍根名下，他在这里修建了克莱尔蒙特公馆，因此这里后来被称作克莱尔蒙特街区；1821年，这块地产被波斯特一家购得；1873年，为开发河岸公园，该地产最后被纽约市政府买下；尽管历经多次转手，这块墓地却一直被保留下来。19世纪末，政府决定在这里修建格兰特总统陵墓，有人提出要将这个儿童墓移到别处，但此建议由于遭到公众的反对而被否决。于是，这个儿童墓被继续保留下来，里面的小主人——这个不幸没能长大的孩子——在此地安睡了一个世纪后，与格兰特总统成为了永久的邻居。[17]

就这样，这座“可爱小童纪念碑”真的像其小主人的家人所希望的，同时也是这块土地的第一个买主所承诺的那样，得到了永久的保留和关照。

在这里我们再一次看到了契约精神。

应该指出的是，无论是欧洲人还是美国人，他们并非总能践行契约精神，尤其是在面对国际问题时。在利益驱使下，他们有时会以“人权大于主权”等借口选择性背弃契约精神，或侵犯他国主权，或干涉他国内政，而全然不顾国际准则或其他已有契约。

在美国有众多与知识产权相关的法律，现只简单介绍一下美国的专利法的来历和意义，因为它既是美国最早的法律之一，也是最重要的知识产权法律。

其实，欧洲人的契约精神、法治观念和专利保护理念，都大大先于美国出现。欧洲人的契约精神及理念可谓源远流长，可以上溯到古希腊时期苏格拉底、亚里士多德等人的思想。一千多年后，在12世纪初，英国制定了《大宪章》，提出了“法律至上，王在法下”的法治理念；在15世纪，威尼斯颁布了世界上第一个类似于近代专利制度的法律；在17世纪，英国颁布了第一个《垄断法》。这后两者可被看作近代专利保护制度的起点。

显而易见，美国的宪法和专利法颁布的时间即便是与上述《垄断法》颁布的时间相比，也晚了一个半世纪之多。不过，正是这些发源于欧洲的思想、理念及法律，影响并催生了美国的科技创新文化及法律制度。

在借鉴了欧洲人的法治和专利理念后，崇尚自由并已赢得独立的美国人表现出了比欧洲人更大的创新精神。他们终于青出于蓝——制定了世界历史上第一部真正的宪法；而该宪法的第一条第八款第八项对保护著作与知识产权做了原则性规定：国会有权保障著作家和发明家对各自著作和发明在限定期限内的专有权利，以促进科学（那时在英语里的“科学”一词亦包括文学艺术等——笔者注）和实用工艺的进步。宪法实施仅两年多后，联邦政府就颁布了专利法，后来对该法又做了不断的修改和完善。

美国的第一部专利法在1790年4月获得通过。根据该专利法，联邦政府的国务卿、国防部长和司法部长组成专利委员会，负责对专利的审查，其中的任何两位均有权授予发明者不超过14年保护期的专利权。

美国的第一位专利机构的行政长官是当时的国务卿托马斯·杰斐逊，他后来成为了美国的第三任总统。从美国早期专利机构的组成便可以看出，美国人从那时起就对专利技术十分重视。这种重视后来一直被传承下来。据说林肯曾对专利制度有这样的评价：“专利给天才之火增添了利益之油”。当然，随着科技的发展、专利申请的增多，美国的专利法后来又进行了数十次的修正；专利局也由国务院主管划归到了内务部，后又划归到商务部。

专利制度对推动美国科技进步的作用是巨大的。自第二次工业革命后，几乎所有美国著名的科技与实用技术的发明都与专利相伴，直至今日。在当今的美国，每个著名科技公司都掌握着众多——常常是数以百计的——专利，比如微软公司，其名下的专利已达到难以置信的4万余项！谷歌在收购摩托罗拉公司后，所掌握的专利也超过了2万项。

总之，在美国科技发展进程中人们看到，创新的观念和需求引发了美国人的创新，创新的过程要求他们制定出有利于创新的制度，而不断完善的制度和机制又将创新推向新的高度——这就是美国人能够长期保持其创新精神的逻辑。

四、美国的风险投资

科技发明、产品创新，这一切往往需要资金，甚至需要巨额资金的支持。在这方面美国人也走在了前面，其中风险投资（Venture capital）机制的形成，在美国科技发展乃至在整个世界经济发展的进程中，堪称是一个具有里程碑意义的创新。

在20世纪40年代中期以前，开发产品、创办企业几乎只有富人或有实力的企业才能涉足，普通人即便掌握好的技术和创意也很难实施。风投理念和机制的出现，引领美国科技和经济走上了快速发展的轨道。

1946年，美国第一个风投公司——美国研究与发展公司（ARDC）成立，它是由美国前陆军军需部将军乔治斯·多里奥（Georges Doriot）和银行家拉尔夫·佛兰德斯（Ralph Flanders）及麻省理工学院前院长卡尔·康普顿（Karl Compton）共同创立的。该公司最成功的一个投资案例是对数字设备公司（DEC）7万美元的投资——14年后该投资增值到3.6亿美元，增加了5100多倍。不过，直到20世纪80年代，随着经验的累积和制度的健全，美国的风险投资才迅速发展起来。

风险投资（包括种子基金、导入资本、天使投资基金等），通常是一些非官方资金，是对那些处于起步阶段、其项目具有高利润预期，同时又存在失败风险的公司的投资。从近40年的发展情况看，风险投资基金的主要投资对象是软件、生物科技、计算机、通信和网络等高技术产业。此类投资大大加速了技术转化为生产力的速度，也让一文不名的技术持有者或创新者一夜致富成为可能，同时投资者（包括公共的或私人的）也可能通过投资取得股份，待项目成功、公司增值后取得丰厚利润。

20世纪80年代以来出现的那些人们熟知的高科技企业几乎全部得到

过风险投资的光顾，比如，乔布斯创办的苹果公司曾得到著名的风险投资家马库拉等人的风投资金；杨致远的雅虎（Yahoo）一开始就受到许多风投的青睐，在雅虎有实力在纳斯达克上市前，它先后得到了著名的红杉（Sequoia）投资、路透社和日本软银集团的投资合作；全球最大的软件公司甲骨文（Oracle）也曾得到红杉资本的投资；1999年，在谷歌（Google）公司成立初期，它曾得到克莱纳和红杉两大风投公司的投资；美国的Sun、Intuit、Amazon等公司也都得到过风投公司的投资。美国风投公司的投资对象并不仅限于美国，而是遍布全世界，包括中国，比如搜狐、百度、腾讯、阿里巴巴、携程、当当、双汇、蒙牛等企业都得到过它们的投资。

根据美国国家风险投资协会（National Venture Capital Association）的一份研究报告，从1970年到2010年间，美国用于风投的每1美元投资创造的收入是6.27美元；尽管目前美国每年风投金额仅占其GDP总额的0.2%，但得到风投资金支持的公司的产值却占到了GDP总额的21%；这些得到风险投资的公司，其雇员人数已占到全美私有企业雇员总数的11%。

值得注意的是，在美国，得到风投支持的公司所创造的产值在一些高科技行业里有很高的占比：它们占电子类公司产值的88%；占生物科技类公司产值的80%；占计算机类公司产值的46%；占软件类公司产值的40%；占信息服务类公司产值的39%。[18]

风险投资的发展极大地加速了科技创新转化为生产力的速度，在促进科技发展的同时，给美国经济带来了两个极大的好处，一是增加了产值，二是增加了就业。因此，风险投资已成为当今美国科技与经济发展的一个重要引擎。

五、美国的科研机构

美国人喜欢自由，凡事不愿意让政府干涉，在科学研究方面也是这样。因此，美国的研究机构绝大部分是非政府所有的。当然，美国政府对科技发展也绝非自由放任，他们一般是通过制定法律和资金扶植等政策来指导基础科学和应用技术创新和开发的。

图4-2 位于新墨西哥州圣菲市西北方向30公里处的洛斯阿拉莫斯国家实验室。

美国的私人企业科研机构约20000个，是科研的主力；联邦政府拥有的实验室超过720个，其中100多个专门用于军事和国防项目研究；研究型大学的较大规模研究所约5000个；其他非盈利的较大规模研究机构超过200个。应该说明的是，美国联邦政府所拥有的一些国家实验室规模很大，例如，那个因为研制出美国第一颗原子弹和第一颗氢弹而闻名遐迩的洛斯阿拉莫斯国家实验室（Los Alamos National Laboratory），实际上是一个大型研究中心，它占地93平方公里，共有1200多座建筑物，目前雇员1万多人，其中具有博士学位的人占23%，2014年预算经费为21亿美元。[19]

在克林顿主政时期，美国政府设立了一个“国家科学技术委员会”，不过，它只是一个指导性部门，而并非是一个对全国研究单位发号施令的上级机关。美国总统办公室厅下设总统科技顾问委员会和科技政策办公室，其主要作用是为总统提供科技方面的咨询。

尽管如此，联邦政府在美国科技发展中的作用仍然是巨大的，而且也是不可或缺的，这种作用在美国面临巨大挑战的时候更加重要。譬如，1942年的“曼哈顿计划”，一个举全国之力而进行的原子弹研制项目，它的最初目的是应对法西斯德国可能已经开始的原子弹研发计划；另一个例子是，从1961年开始实施的，一直持续了十余年的“阿波罗登月计划”，该项目当初的目的是要应对苏联发射世界第一颗人造地球卫星所带来的挑战。显然，此类项目没有国家的整体策划和实施是根本不可能成功的。

美国联邦政府每年预算里都有大量资金用于科学研究，而这些经费并非都给了那几百个政府自己的研究机构使用。事实上，这些资金的大部分会用于支持那些具有重要经济、战略或环保价值的项目研发上，而进行这些研发的主要是一些非官方研究机构。

也就是说，美国联邦政府科研预算的大头是用于委托非官方研究机构做研究，或用于资助一些有关国计民生的非官方研究项目。

政府出钱但并不干预具体的科研管理，这是美国政府科研经费使用的特点。非但如此，为了更好地发挥专业科研单位的优势，美国政府的一些科研机构（如一些“联邦资助研究中心”，即FFRDC）的行政管理权还会以合同的方式交给高等院校、私人企业或非盈利单位的研究机构，尽管那些政府科研机构的员工均为政府雇员。

另外，为鼓励创新，1986年美国国会通过了《联邦技术转移法》（Federal Technology Transfer Act of 1986），允许私人公司或个人享有在政府资助的研究中产生的专利权，而且还依法成立了联邦实验室技术转移集团。

不过，在美国用于研发的大部分资金还是来自私人企业。多数大型企业都设有研发中心或实验室，它们拥有雄厚的资金、完善的设备和众多专业人员。其实更重要的是，这些企业对科技研发都十分重视。例如，即便在金融危机爆发后，微软公司在2009年的研发费用仍然有所增加，达到22.9亿美元；英特尔公司该年的研发费用增加到13.2亿美元。此外，IBM、波音、杜邦、卡特彼勒等公司这一年的研发费用也都有不同程度的增长。[20]

下面我们通过一个具体例子——页岩气的开发——来了解一下，在美国，科技成果是如何最后转化为生产力的。

六、科技应用实例——页岩气的开发

能源，它无疑是当今世界人们最为关心的问题之一，它既是一个经济问题，也是一个科技问题。作为非传统能源，页岩气开发在近十年一直是一个热门话题。不过，美国人却并不仅仅将其当成一个话题，即不仅仅将其局限于媒体人的津津乐道或人们茶余饭后的谈资——他们不但早在三十多年前就开始了相关的研究和开发，而且已在十多年前就投入了商业生产。迄今，页岩天然气的生产已开始在美国能源供应中占有不可或缺的地位。

页岩气存在于富含有机质的泥页岩及其夹层中，它是一种以吸附或游离状态为主要存在方式的非常规天然气，成分以甲烷为主，是一种清洁、高效的能源资源。与常规天然气相比，页岩气开发具有开采寿命长和生产周期长的优点。

美国最早提取页岩气是在19世纪20年代的纽约地区，这甚至比他们打出第一口石油井还早了几年。但由于成本与技术等限制，直至一个半世纪后，对它的商业生产的研究和开发才再一次被美国重视起来。

现在，每当人们回顾美国开发页岩气的历史时，都会提及一个人和他的公司，这个人就是乔治·米歇尔（George Mitchell），而他的那个曾在美国能源领域闻名遐迩的公司就是米歇尔能源开发公司（Mitchell Energy & Development Corp.）。

米歇尔出生在一个希腊移民的家庭里，他毕业于得克萨斯农工大学的石油工程专业。毕业后，米歇尔先从事了一段时间的地质助理的工作；不久他参与了一家能源公司的投资，并在1953年同他哥哥及另一个人一同买断了这家公司，该公司便是米歇尔能源开发公司的前身。到1967年，乔治·米歇尔已将自己在公司的股份增加到80%。

米歇尔兄弟的这家公司从20世纪50年代开始，一直从事天然气和原油开发业务，其中还包括用管道输送天然气。为了开发天然气，他们承租了大片的土地。1971年，米歇尔公司在纽约证交所上市。

自1974年，米歇尔公司开始大规模投资房地产。在此期间，米歇尔在能源领域的投资受到一定影响，但房地产投资也给他带来了不错的回报。不过，也正是在这一阶段时间，米歇尔公司开始了液化天然气生产，这使它后来一度成为美国液化天然气的主要生产厂家之一。

20世纪80年代中期，米歇尔得知，有地质专家认为，用他们开发天然气区域地层里的巴奈特页岩有可能生产出碳氢燃料——页岩气。于是，他决定尝试页岩气的商业开发。

当时，一些工程师告诉他，这里页岩的透气性不够理想，蕴含其中的气体也就难以释放。“我们要击碎这些页岩！”这便是米歇尔的回答。就这样，他们将几十万加仑的水拌和着砂子和一些化学制剂用高压打入地下岩层，将页岩击碎并使其释放出更多的石油和天然气。

1998年，他取得了第一次利用水力劈裂技术提取页岩气的成功。在接下来的几年里，他的探井几乎打遍了自家的整个大牧场。他一边打井一边改进技术，而全然不顾身边的石油工程师们是如何的沮丧甚至扬言要放弃——他始终坚持着自己最初的想法。

不过，早期的试验并不十分理想。尽管如此，米歇尔他们还是积累了经验、不同冲击混合液体的效果和钻井效果的数据。在这段时期，公司打出的许多试验井其收入仅仅刚够其开发成本。

21世纪之初的米歇尔能源开发公司已名列美国《财富》500强。不过，在2002年，为了得到充足的资金支持，米歇尔决定以35亿美元的身价让他的公司被德文能源公司（Devon Energy Corporation）购并。自那年起，在融合米歇尔公司的经验和德文公司的先进技术后，页岩气生产距离米歇尔初始的开发目标越来越近了。

两年后，德文能源公司利用水平钻井及水力劈裂技术，终于使页岩气生产实现了革命性的飞越，这也让美国看到了他们在能源方面自给自足的前景。从此，米歇尔名声大震，被人们称为“巴奈特页岩天然气之父”。

由于德文公司的初步成功，美国的页岩气开发吸引了大量产业资本和金融资本的进驻，而大量资金的投入又进一步加快了这个产业的发展。在随后的几年里，美国每年都有上千亿美元的资本投入页岩气勘探开发，每年打井十万余口。

据说，在20世纪80年代，就在乔治·米歇尔打下第一口页岩气生产井的时候，来自大庆市石油管理局的4名中国的地质学家和技术人员就访问过他。然而，截至2012年5月，30多年过去了，美国人已经在本土打下了超过60万口井；而中国人却只打了60余口井。[21]

2012年美国的一份研究报告认为：“有许多国家——包括俄罗斯、中国、波兰、南非、英国等国家——具有丰富的页岩资源，但由于它们没有美国这样强大的公共创新机制，它们的石油和天然气工业与页岩劈裂技术没有协调起来。只有美国，经过几十年的努力，已在页岩气研究和商品生产方面有了突破性进展，其他国家目前还处于起步阶段。”[22]

从2006年起，由于美国在页岩气生产技术上的重大突破，页岩气从摸索阶段转入了大规模开发和生产阶段。2006年，美国页岩气产量为374亿立方米，2011年达1800亿立方米。由于页岩气等非传统能源的开发和生产，到2011年，美国能源自给率已经达到了81%；未来这个比例还会继续上升。人们预计，到2035年，美国页岩气产量将占到本土天然气总产量的45%。

也许，现在有许多人将美国页岩气产业的快速崛起，过多地看成米歇尔和德文能源公司等类似企业的巨大成功，而对那些促成这一成功的背景和事件了解不多。其实，对后者即便是在美国也是鲜为人知的。显然，如果我们真的想要知道美国为什么能在页岩气开发方面走在别人前面，就应该知道事情的全貌。

当看到米歇尔和德文公司的成功之后，的确有人提出过这样一些问题：为什么米歇尔能成为“页岩气之父”？页岩气能进入商业生产的关键技术是什么？为什么在20世纪70年代之前没有这样的技术？等等。

其实，无论是米歇尔所采用的水力劈裂技术，还是后来德文能源公司的水平水力劈裂技术，都不是他们自己的发明，对这些技术的开发起到关键作用的是美国政府的能源战略。

20世纪70年代，美国的常规天然气产量开始下降；同时，70年代发生了两次石油危机。这些因素导致了美国政府对非传统能源开发的重视。于是，联邦政府在1976年启动了“东部天然气页岩开发项目”，由摩根城能源研究中心（MERC，即现在的国家能源技术实验室）和矿务局（Bureau of Mines）发起，采用大学与私人天然气生产企业合作的模式，在宾夕法尼亚和西弗吉尼亚建立了一系列开发合作体。同年，该项目的工程师潘西尼（Joseph Pasini III） 和欧文比（William K. Overby，Jr.）获得了定向钻井技术发明专利。这是一个意义重大的突破，这使得页岩气开发得以在更大的范围内进行。在该技术的基础上，不久便发展出了水平钻井技术，这使得开发成本大幅下降。[23]

在页岩气开发中，打井的钻头改进也是关键技术之一，而这一改进则来自通用电气公司和摩根城能源研究中心的合作。

另一个关键技术是三维震压裂缝成像技术的应用。这是一项原本由桑迪亚（Sandia）国家实验室为煤矿勘探而开发的技术。该实验室将原来的技术加以改造，使之能用于页岩气岩层的勘测。新的震动工具配合成像软件的应用，使得钻井人员可以看到页岩岩层位置、自然裂缝、不均匀气层分布等。显然该技术避免了钻井的盲目性。

在“东部天然气页岩开发项目”实施过程中，美国联邦科研人员和工程师与天然气公司一直有很好的配合，解决了许多开发中遇到的技术问题。许多国家实验室也参与了相关的研究，比如桑迪亚国家实验室、洛斯阿拉莫斯（Los Alamos）国家实验室和劳伦斯利福摩尔（Lawrence Livermore）国家实验室（另一个主要研究核能的实验室）。[24]在研发以及后来的生产过程中，许多大学也参与其中，比如得克萨斯大学（奥斯汀分校）、莱斯大学、麻省理工学院、加州大学等。

1980年，美国国会还专门制定了给予非传统能源开发的税收减免法律。

不过，尽管美国政府1976年启动的页岩开发项目是在东部，而且主要侧重于泥盆纪（Devonian）和马塞勒斯（Marcellus）页岩，但真正的突破却来自得克萨斯州。具有长期天然气开发经验的米歇尔先生在得知水力劈裂、三维成像和钻头改进等技术后，要求将这些用于东部页岩气开发的技术也用于他们在得州的巴奈特页岩。对此，联邦政府给予了大力协助。

就这样，从80年代初起，米歇尔带领自己的团队，应用水力劈裂技术开始从巴奈特页岩层提取天然气。这是一个长达18年的实验与试生产！对此前面已有介绍。

20世纪90年代末，当米歇尔能源公司的斯坦斯伯格（Nick Steinsberger）等工程师发明了一种被称为“清砂劈裂”的技术后，每口井的成本降低到10万美元左右，即比过去降低60%以上。正是这项技术最终为页岩气生产走向商业化铺平了道路。[25]

优兰德能源公司董事长、美国国家石油理事会委员优兰德（Fred Julander）曾这样说：“能源部当时在没有人感兴趣的时候拿出基金来支持研究，现在使我们大家都能从中受益。早期能源部对密实砂层、页岩岩层的天然气，以及煤床甲烷的研发，促进了美国今天在这个领域里技术的发展。”[26]

尽管有人一直对页岩气开发表示出疑虑，因为在其生产过程中有可能对周边环境带来污染。但更多的人认为，页岩气是最近十年能源领域最大的突破，甚至认为它巨大的存储量足以让人类在一段时间内忘掉“能源危机”这个词；至于它所带来的环境问题，他们认为是完全可以控制的。

白宫新闻发言人曾在2009年评论道：“开发页岩气对增加美国能源供应、减少温室气体污染具有重要作用。”[27]

2010年6月，页岩气钻井和压裂技术的先驱——美国米歇尔能源发展公司的乔治·米歇尔被授予美国天然气技术研究所终身成就奖。他花了18年时间，经历无数次的失败后，终于取得了页岩气规模化、商业化开采的成功。

美国天然气价格在最近十年连续下降，从2005年的9美元/百万BTU降至2011年的4美元。2010年美国对中东地区石油依赖降低到8000万吨，比2006年下降了四分之一，占美国能源总需求比例还不到20%——替代原油需求量下降部分的能源主要是页岩气。

毫无疑问，对缓解人类已经面临的能源短缺，页岩气的作用是明显的。2000年美国页岩气产量仅占天然气产量不到1%，现在已占美国天然气总量的34%。据估计到2035年，页岩气的使用将占到美国天然气总供应量的45%。据美国能源署估计，美国的页岩气储量十分丰富，约占天然气储量的60%，在未来几十年内，页岩气将主导天然气的产量。因此可以说，美国页岩气的产业化生产是近十年以来全球能源市场最有意义的新发展。

如今，美国已经宣告，未来不久将会实现能源供应自给自足。这将具有非常深远的意义：页岩气的大量生产不但使美国国内天然气价格降低、减少了对传统燃油和煤炭的使用，从而减少了空气污染和碳排放，同时还有可能彻底改变全球能源格局和地缘政治力量的对比。

来自莱斯大学的一份研究报告认为：不断增长的页岩气供应，大量地减少了美国对进口液化天然气的依赖，这一点已经给美国的地缘政治带来有利影响。譬如，它已经弱化了俄罗斯利用“能源武器”对欧洲用户的影响，因为欧洲人现在可以选择从美国市场进口天然气。也就是说，页岩气的大规模生产，降低了俄罗斯在天然气价格方面的话语权。而且，由于美国在这一领域的领先，它还可以向其他国家提供技术从而取得经济效益。[28]

长于创新的美国公司，这一次又站在了页岩气生产技术领域的最高台阶上。

七、令人敬畏的教育与科技创新传统

教育是科技之母。谈到科技创新传统就不能不谈到美国的教育。在美国，历史最悠久的学校就是哈佛大学，它的历史要比美国的历史还要长一百多年。1636年，即“五月花”号轮船抵达后来被称作马萨诸塞州的普利茅斯15年后，也是英国官方建立马萨诸塞殖民地后的第七年，在来到这里的众多清教徒们的积极倡导下，他们在这里建立学校的主张得到了马萨诸塞湾总法院和殖民地总监的批准，并为建校拨款400英镑。这个新成立的学校当时被称为新城学校（Newtown）。想必是因为在清教徒中有不少人是英国剑桥大学的毕业生，而且殖民地总监约翰·温斯罗普也是剑桥大学毕业生，不久这个学校被更名为“剑桥学院”（Cambridge）。也是因为这个原因，直至今天哈佛大学坐落的这个地区仍然保留了三百多年前这个学校的名字——“剑桥”（Cambridge）。尽管这个刚成立的学校很小，在1638年该学院开学时学生只有12人（在1642年举行首次毕业典礼时，只有9名毕业生）和1名教师，但人们仍然对它寄予了很大期望。

1638年9月14日，一位名叫约翰·哈佛（John Harvard）的年轻人因结核病英年早逝，年仅31岁。哈佛先生是一位来自英国移居北美的年轻牧师，他也是一名英国剑桥大学的毕业生，在那里取得了学士和硕士学位。一年半以前，他和妻子万里迢迢从英国来到马萨诸塞查尔斯镇(Charlestown)。他没有孩子，去世前他向妻子口述了他的遗嘱：向剑桥学院捐赠780英镑（这是他拥有的全部房地产价值的一半；另一半他留给了妻子）和他本人共有320卷藏书的图书馆。也许所有这些在现在看来并非一个巨额财产，但在当时却已是一笔非常可观的财富了。[29]不久，这个剑桥学院被重新命名为"哈佛学院"，这便是哈佛大学的前身。

哈佛学院之后，在北美英属殖民地上又陆续建立了威廉玛丽学院、耶鲁学院（即后来的耶鲁大学）、费城学院（宾夕法尼亚大学前身）、哥伦比亚学院（哥伦比亚大学前身）等。总之，在美国独立战争前，在这些英属殖民地上已经建立起十几所学院或大学。

早期英属殖民地上的这些学院受宗教影响较大；进入18世纪以后，由于受到欧洲启蒙运动影响和英国非国教学院和大学课程的影响，哈佛、耶鲁等学院逐渐增加了对自然科学的教学。独立战争之后，美国政治家们更加重视教育和新型大学的建设。

美国第三任总统托马斯·杰斐逊早在他当弗吉尼亚州州长的时候就有将威廉玛丽学院重建为州立大学的想法；卸任总统后，他继续致力于建立一个新型的州立大学。为此，他不仅用尽了个人的积蓄和财产，而且还负债累累。不过，功夫不负有心人，1819年，他在76岁高龄的时候，终于取得了州议会颁发的新大学许可状。

弗吉尼亚大学于1824年落成，这是美国第一所真正的公立大学。两年后，杰斐逊去世。在他的墓碑上镌刻着他自己写的墓志铭："此处安息着托马斯·杰斐逊：美利坚《独立宣言》之作者；弗吉尼亚州宗教自由法之作者；弗吉尼亚大学之创建人。"由此可见，他为自己创建这样一所大学倍感骄傲。在这里也可以看到，从美国建国初期开始，美国的政治家们就非常重视教育，特别是高等教育。

弗吉尼亚大学建立后，其他州也纷纷效仿，这对美国高等教育起到了积极的推动作用。

事实上，从19世纪初开始，美国联邦政府开始向阿巴拉契亚山脉西部的每一个新成立的州赠地用于建立大学。到1857年，政府已向15个州赠予了400万英亩土地作为大学用地。[30]其后不久，美国国会通过了《莫雷尔土地赠予法》（Morrill Act）。该法规定，各州要将新获土地出售，用所得收入建立永久性基金，用来资助至少一所院校的建设。在此类学院里，教授的课程除了传统的科学、军事科学外，还应包括农业和工艺等学科。1874年，美国国会通过《海奇法》（Hatch Act），美国高等院校从此开始承担起应用科学的研究任务。就这样，科技创新便成为了美国教育，特别是高等教育的一项重要使命。

美国的高等教育之所以从19世纪开始得到了迅速发展，一个重要的原因就是，已开始走上引领世界高等教育和科技发展地位的德国给美国的教育带来巨大影响。19世纪初，威廉·洪堡（William Von Hunbldt）等人在柏林大学进行了具有历史意义的改革。他们提出了“教授自由”、“学习自由”、“教学与科学研究统一”，以及“传播知识和创造知识相统一”等现代大学教育理念。从此，德国确定了它在随后的近一百年时间里在世界科教领域的领导地位。到1915年，先后有万余名美国学生从德国大学学成毕业。他们给美国后来的科教带来了深远影响。

于是，被许多专家称为美国第一所具有现代理念的大学——把培养研究生作为首要目标的大学——约翰·霍普金斯大学应运而生。这是一所以美国著名金融家约翰·霍普金斯个人在巴尔的摩的财产和他拥有的俄亥俄铁路股票作为出资、以德国大学作为模式建立的大学。该大学在20世纪20年代前对美国大学和科技发展影响巨大。[31]

美国文化中有一种感恩和回馈社会的情结，同时也有一种对资助教育的一种崇尚。

阿马萨·利兰·斯坦福（Amasa Leland Stanford）是一位在美国西部开发中取得成功的企业家。1884年，他带着妻子珍妮和儿子小利兰·斯坦福去欧洲旅行。途中，他15岁的儿子小利兰在意大利患上了伤寒，不幸病逝。为了纪念儿子，也为了当地的教育，斯坦福夫妇决定在自己的家乡附近捐助一所大学。这所大学就是位于美国加州旧金山南部的著名大学——斯坦福大学。斯坦福夫妇的捐助共计约4000万美元（相当于2010年的10亿美元）。在19世纪末，斯坦福家族的全部资产约为5000万美元。也就是说，斯坦福夫妇将其全部财产的80%捐赠给了斯坦福大学。这一善举无疑也体现了斯坦福夫妇的价值观取向。

斯坦福大学于1891年10月开门迎接新生。赫伯特·胡佛就是当时的新生之一，他后来成为了美国的第31任总统。斯坦福大学也后来居上，成为美国乃至世界最著名的研究型大学。

图4-3　斯坦福大学

一百多年过去了，今天在这个世界上，也许没有多少人还记得利兰·斯坦福在工商界所取得的成功，更少人知道他还担任过加州的州长和美国联邦政府的参议员，但却有数不清的人都知道，美国有一所著名的斯坦福大学。

在美国的斯坦福大学落成4年后，1895年，清王朝北洋水师在中日甲午战争中的惨败，宣告了洋务运动的失败，一些有识之士认为中国失败的原因在于科技的落后。于是，在建立西式学校、培养人才、提高技术水平的呼吁下，堪称中国第一所现代大学——北洋大学（现在天津大学的前身）得以建立。

10年后，1905年，在新式学堂教学理念的冲击下，在中国延续了1300年的科举制终于寿终正寝。

应该注意到的是，在美国，科技创新也并非全部来自大学。

本杰明·富兰克林出生于马萨诸塞的波士顿，是美国早期著名的政治家、企业家和科学家。他充满传奇的一生告诉人们，无论是优秀的科技人才还是杰出的政治家，他们并不一定都接受过良好的正规教育，更不一定出自名校。

富兰克林出生于1706年，此时美国还没有诞生；而在他逝世的时候，由于他和其他同人的努力，美利坚联邦政府已经成立；由于他的贡献，这个世界也发生了明显的改变。

富兰克林出生于平民家庭，他只上学到10岁，以后再也没有得到过任何正规学校的教育。然而，从富兰克林11岁做工开始的漫长生涯里，他一直在不断地读书、学习、创造性思考和工作。

从12岁开始，他就和出版和印刷结下了不解之缘。他曾发明了一种新的字体；他曾研究出一种新油墨，用于印刷他的《宾夕法尼亚报》；他完善了著名的“富兰克林炉”；他改善了他家乡费城的街道照明系统。特别是，他在37岁以后开始研究电和其他科技问题。9年以后，1752年，46岁的富兰克林通过在雷雨中放风筝的实验，得出了“雷电”是由电力产生这一结论。在此基础上，他发明了“富兰克林棒”——避雷针，他也因此获得了伦敦皇家学会的奖章，并被选为院士。

人们熟悉的，而且现在仍在应用的莫尔斯电码是萨缪尔·莫尔斯先生在1832年发明的。莫尔斯先生是一名著名的画家，靠作画的收入他完成了在耶鲁学院的学习。但他主修的是宗教哲学和数学。不过他也听过一些电学方面的讲座。后来他又去英国皇家学院继续学习绘画。4年后，1815年，莫尔斯回到美国，在随后的10年里他继续以绘画为职业，并成为一名著名画家。1825年，他得到信使带来的他妻子病重的消息。可当他赶回远方家中的时候，他的妻子已经下葬，这使他非常伤心。当时他无法及时得到远方妻子病重的消息一事，使他下决心要发明一种远距离通信方式。[32]

1832年当莫尔斯在海上航行时，他遇见了查尔斯·杰克逊，一位了不起的科学家，从查尔斯那里莫尔斯受到了很大启发，让他有了单线传输电报的想法。尔后，他暂时放下了绘画，不久便发明了莫尔斯电码，并申报了专利。很快，莫尔斯电码就变成了世界上最主要的电报语言。尽管在专利权问题上经过了多年的波折，但莫尔斯最终得到了他应有的荣誉。更重要的是，他的发明改变了美国，也改变了世界。

人们最熟悉的美国发明家爱迪生只上过3个月的学，其后他的早期教育来自他的母亲。他一生获得了众多发明专利，其中最主要的有留声机、第一个具有商业应用价值的白炽灯、电力传送系统等。

1903年，莱特兄弟研制并试飞了世界上第一个由人直接操控的、有动力的，且重于空气的飞机。1906年他们取得了美国专利局的“飞行器专利”。莱特兄弟，奥维尔·莱特和威尔伯·莱特，二人都没有上过大学，但他们的发明却成为了20世纪最重要的科技成就之一。

亨利·福特是福特汽车公司的创始人，他不但是最早的汽车生产者之一，更具划时代意义的是，他是汽车生产流水线概念的发明者，并取得了相关专利。福特本人也属于自学成才，基本上没有接受什么正规学校的教育。

其实，就连当代大名鼎鼎的比尔·盖茨也没有完成他的大学本科正规学习……

教育重要，创新更重要。美国人既具有令人尊敬的教育传统，也具有令人钦佩的科技创新传统。可以说，创新已融入了美国人的基因。这些也正是美国科技竞争力的核心所在。

八、美国科技竞争力的优势

归纳起来，美国科技竞争力具有下列4个优势：教育、人才、机制和现代前沿科技。

正如哈佛大学的历史比美国的历史还要长一样，美国的教育传统比美国的历史还要悠久。仅从大学教育来看，无论从科技创新的教育理念、科技成果论文和报告数量、顶级科学家（比如诺贝尔物理、化学和生物学等获奖者）人数、科技发明成果数量，还是单从知名机构的全球大学排名来看，美国大学教育在世界都堪称一流。而教育是科技的主要基础所在。

教育的目的是培养人才，而人才是科技之本，科技的竞争主要是人才的竞争。一方面，出自美国各类大学和企业的科研人员、工程师已是人才济济；另一方面，美国长期以来将聘请和留用来自国外的科技人才作为它的国策，为优秀的国外人才提供优厚条件和宽松自由的空间。这使大量国外科技人才留在了美国。

最近美国政府在吸引人才方面又加大了力度。

美国不但早在两百多年前就制定了保护知识产权的专利制度，而且此类制度在随后的日子里又得到了不断地完善。这使得美国从个人到私有企业对科技创新有着经久不衰的动力，这也使得美国的大部分科技成果产生于个人或私有企业。比如20世纪初飞机的发明、如今的转基因粮食种植技术等。

当然，对关系到国计民生的重大项目，比如对试制原子弹的“曼哈顿计划”和载人登月的“阿波罗计划”等，美国也会倾举国之力予以支持。

与此同时，对某些项目，美国政府官方和私人企业会合作开发，比如已成功投产的页岩气开发技术，以及现仍处于试验阶段的利用光合作用原理生产氢气和氢燃料的新能源开发计划等。尽管美国经济仍未完全走出低谷，但在新技术，特别是在新能源技术开发上，美国的研究机构资金充足。同时，科技体制和法律为美国科技发展提供了保证。

特别应该注意的是，在当今世界科技的前沿领域，主要的、核心的技术几乎都掌握在美国手里。比如在信息产业、航空航天领域、新能源开发领域、医药科技、生物基因工程、纳米技术等领域，美国的研究都代表了世界先进水平。

总之，领先的教育、充足的人才、有效的机制，使美国多年来一直保持领先的科技水平和创新能力。毋庸置疑，今日美国具有世界一流的科技竞争力。

注 释

1. Titus Galama, James Hosek, U.S. Competitiveness in Science and Technology, 2008, Published by RAND Corporation. pp. 134-135。

2. 亚历克斯·阿贝拉著，梁筱芸等译：《白宫第一智囊：兰德公司与美国的崛起》，新华出版社，2009年，前言，第4页。

3. 亚历克斯·阿贝拉著，梁筱芸等译：《白宫第一智囊：兰德公司与美国的崛起》，新华出版社，2009年，前言，第4-5页。

4. Edited by Titus Galama & James Hosek, Perspectives on U.S. Competitiveness in Science and Technology, 2007, Published by RAND Corporation.

5. Titus Galama, James Hosek, U.S. Competitiveness in Science and Technology, 2008, Published by RAND Corporation.

6. Titus Galama, James Hosek, U.S. Competitiveness in Science and Technology, 2008, Published by RAND Corporation. pp. XIII-XXVIII。

7. Titus Galama, James Hosek, U.S. Competitiveness in Science and Technology, 2008, Published by RAND Corporation. p. 1。

8. Rising Above the Gathering Storm: Energizing and Employing America for a Brighter Economic Future, www.nap.edu/catalog/11463.html

9. http: //georgewbush-whitehouse.archives.gov/stateoftheunion/2006/aci/index.html

10. Perspectives on U.S. Competitiveness in Science and Technology, 2007, Published by RAND Corporation, www.rand.org. p. 2。

11. Perspectives on U.S. Competitiveness in Science and Technology, 2007, Published by RAND Corporation, www.rand.org. pp. 2-3。

12. http: //www.whitehouse.gov/the- press- office/2010/11/17/remarks- president- presenting-national-medals-science-and-national-medals

13. 财新网，2011年2月28日。

14. http: //www.whitehouse.gov/photos-and-video/video/2011/01/26/2011-state-union-address-enhanced-version#transcript

15. www.whitehouse.gov/innovation/strategy

16. Harold Evans, Gail Buckland, David Lefer, They Made America: From the Steam Engine to the Search Engine, 2004. p. 11。

17. www.nycgovparks.org/parks/riversidepark/monuments/1206

18. Venture Impact: The Economic Importance of Venture Backed Companies to the U.S. Economy, 2011, www.nvca.org

19. www.lanl.gov/about/facts-figures/index.php

20. 新华网，2009年4月21日。

21. 证券时报网，2012年5月28日。

22. Breakthrough Institute, Where the Shale Gas Revolution Came From, http: //thebreakthrough.org

23. www.netl.doe.gov/technologies/oilhgas/publica5ons/brochures/

24. Breakthrough Institute, Where the Shale Gas Revolution Came From, http: //thebreakthrough.org

25. Nick Steinsberger, Former Managing Engineer for Mitchell Energy. Telephone interview by Alex Trembath on December 12, 2011。

26. Breakthrough Institute, Where the Shale Gas Revolution Came From, http: //thebreakthrough.org

27. White House, Office of the Press Secretary, Statement on U.S.-China Shale Gas resource Initiative, 17 November 2009。

28. www.barnettshalenews.com/presentations.php#recent

29. http: //en.wikipedia.org/wiki/John_Harvard_（clergyman）

30. 陈学飞：《美国高等教育发展史》，四川大学出版社，1989年，第30页。

31. 陈学飞：《美国高等教育发展史》，四川大学出版社，1989年，第67-72页。

32. http: //inventors.about.com/od/indrevolution/a/telegraph.htm

第五章　美国军事实力

美利坚合众国将永远保有一支全世界最强大的、无可匹敌的军队——这就是我们的使命。

——贝拉克·奥巴马[1]

有人做过粗略统计，从独立战争直至今日，在这大约240年的时间跨度里，美国主动发动或参与的战争有150余次。因此可以说，战争一直陪伴着美国。

远的不说，现只从二战结束谈起。从1945年至今，这69年包含了18个每4年为一届的美国总统任期，其间，包括现任总统奥巴马在内，美国历经12位总统；其中有的总统连任两届，有的只有一届任期，还有一位是由于前任辞职而继任总统的。人们发现，在所有这12位总统的任职期间，只有在吉米·卡特任职的4年里（1977—1981年），美国没有对外参与或发起较大规模的军事行动或战争。自从苏联在1991年解体后，美国更是几乎每年都参与对外的战事；其中的伊拉克战争持续了近十年；而阿富汗战争迄今已经持续了十几年……因此，说美国是一个拴在战车上的国家并不为过。的确，美国参与的某些战争是得到联合国授权的，但这仅仅是个别情形。

让我们看看二战以后美国主要参与了哪些较大规模武装冲突和战争：1950—1953年的朝鲜战争、1958年的黎巴嫩危机、1961—1975年越南战争、1983年入侵格林纳达、1989—1990年初的巴拿马战争、1990—1991

年的海湾战争、1993—1995年的索马里战争、1998年的沙漠之狐行动、1999年的科索沃战争、2003—2011年的伊拉克战争、2011年的利比亚战争、2001年至今的阿富汗战争。

由于战争一直陪伴着美国，那么军事力量对美国来说其重要性也就不言而喻了。

2013年7月27日，奥巴马在华盛顿举行的朝鲜战争停战60周年纪念仪式上的演讲中说："今天，当我们在结束一场耗时10年的战事（指伊拉克战争——引者注），并面向未来重新调整我们的军力的时候，当我们在国内作出艰难抉择的时候，我们的盟友和对手都必须明白，美利坚合众国将永远保有一支全世界最强大的、无可匹敌的军队——这就是我们的使命。"

美国的武装力量由五部分组成：陆军、海军、空军、海军陆战队（不隶属海军）和海岸警备队。美国宪法规定，总统是全国武装力量的最高统帅，但总统通常会授权国防部指挥美军。总统和国防部长都是没有军籍，也没有军衔的文官，可见美国的军队是由文官组成的政府所指挥的。国防部是联邦政府管理和指挥军队的部门，其首长是国防部长，他是政府内阁成员，听令于总统，并协助总统处理国防事务并指挥美军。

为协助总统处理国家安全事务与外交关系，美国还有一个非常重要的理事会，即国家安全理事会（NSC），总统为该委员会主席；副总统、国务卿和国防部长三人为其法定成员；参谋长联席会议主席是其法定军事顾问；中央情报局局长是其法定情报顾问；国家安全事务顾问和财政部长等是其非法定成员。

人们常说的美国军方，通常是指美军参谋长联席会议，它由七个成员组成：参谋长联席会议主席和副主席、陆军参谋长、海军作战部长、空军参谋长、海军陆战队司令和国家警备局主管。美国海岸警备队受国土安全部领导，但到战时它可根据命令移交海军指挥；它的首长不属于参联会成员。参谋长联席会议职责在于为国防部和总统提出专业性建议，它须听从总统和国防部的命令。

也许有人会提出这样的疑问：文官指挥军队靠谱吗？的确，在美军作战历史上曾出现过文官过分干涉前线具体军事行动的情况，后来美国人对此做了改进，他们的办法是，总统或国防部长这些文官们只下达“任务式命令”，即只作出“打不打”、“在什么情况下打”和“主要作战任务”的决策，而不直接参与前线具体指挥。这样就给了一线指挥官足够的决策空间来应对瞬息万变的战场局势。

美国国防部和参谋长联席会议均设在华盛顿特区西南部的五角大楼内，因此人们常用“五角大楼”来意指美国国防部或军方。美国国防部主要下设五个部门：国防部办公室、陆军部、海军部、空军部和参谋长联席会议。虽然美国海军陆战队不隶属于海军指挥，但这二者都隶属于国防部的海军部（其部长是文官）指挥。

一、 美国的军事实力

1. 美国军事力量

二战结束至今，美国的军事实力在世界上一直是首屈一指。不过由于金融危机给美国经济带来的打击，自2010年起，美国的军费开支略有下降。根据瑞典斯德哥尔摩国际和平研究所（SIPRI）公布的专题报告，2012年全球总军费支出约为1.75万亿美元，比上一年降低0.5%。美国2012年的军费支出为6820亿美元，这一数据虽然比之往年已有所减少，但仍然遥遥领先于其他国家，占到美国当年GDP的4.4%，在全球军费总支出中的占比是39%。美国的这个费用超过了排在它后面的10个国家军费的总和。[2]

在2008年的金融危机以前，美国的军费一般会占到世界总军费的50%左右。虽然这个比例现在下降到约40%，但与美国经济约占世界经济总量20%的比例相比，它的军费比例仍然是很高的。

尽管军事实力并不完全等同于武器装备，但这两者之间的联系却是十分密切的。因此，我们先不妨了解一下美国军事力量的主要组成，以及一些重要的武器装备。

首先看看它的核武库里有多少东西。

截至2013年3月1日，美国部署的洲际弹道导弹、潜射弹道导弹及重型轰炸机数量总计为792；与其相对照，俄罗斯的数量为492。美国导弹所装备的核弹头数量为1645个；俄罗斯为1480个。美国共有1028个已准备好可供使用和处于储备状态的发射装置，包括陆基、海基和空基；俄罗斯约为900个。[3]

上述数字说明，冷战结束以后，美国和俄罗斯的导弹所装备的核弹头数量已有明显下降。尽管如此，它们各方拥有的核弹头依然足够给予对方的大中城市和军事设施实施饱和核打击。也就是说，它们双方依然具备“相互确保毁灭”的威慑能力。很自然，在这种情况下哪一方都不敢贸然使用核武器。

美国的核力量由洲际弹道导弹部队、战略轰炸机部队和导弹核潜艇部队构成。核力量的使用权集中由总统掌控。具体的程序是：核作战的指令由总统通过参谋长联席会议主席向美军战略司令部（USSTRATCOM）下达。该司令部有地下和空中两个指挥所，其中地下指挥所设在内布拉斯加州的奥弗特空军基地的地下14米深处，它设计为美军在核战争中的主要指挥所，紧急时也可供国家最高统帅机构使用；它的信息系统与美军全球指挥与控制信息系统（GCCS）、北美防空防天司令部的指挥中心系统（NORAD）相连；上述三个系统是美军用于核武器控制指挥的主要系统。

接下来我们看看美国武装力量的组成和常规武器装备（仅供参考）。

人员：

美国的武装力量由五部分组成：陆军、海军、空军、海军陆战队和海岸警卫队。其中陆军53.5万人；海军32.4万人；空军33.3万人；海军陆战队19.5万人；海岸警卫队3.5万人；共约142万人。上述人数中不包括为军方服务的无军籍人员。

装备：

地上装备：

坦克8325辆；

装甲战车25782辆；

自行火炮：1934门；

牵引大炮：1791门；

多管火箭：1330套。[4]

空中力量：

飞机总数：13683架（根据其他资料，如将无人驾驶战机包括在内，美军飞机总数应在24000架以上。）

歼击机、截击机：2271架

固定翼强击机：2601架

运输机：5222架

教练机：2745架

直升机：6012架

攻击直升机：914架[4]

海军力量：

航空母舰11艘（全部为核动力）

巡洋舰22艘

驱逐舰23艘

护卫舰69艘

登陆舰38艘

潜艇81艘（全部为核动力，其中包括俄亥俄级战略导弹核潜艇14艘、俄亥俄级导弹核潜艇4艘、其他攻击核潜艇63艘。）[5]

在美军的常规武器装备中，除了数量以外，它在质量方面的一些优势更应引起人们的注意。譬如，它的航空母舰和潜艇全部都由核动力驱动；

它的战斗机都是“三代”或以上机型，即都属于先进机型。另外，它的隐身轰炸机、无人驾驶轰炸机等，其技术含量均明显超过其他国家的空军。

2. 美军的指挥体系

美国国家军事指挥中心（National Military Command Center）是美国的最高军事指挥机构。参谋长联席会议在总统和国防部长的指令或授权下领导该中心。它既是一个指挥中心，也是一个信息中心，国防部通过它指挥和控制美军。

在国家军事指挥中心之下，美军目前设有6个战区司令部和3个职能司令部。6个战区司令部是：非洲司令部、中部司令部、欧洲司令部、北方司令部、太平洋司令部和南方司令部；3个职能司令部是：特种作战司令部、战略司令部（网络部队司令部受该司令部管辖）和军事运输司令部。[6]

3. 美军的全球指挥和控制系统（GCCS）

通过这个全球指挥和控制系统，美国国防部可向全球的美军下达准确、完整、及时、有效的各种任务指令，从而达到指挥和掌控军队的目的。该系统包括计算机硬件和软件系统、共用程序、标准，以及各种设备和接口，使之形成一个可覆盖全球的、可用于不同等级命令的指挥系统。它包含陆、海、空及海军陆战队四个全球指挥和控制分系统。

4. 美国的国防工业体系

二战以来，美国一直保持着全球第一军事强国的地位。这当然主要得益于美国强大的经济和科技实力，同时与它的军事力量发展机制有关。人们可以看到，为发展强大和先进的武器装备，美国汇集了政府、军队、智库、私人企业、研究机构等各方力量，使得美国的军工生产成为一项既能满足国家的核心利益要求，又能满足私人资本利益需求的庞大产业。

自20世纪50年代初起，美国建立了一个以国防部为主导、以私营企业为主体、以科研机构和大学为技术支持的国防工业体系。这个体系后来在1961年被艾森豪威尔总统称为“军工复合体”。

这个“军工复合体”主要由以下几个方面构成：

政府方面：其最高领导者是总统，不过，具体行使国防事务及军事工业生产领导职能的政府机构是国防部。在总统授权下，国防部不但管辖美国海陆空的全部武装力量，而且还管理和协调从国防科研到武器装备生产、直至武器配备和维修等全过程。“军工复合体”便是国防部主导下的美国主要国防工业体系。

私人军工企业：美国军工企业均为私人所有，它们大致可分为三类：一类是军工生产集团，在它们的产值中军火的比重超过一半，比如美国通用动力公司、洛克希德飞机公司等；第二类是半军事工业集团，在它们的产值中军工产品的占比大约在25%—50%之间，如通用电气等公司；第三类是特殊军工装备生产集团，军工产品在这些集团的总产值里所占比虽不算高，但由于这些集团规模巨大，它们的军工产品产值也是很高的，例如波音公司、联合技术公司等。

国会方面：一些国会议员，特别是其中的军事委员会的成员，他们在国防战略和政府预算的确定过程中有很大发言权。正因为如此，军工集团通常会与这些国会议员保持密切的关系，它们甚至还会慷慨地赞助这些议员及他们所代表的党派参加竞选。例如，当年小布什在竞选中，从军需产业获得的赞助是民主党候选人戈尔的15倍。后来戈尔在他的《未来》一书中对此愤愤不平地批评道：“不幸的是，美国不再拥有功能健全的自我管理能力……如果美国没有得到大公司游说者和其他掌握竞选资金的特殊利益团体的首肯，美国国会这一世界民主选举产生的国家立法机构的代表现在竟然根本无法通过一项法律。”[7]

智库（Think Tank）：“智库”一词是美国人的发明，最早出现在二战时期，指美军讨论战略和作战计划的密室。后来，该词常用来表示军工企业的研发部门，例如兰德公司。当然此类的研究机构在美国还有很多，既有政府投资设立的，也有私人企业性质的，还有隶属于大学的。它们对美国的国防战略、武器发展等课题进行研究，并提出分析和建议。

5. 美国的军事联盟

美国的军事实力并不仅限于国内的武装力量。以美国为首的诸多军事同盟都是美国可以借用的力量。这些军事同盟包括：北大西洋公约政治军事组织（即北约）、美日军事联盟、美韩军事联盟、美国与东南亚一些国家的军事联盟（如美国与菲律宾、泰国的军事联盟）、美澳新军事联盟、美国与中东一些国家的军事联盟（如美国同以色列、阿曼、沙特阿拉伯等国均有军事联盟关系）、美国与拉美国家的军事联盟（美国与拉美约20个国家签有军事联盟条约），以及表面上已中止但实际上仍然存在的美国与台湾当局的军事联盟（之所以这样说，是因为美国不但制定了台湾关系法，美国国会还在1996年通过了一个“美国应帮助保卫台湾”的决议案；在1998年美国又通过了将台湾纳入TMD计划的相关法案）。显而易见，美国的这些军事同盟几乎已覆盖了整个世界。

在上述诸军事同盟中，最主要的同盟当属北约；其次是美国同日本的军事联盟。可以说，构建跨洋军事联盟是美国全球战略的最显著特征。

二、美国军事力量发展的新趋势

2012年1月，经奥巴马同意签发的文件《保持美国全球领导地位：21世纪国防优先任务》，列出了美国今后国防和军事的优先发展领域，主要内容包括：反恐和非常规战事；击败侵略；在美国的利益受到挑战的地区保证武装力量投送；防止大规模杀伤性武器；网络和太空的有效使用；确保核武器的安全和核威慑的有效；保护国土并为民政部门提供支持；维稳和反暴乱；人道主义、救灾和其他行动。[8]其实，在上述所列的任务里，仍有更为优先的重点，这些重点后来在2013年的国防预算中有明显的体现。这就是对非常规战争、空中快速打击、太空和网络攻防战，以及着重发展军事科技研究。

据美国防务新闻网站2012年12月18日报道，美国国会参议院和众议院批准了总额为6310亿美元的2013年国防预算，其中5522亿美元用于基本预算，885亿美元用于正在进行的全球作战。尽管这个预算总额比上一年有所下降，但在高度优先的一些项目上，其预算反而有所增加。

这些增加预算的高度优先项目包括：特种部队的建设；无人驾驶飞机系统；网络部队；弹道导弹防御系统；太空军事项目；空中加油机（KC-46）项目；军事科技与基础研究。[9]

美国也常常会对一些原有的项目是否需要继续进行做可行性研究。例如，2013年，针对美国现阶段，即在已有B-2隐形轰炸机的情况下，是否还需要研发新一代远程轰炸机的问题委托兰德公司做了专门研究。兰德随后提供了一份长达183页的报告。该报告认为，远程轰炸机对危机处理至关重要，更重要的是，此类远程打击轰炸机对平息国际危机所能起到的作用是无法用其他方式取代的。[10]于是，不久后一项由波音公司和洛克希德公司联合进行的远程打击轰炸机项目便正式启动了。

通过观察和分析，目前美国军事发展的重中之重是：确保空中和太空行动的绝对优势，以及确保在信息和网络攻防战中的优势。下面对相关领域的发展做简要介绍。

1. 空天飞机

2012年12月11日，美国空军的第2架X-37B空天飞机在佛罗里达卡纳维拉尔角发射成功，这是X-37B空天飞机的第3次发射，也是2012年全球范围内的第6次高超音速航空器试验。

X-37B空天飞机的全称为“X-37B环球绕行试验飞行器”。它是一种由火箭助推升空，然后进入环球轨道的飞行器；它可在太空做较长时间的飞行——它在第2次试验飞行中在太空的飞行时间长达469天，然后返回地面。显然，它今后既可以设计用于完成太空飞行的相关任务，也可以用于从太空再次返回大气空间后执行某些特殊任务，比如对地面目标实施空中打击等。

图5-1　X-37B空天飞机

X-37B是一种可被重复使用的飞行器，飞行速度为每小时28000公里，如果将其设计为全球即时打击武器，那么，它将在1小时之内到达全球任何地方，可以真正做到“即时打击”。可见，对美国来说，“即时打击”的目标已接近成为现实。

美国在空天飞机项目上能有如此的进步绝非一蹴而就。X-37项目起步于1999年，当时它是美国国家航空航天局（NASA）的一个项目，在2004年移交给了国防部。2006年4月，在加利福尼亚的爱德华兹空军基地，进行了该项目的第1次飞行试验；2010年4月，X-37空天飞机进行了首次环球轨道飞行试验，并于12月成功返回地面；2011年5月5日，X-37空天飞机第2次发射升空，并于2012年6月16日返回地面。

尽管美国官方说X-37B的试飞目的是进行太空飞行的科技研究，但许多专家认为，该飞行器之所以会引起极大关注，主要是由于它具有极其重要的意义——其军事潜质具有跨时代意义。应该说，今后空天飞机无论在军事上还是民用方面都将有广泛的用途，尤其是它在军事方面的前景不可低估，它完全有可能发展成为未来的多用途空天战机。而且，由于这种飞机可以在大气层内外自由飞行，它也很有可能发展成一种全新的航空航天轰炸机，其作战区域将是整个地球乃至近地空间。

由于X-37B能在1—2小时内突破任何地面防御体系，从空间对陆、海、空目标实施精确打击，这使它实际上具备了全球快速打击的能力；又由于它可以较长时间在太空飞行，如果未来太空也成为大国之间冲突的战场，那么它就可以用来对敌方的卫星等太空飞行器实施精确打击，甚至可以用机械手将敌方卫星"俘获"带回美国。可见，X-37B空天飞机试飞的意义非常重大。

也有人认为，美国X-37B空天飞机项目反映出美国政府在国家安全方面的深层次意图，即考虑到核武器在美国国家安全中的作用将逐步降低，美国今后将更加重视"非核威慑"。在这种情况下，具有全球快速打击能力的空天飞机便有可能成为美国军事力量中新的"撒手锏"。同时，这也将使得美国在太空领域的绝对优势更加明显。

2. 隐形无人战机

为了满足美国海军航母舰队的特殊需求，从2000年开始，波音公司和诺思罗普·格鲁曼公司接受委托分别研制了X-45和X-47B无人驾驶隐形战机。

诺思罗普·格鲁曼公司为美国海军研制的X-47B无人机是一款能够在航母发射和回收的无人驾驶战斗机，它同时可满足耐海水腐蚀性、抗电子干扰、敌方导弹探测、敌方目标侦察等要求。X-47B型无人驾驶隐形战斗机于2011年首次试飞；并在随后的几年里，又进行了多次试飞。截至2013年8月，它已进行了100次的飞行试验，其中既包括陆地发射和回收，也包括在海上航母甲板上的起降测试。从外形看，这飞机外形与大名鼎鼎的B-2型隐形轰炸机非常相似，其特点是无尾翼和隐身，体积与普通战斗机差不多。该飞机飞行距离为3900公里，飞行高度为12200米，巡航速度每小时1100公里，2个武器舱，可携带2000公斤弹药。X-47B型战机完全在电脑指挥下升空作战与返航，这个电脑是由地面控制人员操控的。

图5-2　X-47B无人驾驶隐形战机

2013年9月，波音公司宣布，该公司将对一些退役的F-16战机进行改装，使其成为无人驾驶远程战斗机。事实上，该公司与美国空军已经成功合作完成了一次对这种改装战机的试验，即对这种无人驾驶战斗机进行遥控战斗飞行和着陆的试验。两名来自空军的飞行员在佛罗里达基地的控制室里操控了这次试验飞行。飞行高度为12200米，最大速度为1.47马赫。飞行中还做了一系列技巧动作，包括“滚筒”和低空翻转飞行。有两架军机从头至尾跟踪了这次试飞。这个项目的主管工程师说：“这次飞行非常成功，其着陆尤其完美。”如果需要，该飞机还可以安装由地面人员控制的自毁装置。[11]

据美国媒体2012年1月10日报道，新一期美国国会报告显示，目前美国空军共拥有7494架无人机，占空军飞机总数的31%。而仅在7年之前，美国空军无人机的数量还只占空军飞机总数的5%。

3. 网络部队及其司令部

事实上，旨在保护美国国内电网、核电站等基础设施计算机系统的网络部队早就存在。

并且，美国早有将网络攻击用于战争的先例。例如早在1991年第一次海湾战争中，美军对伊拉克就曾使用过网络战的一些手段。在开战前，美国中央情报局就派特工到伊拉克，将其从法国购买的防空系统使用的打印机芯片换上染有计算机病毒的芯片。在战略空袭前，又用遥控手段激活了病毒，致使伊防空指挥中心主计算机系统程序错乱，防空电脑控制系统失灵。

在1999年科索沃战争中，双方也都动用了网络战手段进行对攻。

在2003年开始的伊拉克战争中，美军更为广泛地使用网络战手段。战前，数千名伊拉克军政要员在他们的电子邮箱中收到美军发来的“劝降信”，给他们造成很大的心理影响。开战后不到4个小时，持中立立场的半岛电视台英语网站便被美军“封杀”，此后也一直不能正常运作……

尽管在美军中从事计算机和网络安全的部门早就存在，但最早考虑设立网络司令部的是美国空军，他们在2006年就曾着手设立这样一个指挥部。

2009年6月23日，美国国防部给战略司令部正式下达指令，组建网络司令部。

2010年5月，基思·亚历山大（Keith Alexander）将军，即后来的美国网络部队司令官，在给美国国会军事委员会的一份报告中说：“我个人的观点是，对付网络中的犯罪和间谍行为的唯一办法就是先发制人……我想深入了解，找出这些攻击的来源。但这里唯一存在的问题是，互联网的性质恰恰是它没有疆界，如果美国试图充当世界警察，也许现在的结果并不能让人们信服。”

美国人经常指责中国等国家攻击他们的网络，其实他们这么说，其目的主要在于为自己建立更加庞大的网络攻击力量制造借口。对于这一点甚至许多美国人都不怀疑。有一位美国记者就这样写道："安全事务的迈克菲公司出版的一份调查报告指出，来自世界各地的重要基础设施公司的信息技术专家们对美国成为计算机网络攻击者的担心要大大多于对其他国家的担心。"这位记者还进一步指出："美国的网络安全政策制定者们总是习惯于过多地考虑那些在网络上攻击我们的人，却几乎没有考虑过我们对别人的攻击。"[12]

美国网络部队的总部设在马里兰州米德堡（Fort Meade）陆军基地。2010年5月21日，该网络部队的部分功能开始运行，同时亚历山大被任命为网络部队司令，并被晋升为四星上将——授予网络部队司令官与其上级，即国家战略司令部司令官，同样的军衔，这无疑表明美国官方对这支部队的重视程度。在此之前的5年里，亚历山大一直担任美国国家安全局局长，军衔是三星中将。

2010年10月底，美国网络部队全部功能均已投入运行。

美国网络司令部隶属于国家战略司令部，它管辖陆军网络司令部、海军网络司令部、空军网络司令部和海军陆战队网络司令部。

一般来说，美国网络部队的负责范围是美国国防部管辖范围的网络系统，而美国民用网络安全则由国土安全部负责。不过，亚历山大将军曾表示，如果网络中出现敌对情况，网络部队也将根据指令将其负责的范围扩大至国土安全部负责的网络。[13]

2013年7月18日，在科罗拉多州阿斯彭举行的阿斯彭安全论坛上，美国国防部副部长阿什顿·卡特说，五角大楼组建网络部队的工作即将完成，该部队的总人数将达到4000人。卡特说，国防部希望尽快完成网络部队的组建工作，尽管眼下国防经费面临削减，但对网军的投入他们会毫不吝啬。同时他表示，与其他兵种相比，网军花费低廉。[14]

亚历山大将军此前曾说，美国的网络部队将由40个网络战队组成，其中13支为"进攻性"部队，主要开发网络战武器；另外27支网络战队伍的任务主要是保护国防部的电脑系统和数据。[15]

4. 不断膨胀的美国国家安全局等军方情报机构

2001年“9·11”恐怖袭击后，美国情报体系急剧膨胀，至今它已俨然成为一个无孔不入的情报帝国。

美国国家情报体系由16个国家级情报机构组成，它们都是美国情报委员会成员，该委员会由国家情报总监领导。这个体系的人员和经费预算都是保密的。根据美国一些媒体对斯诺登等人披露的相关文件内容的引述，美国国家情报体系的这16家情报机构共有雇员10.7万人，其中近35000人供职于网络体系，这些人主要来自NSA以及陆海空三军的情报跟踪及密码破译部门。这一情报体系2013年的总预算为526亿美元，约等于美国当年国防基本预算的十分之一，平均每个雇员50余万美元。可见，无论从人员数量还是从经费上说，美国国家情报体系都是非常庞大的。

尽管并非所有这16家情报机构都直属军方，但从其中规模最大的五家机构就可以看出，军方及准军方成分占据绝大部分——这五家中的四家，即美国国家安全局（NSA）、国家侦察局（NRO）、国防情报局（DIA）、国家地理空间情报局（NGA），均属于军事机构，受国防部和国家情报总监双重领导，而另外一家，即中央情报局（CIA），虽然直属国家情报总监领导，但也属于准军事机构。

以下着重介绍一下美国国家安全局（National Security Agency，简称NSA），随后对其他四个机构做简略介绍。

NSA成立于1952年，隶属国防部，据估计目前人员总数约4万人，是美国雇员最多、经费预算最高的情报机构之一。2013年预算为105亿美元。该局现任局长是迈克尔·罗杰斯海军上将，原局长基斯·亚历山大上将不久前卸任并退役（有人认为他的提前退役与斯诺登事件有关）。罗杰斯同时还兼任中央安全服务署（CSS）主管和美国网络部队司令，他是美国军方这几个机构中的最高长官。

这些机构，包括上述其他几个情报机构，虽然属于军方，但都雇用了大量的非军方文职工作人员。在国家安全局中，局长的副手是级别最高的非军方文职官员。

美国国家安全局（NSA）的职责是包括：监听或监视国内外电台广播、通信、互联网，尤其是军事和外交的秘密通信；收集并存储了所有美国公民的电话等信息；同时还负责保护美国政府的通信和信息安全。

图5-3 位于马里兰州米德堡的美国国家安全局总部

不久前媒体对斯诺登和“棱镜门”事件有很多报道。这个“棱镜门”之称出自NSA的“棱镜计划”，这是一个自2007年小布什时期起NSA就已开始实施的一项绝密电子监听计划。根据该计划实施的监控的主要有10类信息：电子邮件、即时消息、视频、照片、存储数据、语音聊天、文件传输、视频会议、登录时间和社交网络资料的细节等。斯诺登因曾受雇于NSA相关项目的承包商，从而得到了大量绝密文件。

NSA总部在马里兰州的米德堡（Fort Meade），位于华盛顿特区东北方向约30公里处，占地约2平方公里，共有1300个建筑物，总部雇员约3万人；周边设有可停放18000辆机动车的巨大停车场。

NSA的前身是美国陆军密码处，即人们所说的“黑室”，其历史可以上溯到20世纪初第一次世界大战期间。当时美国黑室的负责人是密码专家赫伯特·亚德利（Herbert O. Yardley），他也是美国的密码破译之父。开始时，美国黑室设在华盛顿，后来迁到纽约曼哈顿，起初亚德利手下只有两个工作人员。一战结束后，美国黑室密码破译的主要目标是日本，因为此时日本对中国已开始的军事图谋和渗透损害了美国的利益，日本海军军力的增长对美国在西太平洋的力量也构成了威胁。另外，日本的商贸扩张也妨碍了美国主导远东市场。亚德利领导下的美国黑室很快破译了日本的官方密码，从而获得了许多日本官方情报，这对美国处理对日事务十分有利，比如在1921年举行的美、日、英等国的海军会议上美国得到了很有利的条件。

不过，由于多种原因，其中的一个原因是此时华盛顿方面已任命威廉·弗里德曼（William Friedman）负责为军方破译密码，此时由亚德利负责的黑室在国务卿史汀生（Henry L. Stimson）的要求下被关闭，这是1929年。史汀生给出的理由是：绅士之间不应阅读对方的信件。

此后，苦于“英雄无用武之地”的亚德利只好凭借自己多年的密码破译经验来养家糊口。1931年，他的第一本回忆录《美国黑室》出版，其中讲述了美国情报组织架构、一战中美国陆军情报局8处和美国黑室在20年代的活动，书中还对密码破译的基本原则做了介绍。正是通过这本书，约有19个国家得知，它们的密码已被破译。该书有较大的发行量，并被译成法文、瑞士文、日文和中文。

亚德利书中披露的一些秘密让美国政府既尴尬又愤怒，弗里德曼他们甚至要起诉亚德利。不过，他们很快发现，亚德利并没有触犯当时的法律。为避免以后出现类似事件，美国政府在1933年通过了有关保密的法案。此后亚德利又写了第二本书，这是一本有关日本外交密码的书，但该书被封杀，其原稿直至1979年，即在亚德利去世21年后才被解密。他的另一本回忆录是有关中国黑室的，该书在1983年在相关内容解密后才得以出版。

由于不被美国政府信任，亚德利后来一度去了加拿大做密码破译工作；二战期间又应邀去重庆帮助国民政府破译密码并协助组建中国黑室，因此他为抗日战争的胜利做了重要贡献。

尽管亚德利失去了美国政府的信任，从1929年后他也没再为美国政府工作过，但1999年美国国家安全局的荣誉厅里仍然给他保留了一个位置。现在的NSA官方网站也将他作为该机构的首任长官，并展示了他的照片。

在二战中，美国负责破译轴心国通信密码的部门是电信安全局。二战结束后，该局被重组后成立了陆军安全局，受军事情报部管辖。1949年，美国所有密码破译工作全部集中到了一个国家级机构——武装力量安全局（AFSA）。由于该武装力量安全局的诸多弊端，1952年杜鲁门政府决定将其重组为国家安全局（NSA）。

NSA的主要职责是为美国各部门的决策者们及时提供各种所需信息。它服务的对象包括国防部、情报机构、商业合作者、军事同盟国等。另外，它还负责为美国的战争策划者和参与者提供关键的战略情报信息。

在NSA成立后的60多年里，它收集、整理、破译的情报数量难以计量。以对基地组织前头目本·拉登的监控为例，自20世纪80年代拉登进入阿富汗以后，NSA监听并记录了他所有的卫星电话谈话，时间长达2000分钟。

NSA共有十多个按功能划分的部门，每个部门分别用一个英文字母表示，其中一些部门的下面还有多级分部。当然，这些部门大多都鲜为公众所知。其中最重要的是下列三个部门：信息保障部（I-IAD）、信号情报部（S-SID）和技术部（T-TD）。

近年来中外媒体较多提及的TAO（Tailored Access Operations），即

“特定通道行动组”，就隶属于上述信号情报部（I）的S3分部，其具体部门代号为S32。TAO至少从1998年就已开始从事频繁的网络黑客行动。现在这个TAO，包括军人和文职人员在内，共有黑客、情报分析师、目标定位专家、计算机软硬件设计师等相关人员超过1000人。

根据斯诺登透露的文件，TAO所具有软件模板可以使其很容易地进入人们通过各类供货商购买的计算机及相关硬件，包括路由器、开关、防火墙等。这些文件显示，美国官方所描述的网络战（即信息与基础设施战争）的广度和进攻性都大大超出了人们过去的预料，而奥巴马政府对此持暗中支持态度。这些文件显示，在2011年进行的231个网络侵犯行动中，有四分之三是针对顶级优先目标实施的，其主要目标包括在伊朗、俄罗斯、中国和朝鲜的一些诸如涉及核技术等项目。可以看出，美国现已将情报机构的工作重点从反恐转移到了网络战。

TAO所进行的所谓“植入”行动，是通过软件和设备更新来复制和储存相关数据，进而取得所需资讯或进入相关网络；它还可以分辨出所需目标网络的谈话等。“植入”行动的另一个重要目的是，为今后进入目标网络留下“后门”，在需要时可随时进入对方网络系统。[16]

值得一提的是发生在2009年和2010年的“震网”（Stuxnet）病毒攻击。据《纽约时报》2012年6月1日报道，2009年在奥巴马上任的最初几个月里，他曾密令加大利用网络武器的力度，对伊朗原子能浓缩装置的计算机系统实施精确攻击。其实，该计划从小布什当政的时期就已开始实施，后来在攻击伊朗布什尔核电厂项目操控系统过程中该计划有所暴露，并通过因特网被公众所知。这个计划就是由美国和以色列合作进行的“震网”病毒攻击计划。这一计算机蠕虫病毒攻击的过程是：“震网”病毒通过侵入伊朗相关目标的控制系统，窃取信息并改变控制系统命令，进而引起高速运转的离心机等基础设施发生自行毁坏、解体。该病毒后来不但导致了伊朗核电站项目的推迟发电，还导致了包括伊朗、印度尼西亚、美国本身和中国台湾等地的数万个计算机网络、数百万个人电脑的感染，当然遭受损失最大的还是伊朗，约60%的个人电脑受到了病毒感染。

专家认为，“震网”是一种定制的恶意破坏性攻击程序，其目的不在于窃取钱财、发送垃圾邮件或者收集个人数据；而在于通过对目标项目控制系统的攻击，达到破坏目标国家的诸如输油管道、发电厂、大型通信系统、机场、轮船以及军事基础设施的目的。前述对伊朗原子能等项目的攻击，是世界上首例通过此类网络武器（病毒）对工业基础设施实施的破坏行动，它所造成的物质损失也是空前的。因此有人将其称为“超级武器”或“网络核弹”。许多专家认为，“震网”是一种十分有效并且非常可怕的网络武器，它是一种并非个人或一般软件企业所能开发的高端计算机系统病毒——它的开发和使用显然具有国家背景。因此，此类武器很可能会导致世界上新一轮的军备竞赛。一个网络军备竞赛的时代看来不可避免。[17]

据透露，美国当今情报及网络战重点防范目标有中国、俄罗斯、伊朗等国家；美国情报系统的五个主要任务是：反恐、防止核武器及大规模杀伤性武器的传播、对国外危机事件的预警、防止来自国外的侦探活动，以及实施网络行动。

网络战争不同于以往战争，它是一种在暗中进行的高科技超限博弈，对于受害的一方来说，他们往往无法简单地发现进攻的对手，而且如果疏于防守，他们可能遭受的损失之巨大将是难以估计的。目前在网络战方面，美国无疑具有远超其他国家技术水平的实力。因此，对此类网络武器的发展动向应引起人们的足够警惕。[18]

据透露，在全世界范围内有超过10亿人的通信被NSA监听或记录，有上亿人的移动电话被跟踪，NSA的目的既有对恐怖分子的追踪，也有对经济和商业机密的侦探。NSA的通信监控对象甚至还包括欧盟、联合国，以及美国在欧洲、南美和亚洲的一些盟友国家和贸易伙伴。

现在，NSA每天追踪数以百万计的移动电话并记录其位置，从而得到这些人的行动轨迹和他们之间的关系等详细信息。据报道，NSA设有相关通道从而可以得到所有通过下列信息和网络服务商的信息：Google，Microsoft，Facebook，Yahoo，YouTube，AOL，Skype，Apple和Paltalk等。这些信息中也包括上亿人的电子邮箱、银行账户等个人信息。也就是说，大多数网上的个人信息都很容易受到NSA的破译和攻击。

NSA截取的秘密信息常被用于政治和外交等方面的需要。NSA也会对一些颇具影响力的人物的个人隐私进行秘密跟踪。比如NSA可能会通过追踪获取这些人的色情绯闻等个人隐私情况，然后利用这些信息让他们身败名裂，从而达到打击挑战美国之主要政敌的目的。此类追踪目标既有国内的也有国外的。

NSA成立初期其总部设在华盛顿特区，后来由于工作空间拥挤，同时考虑到当时苏联核武器的威胁，该总部搬迁到了马里兰州的米德堡。1963年，一座9层高的新总部大楼投入使用；1968年，这里的第二座大楼投入使用；1986年，两座新的现代化大楼投入使用，局长办公室此时也搬到了其中的一座新楼内。这两座大楼的整个外墙都设有铜质材料防护层，用来防止外部对其内部电子信号的窃取。此后人们将这里的四座大楼统称为“四巨头”。

2013年，NSA的2号高性能计算机中心在米德堡破土动工，计划于2016年投入使用。该中心由一个具有150百万瓦特功率的电站、14座建筑物和10个停车场组成，总投资32亿美元，占地面积92公顷，建筑面积约16.7万平方米。

计划中的二期和三期工程将于2030年完成，届时整个建筑面积将扩大到初始时的四倍，使建筑物总数达60座，停车场40个，总面积达53万平方米。

到2012年， NSA通过4颗地球同步卫星收集情报，然后通过设在宾夕法尼亚卡特维萨的卫星信号接收站和设在加利福尼亚阿巴克尔的接收站接收信息。

NSA除了在马里兰州的总部和华盛顿特区附近设有较多的设施外，在科罗拉多州、得克萨斯州、佐治亚州、田纳西州、夏威夷，以及世界许多国家都设有分支机构或设施。其中最值得一提的应是位于犹他州盐湖城南面40公里处威廉姆斯营地（Camp Williams）的“犹他数字中心”。该中心被华尔街称为“间谍机构高超监视技术的象征”。[19]这座投资近20亿美元的数字中心，总面积约10万平方米，现已接近完工。2012年2月犹他州州长赫伯特曾自豪地说："这将是世界上第一个收集并存储1尧字节（1YB，即字节存储容量为2的80次幂——引者注）信息量的设施。"[20]如此巨大的存储能力，使它成为目前世界上信息处理和存储能力最大的数字中心。

图5-4　犹他数字中心

下面简要介绍一下另外四个美国最重要的情报机构。

美国中央情报局（Central Intelligence Agency，缩写为CIA）：该机构的主要任务有三个：一是收集国外政府、企业和个人的信息和情报；二是对这些以及其他情报机构收集的情报加以分析，为国家最高决策层提供参考；三是根据总统指令由其雇员和军方共同完成某些战术性任务（比如对本·拉登的突击）。它的最高长官是局长，他受美国国家情报总监领导。它是美国政府中唯一的独立情报机构，其雇员约21500人。CIA每年的预算是保密的，但据知情人透露，它2013年的预算是147亿美元，这个预算大大超过了NSA。尽管CIA不隶属于军方，但它与NSA等军方情报机构联系密切，它的局长往往具有军方背景；在CIA高层中也安排有来自军方的人员负责有关军事方面的情报。事实上，CIA已从冷战时期的间谍机构转变为一个准军事机构。[21]

美国国家侦察局（National Reconnaissance Office，缩写为NRO）：该

局与下列三个情报局均归属国防部和美国情报总监办公室共同管辖，共有军人和非军籍各类人员3000多人；主要负责与美国安全相关的空间信息情报系统开发和操作，同时还负责军方通过飞机和卫星得到的情报的收集、分析，以及同中央情报局的信息协调。2013年该局预算为103亿美元。

美国国防情报局（Defense Intelligence Agency，缩写为DIA）：该局雇员约17000人，其中三分之二为非军方文职人员，总人数中约半数人员在140多个海外基地从事情报与间谍工作；2013年有超过44亿美元的预算归其使用。

美国国家地理空间情报局（National Geospatial-Intelligence Agency，缩写为NGA）：该局受国防部领导，局长通常由军人出任。它由包括航空分析师、地理分析师、图像分析师、海洋分析师、计算机系统专家等诸多专业人员共计约16000人组成；2013年预算为49亿美元。2011年5月由中情局牵头、海豹突击等实施的对基地组织首领本·拉登的“海神之矛”突击行动计划，就是根据该局提供的情报制定的。[22]

应该注意的是，近年来，美国的国家级情报机构无论在人数上还是在费用上都有很大增长。

从上述的一系列新发展，人们可以看出，美国未来军事发展的方向更侧重于太空武器、隐形无人驾驶作战飞机、网络战，以及最先进的信息和情报系统。

美国军事力量的新近发展表明，科技软实力的作用正日益增大。事实上，包括信息、网络及空天技术等在内的新一代高科技已成为当今美国军事实力的核心。

注　释

1. http：//www.whitehouse.gov/the-press-office/2013/07/27/remarks-president-60th-anniversary-korean-war-armistice

2. 环球网，2013年4月20日。

3. 新华国际网，2013年4月6日。

4. www.globalfirepower.com

5. www.navy.mil/navydata/

6. www.defense.gov

7. 戈尔著，冯洁音等译：《未来》，译文出版社，2013年，第135页。

8. Sustaining U.S. Global Leadership： Priorities for 21st Century Defense，www.defense.gov

9. www.defense.gov

10. Crisis Stability and Long-Range Strike， www.rand.org

11. www.gizmag.com/boeing-f16-jet-unmanned-drone/29203/

12. Jack Goldsmith，“Can We Stop the Global Cyber Arms Race? ” Washington Post，February 1，2010。

13. Shachtman，Noah. Military’s Cyber Commander Swears：No Role “ in Civilian Networks”，The Brookings Institution，23 September 2010。

14. 新华社2013年7月18日电。

15.《广州日报》，2013年7月20日。

16. The Washington Post，August 31， 2013. http：//en.wikipedia.org/wiki/Nsa

17. www.kaspersky.com.cn/KL-AboutUs/news2010/09n/100925.htm

18. http：//en.wikipedia.org/wiki/Stuxnet

19. Siobhan Gorman，“Meltdowns Hobble NSA Data Center”，The Wall Street Journal，October 19，2013

20. http：//nsa.gov1.info/utah-data-center/

21. http：//en.wikipedia.org/wiki/Central_Intelligence_Agency

22. Barton Gellman and Greg Miller，“Black budget，summary details U.S. spy network’s successes， failures and objectives”，Washington Post. August 29， 2013。)

余论：由美国实力引发的思考

一、现实与挑战

2011年，曾就职于国际货币基金组织和世界贸易组织的美国经济学家阿文德·萨勃拉曼尼亚（Arvind Subramanian）写了一本书，名为《日食：生活在中国主导经济的阴影之下》。该书在2012年被译成中文出版，中译书名为《大预测》，由中信出版社出版。在该书前言里，作者向人们描绘了一幅他所幻想的在2021年的世界上可能会上演的一个场景：美国新上任的总统正在赶往国际货币基金组织中国籍总裁办公室的路上——此时中国的贸易和经济总量已几乎达到美国的1.5倍，并已占据全球经济的主导地位；中国已成为国际货币基金组织最大份额的拥有者，并已掌控了这一组织；美元的崩盘近在眼前……[1]

从表面上看来，萨勃拉曼尼亚先生的上述想象，以及他在该书中多次提到的中国不久后将会主导世界经济的预言，是对中国的一种肯定和赞扬。

然而在笔者看来，事实并非如此，应该说，本书既向美国发出了中国经济威胁的警告，也包含着对中国某种“捧杀”的意味。

细读《大预测》一书，读者便会发现，该书的用意首先在于向美国人提出警告——美国主导世界经济的地位正在受到来自中国最严峻的挑战，而且时间异常紧迫，因为中国的GDP很快就要赶超美国了；其次是向美国和世界其他国家提出建议，应对来自中国挑战的最好策略是采用多边主义："应该避免与中国达成双边自由贸易协议……应该将多边主义看成一个保障，让自身避免成为无节制的中国主导力的接收方。"[2]的确，萨勃拉曼尼亚在这里有关多边主义的建议倒是与如今奥巴马政府主推的"亚太再平衡"战略以及TPP和TTIP体系不谋而合。而萨勃拉曼尼亚在该书的前言里的一段话，既像是在安慰美国人，又像是为中国的发展提出建议："货币主导关系的变更还不至于不可阻挡。这还要看中国对其金融部门和汇率政策的改革程度。中国需要取消对外国人在整个金融和贸易过程中的限制，完善金融市场，使投资者对他们的流动性和能力充满信心。"接下来他继续说道，"如果这些政策方案得以执行（有些已经开始执行了）的话，基本因素就会各就各位，进而推动人民币崛起，并取代现在的储备货币——美元和欧元。"[3]

萨勃拉曼尼亚先生的这段话似乎表明了这样一个观点：作为经济总量即将超过美国的中国，只需取消在金融领域里对外国人的限制，即实行完全的金融自由化，人民币便可很快取代美元和欧元而成为第一世界货币，中国从而也就会轻而易举地主导世界经济了。可见，这是一种"GDP大国主导论"。

那么，中国果真能如此轻而易举地主导世界经济吗？

回答无疑是否定的。

也许萨勃拉曼尼亚先生并不是要有意误导中国读者，而只是要给美国人出谋划策，因为美国人是金融资本主义的发源地，也是金融战的专家，因此，如果能够使中国无条件实行金融自由化和全球化，那将会给美国带来巨大利益——这是不言而喻的。

回顾自20世纪80年代以后世界经济的发展历程，人们就不难发现，一些国家尽管经济已经具有相当规模（比如日本），或经济正在高速发展（比如东南亚国家），但由于它们在金融制度远不够健全、资本运作缺乏经验的情况下，过快或盲目地开放了金融市场，给自己带来了灾难性的后果。

而那种认为GDP大国一定是强国的观点，即“GDP大国主导论”，早已被历史证明是错误的。1840年的中国是世界第一经济大国，其军队人数在世界各国中也是首屈一指的，但那时的中国却是一个不折不扣的弱国——从那时起中国被外国列强欺负了100多年。

当然，萨勒拉曼尼亚先生同时还提到，一个国家的对外贸易规模对这个国家货币成为主要世界货币有巨大影响。这种影响无疑是存在的，也是美国很看重的，但它同样也不是决定性的，也就是说，仅凭外贸易总额名列前茅亦不能保证一个国家的货币成为占主导地位的世界货币，中国便是很好的例子。

现在《大预测》一书已在中国发行，它的核心观点很有可能会误导更多的中国读者。而被误导的一个后果就是，人们可能会对中国主导世界经济的前景过分乐观，有人甚至可能会天真地以为，当GDP超过美国后(再加上中国已成为世界第一贸易大国)，中国很快就能主导世界经济了。他们也可能会迎合美国人提出的人民币国际化建议，主张中国尽快完全开放金融，搞所谓的全球化。如果这种盲目乐观影响到了经济政策的制定者的话，那就意味着中国已面临了巨大的金融风险——对遭受国际金融大鳄暗算和攻击缺乏必要的准备。

中国人民大学贾根良教授对所谓的“国际化”曾提出这样的警告：“要对人民币国际化的主张保持充分而清醒的认识，人民币国际化的主张和措辞，往往是国际金融利益集团在中国的代理人对人民币美元化本质的掩盖，而这有可能使中国处于丧失其货币自主性的潜在危险当中……”[4]

黄树东先生在他的《选择和崛起》一书更明确地警示道：“美国政府和智囊在许多文件中明白无误地指出，要把中国纳入能保障美国利益的格局里。要把中国纳入这样一个经济框架中，必须做到三点：第一，使中国经济依赖美国，至少是依赖美国市场；第二，必须使中国经济走上低技术水平扩张的道路；第三，必须在金融上控制中国。”[5]

应认识到，任何一个国家如欲主导世界经济，其最重要的条件是它的货币要成为首要的世界货币，就像过去的英国和今天的美国那样。不过，要做到这一点，GDP第一并非必要条件——一个国家是否在这个世界上占有主导地位，并不取决于其经济总量是否排名第一。例如，1870年是大英帝国最强盛的时期，它是当时世界头号霸权国家，但那时英国国内生产总值和军费开支二者的排名均不过是世界第三，而不是第一。[6]

而要使一个国家的货币成为首要的世界货币，最重要是要国际上对这个国家货币有最大量的需求，也就是说，在国际贸易和资本流动中，这个国家的货币要成为国际上首要的、必不可少的选择。显然，仅仅依靠大量生产和出口低端产品是无法做到这一点的。同时，它要求这个国家对诸如能源、粮食、高技术产品，以及其他关系到国计民生的产品和物资有很大程度的控制能力。简单地说，就是让世界需要和依赖这个国家。而要做到这一点，这个国家就必须具有超过任何其他国家的综合实力。因此，只有综合实力最强的国家才有可能主导世界经济。

其实对这一点美国是最清楚不过的，因此他们并不真的惧怕中国的GDP有多少。从目前情况看，他们对中国很快完全开放金融与资本市场可能并没有抱很大希望。他们真正忌惮的是那些有可能直接动摇美元霸权地位的东西。有哪些东西呢？一是对能源的主导权；二是对世界贸易的主导权。从目前来看，美国对能源的掌控还比较自信，而最让美国人担心的是如何继续保持对世界贸易的主导权。这是因为，包括新兴国家在内，现在WTO框架内的国家和地区已达到160个，它们已基本能够自由地参与国际间贸易交往和竞争，这无疑会间接动摇美元的霸权地位。

事实上，当一些新兴大国进入WTO以后，美国利用WTO进行权力寻租、维持霸权利益的日子便越来越难以为继了。不过，对此美国也早有准备，他们想出了一个新的应对办法，这就是搞一个新的“WTO”，即TPP和TTIP——这二者实际上分别是WTO在亚太和欧洲的升级版。那么，它们与WTO有什么不同呢？第一，这两个美国主导的协议谈判迄今仍然没有邀请一些新兴国家参与谈判；第二，从协议内容来看，除了包括对普通商品贸易关税的规定之外，还涵盖了更多的内容，比如对服务、环保、金融等诸多方面的规定。这就意味着，一旦这两个协议形成气候，仍在门槛之外的新兴国家无论是选择进与退，都将面临受制于人的两难的处境——如果拒绝加入此类组织，则意味着这些新兴国家在国际贸易中会被边缘化；而如果选择加入此类组织，则这些国家将再次重复过去争取加入WTO时所做的努力，而且无疑还要付出更大的代价。可见，这将很可能成为一个严峻的挑战，每个新兴国家都需仔细思量其对策。

避免受制于人最根本的办法就是要变得强大——一种真正的、具有核心竞争力的强大。当然，在外交与外贸方面加强双边合作，在国内经济方面调整产业结构、扩大内需，这些都是应对上述挑战的一些方法；然而，这些并不是根本的办法。

应对上述挑战最根本的方法有两个：一是提高科技与创新水平——科技不但可以带来经济繁荣，也可以带来军力的强大；而且，与低端的轻纺产品相比，世界更加离不开的是科技和高端产品。二是着力推动进步文化的建设，汲取全人类一切优秀文化。应认识到，“谋术”的作用远远不如“谋道”的力量。对于这两点后面还要详细讨论。

总之，与综合实力世界第一的美国相比，中国仍有很大的差距。这种差距并非可简单地用经济总量来衡量。中国的当务之急既不是简单地追求GDP的增长，也不是盲目地去搞金融的自由化和全球化，更不是不切实际地期望在短期内主导世界经济。中国的当务之急是脚踏实地地发展科技和文化，并在此基础上发展经济和军事实力。

二、谋食、谋术与谋道

在国家综合实力中，文化是重要组成部分之一。可是，在中国有很多人并没有真的意识到文化之重要；更令人担忧的是，一些垃圾文化大有蔓延之势，比如媚权、虚伪、贪腐、唯利是图等价值观和行为取向司空见惯。不夸张地说，人们今天在信仰、价值观和道德等方面正在面临日趋严峻的挑战。

16 世纪伟大的宗教改革家马丁·路德曾经这样说："一个国家的繁荣，不取决于它的国度之殷实，不取决于它的城堡之坚固，也不取决于它的公共设施之华丽；而在于它的公民的文明素养，即在于人们所受的教育、人们的远见卓识和品格的高下。这才是真正的利害所在、真正的力量所在。"[7]

今天，当人们希望提升中国综合实力，并以一个大国的姿态走向世界的时候，应该认识到的是，还有一个与经济建设同等重要的事情，那就是文化建设——净化、优化和发展自己的文化，在试图建立一个法治社会的同时，建立一个道德社会，一个享有进步文化氛围的文明社会。事实上，无法想象世界上会有一个道德与文明水准低下的法治社会。

19世纪40年代的中国为什么会受国外列强的欺负？当时中国与列强相比最大的差距在哪里呢？

从本质上说，这个差距主要源于文化，当然其中也包括科技。在文化方面，当时笼罩中国大地的是传承了两千多年的封建文化，而世界列强们已进入资本主义时代了。

鸦片战争以后，以李鸿章为代表的一部分清廷高官看到了中国当时的虚弱，于是他们开始搞洋务运动，提出了诸如"师夷长技以自强"、"中学为体，西学为用"[8]等理念。其间也引进了不少国外的技术和产品，比如创办了江南机器制造总局、天津北洋机器制造局、轮船招商局等。在1894年中日甲午海战中，北洋水师参战的十余艘军舰里，除一艘较小的"平远"舰是福州船政局制造的以外，其余全部都是从德国或英国进口的。可是，北洋水师在甲午海战中依然是全军覆没。洋务运动就这样失败了。这说明了什么呢？

清帝国在甲午战争及在此前两次鸦片战争中的失败，无疑都说明了这样一个道理：当一个政府播下专制、愚昧、腐朽文化的种子之后，人们就不要指望它能生长出民主、科学并具有强大生命力的果实。

当时主张所谓的"中学为体，西学为用"，实则等于拒绝对一个患有严重脑疾的士兵的医治，而指望他用购买兵器的方式来提高作战能力。

1894年6月，在甲午战争爆发之前，28岁的孙中山曾对清政府和李鸿章还抱有一线希望，他在《上李鸿章书》中这样写道："窃尝深维欧洲富强之本，不尽在于船坚炮利、垒固兵强，而在于人能尽其才，地能尽其利，物能尽其用，货能畅其流——此四事者，富强之大经，治国之大本也。我国家欲恢扩宏图，勤求远略，仿行西法以筹自强，而不急于此四者，徒唯坚船利炮之是务，是舍本而图末也。"

正像孙中山先生在文中所说，强国之本"不尽在于船坚炮利、垒固兵强"，只求船坚炮利是"舍本而图末"。于是他主张用一种新的制度和文化，使"人能尽其才，地能尽其利，物能尽其用，货能畅其流"。可见，当时的孙中山已经看到了清政府的弊端。甲午战争的失败及后来清政府的寿终正寝，都证实了孙中山先生的观点。

一百多年前的教训我们今天仍需铭记。

历史和现实总是让人们、让社会作出一个选择——"谋食"、"谋术"，还是"谋道"？

满足于一日三餐基本生活者，"谋食"也；只知"船坚炮利"者，"谋术"也。不过，在孔夫子看来，"君子谋道不谋食"。也就是说，他认为有抱负的人们应追求更高的境界，即"谋道"。因为，"谋食"和"谋术"者关注的是形而下的东西；而"谋道"则更注重追求形而上的东西，即对高境界思想和文化的追求。显然，只有"谋道"才能达到孙中山先生所说的"人能尽其才，地能尽其利，物能尽其用，货能畅其流"。

美国一直致力于将自己的价值观向全世界推广，这实际上是一种文化战略。由于美国文化在全世界的巨大影响力，现在许多人甚至误认为美国的价值观就是所谓的"普世价值观"。其实，尽管世界上不同的国家、不同的民族都有着多样的文化和价值观，但在这些文化里的确存在着许多共同的东西，比如基督教文化、伊斯兰文化或儒家文化中都包含道德、仁爱、宽容等理念等。具体一点说，在日常生活中的童叟无欺、助人为乐、遵守秩序、维护环境等，所有这些东西都具有真正的"普世价值"。不过，像美国文化中的“美利坚例外主义”、“先发制人”等这些霸权主义和干涉他国内政的观念，显然并不具有任何意义上的“普世价值”。

在当今世界，美国文化影响力远远超过了其他任何国家。以至于在一些时候，人们有可能自觉不自觉地在按美国人的方式说话、办事，甚至在不自觉中以美国人的方式思考。当然，在某些方面，美国人的理念是对的、有益的，比如他们的个人权利理念、契约精神和法治思想等；但在另一些方面则不然，例如他们的美利坚例外主义、在国际上评判是非的双重标准、霸权主义等。

文化所具有的强大影响力在很多时候超出了人们的想象。以英国为例，当年英国的海外帝国地位最初是通过探险考察、贸易和武力征服三者结合的手段取得的。不过，在随后相当长的一个时期里，由于英国借助了文化的影响力，这使它的地位得到了巩固，同时也大大地减少了它对武力的依靠，终于成就了所谓的“日不落帝国”——1914年，英国仅凭几千名军事及文职人员，就统治了大约1100万平方公里土地的殖民地及其生活在那里的约四亿人口。显然，如果离开文化的影响力，当时英国是根本无法做到这一点的。后来，这些殖民地之所以能够独立，最大的力量无疑也是来自文化，即倡导民族自由与独立的文化。

当我们回顾鸦片战争、八国联军火烧圆明园、卢沟桥事变等历史的时候，我们都会看到封建文化在面临外国列强时是怎样的不堪一击。中国当时与世界列强的差距从表面上看是在经济、军事和科技方面，其实最根本的差距却在于观念和文化——这是封建主义与资本主义两种思想和文化的差距。今天，中国文化及其影响力早已今非昔比了，但差距也还是很明显的：看看我们有多少中文书籍被译成外文成为国外的“畅销书”、看看我们有多少电影成为国外的“大片”、看看我们有多少戏剧在国外上演；再看看美国的书籍、音像制品和电影在全球的发行量……显然，不断在扬弃中发展中华文化并扩大其影响力，任重而道远。

余秋雨先生认为，中国文化主要体现在三个道：礼仪之道，君子之道，中庸之道。[9]在这里，余先生所说的是中国传统文化，即儒家文化。

上述三个道可概括为六个字，即“礼仪”、“忠孝”和“中庸”。“礼仪”强调社会群体应遵从相应的制度；“忠孝”强调个人对长官和长辈的遵从；“中庸”则是一种避免走极端的处世哲学。这三个道的传承至今已有两千多年的历史，它既体现了中国人的一些智慧和优点，但也带来了不少弊端：在许多时候，过分强调“礼仪”反而强化了专制和墨守成规；强化“忠孝”变成了“愚忠”或“盲从”；推崇“中庸”则鼓励了不思进取，甚至扼杀了创新。长此以往，媚权、奴性、守旧等不良传统也得到了强化。从中我们看到，中国传统文化中既有使它传承千年的生命力，也有大量糟粕。正是因为这些糟粕的巨量累积，时至20世纪初，这个古老的中华封建帝国终于寿终正寝。应该说，直至后来“五四”运动提出“科学、民主”的口号和理念，才使得中华文化重获生命力。

判断一种文化的进步与否，当然不能看它是否有华丽的外表和响亮的口号，而要看它在每个人的日常生活中有怎样的体现：作为一个公民，在公共场合他是否能保持不大声喧哗；在开车外出时是否做到不要将垃圾扔出车外，在遇到拥堵时做到不“加塞”；在机场办理登机手续时他是否总是能做到按顺序排队；在过马路时是否走的是人行横道并遵守信号灯；对一名普通领导干部来说，他是否养成了自己提公文包的习惯；对一位高级领导干部来说，他在教育下属“执政为民”的时候，他是否能为自己没有以权谋私而感到坦坦荡荡……这一切看似普通，但都体现着人们所在社会的文化及价值观。

一般来说，进步的文化会更多地得到人们的赞同和接受。那么，什么样的文化才是进步的文化呢？它至少应该有两个要素：一是它要对人类文明社会发展有利，具体一点说，就是它应该弘扬公平、正义、仁爱、民主、科学等理念；另一个要点是，它要摒弃各种强权、媚权、拜金等垃圾文化，以及表里不一或双重标准等伪文化。

一个国家是否具有文化大国的地位，并不取决于这个国家的文化或文明是否历史悠久，而主要取决于其文化的国际影响力，即在国际上被人们普遍认可的程度。当然，它最终还是要取决于这个国家的文化具有什么样的内涵。

如今，美国是世界上最具文化影响力的国家，它有着最强的综合实力，于是它成了当今世界大多数国际游戏规则的制定者。当然，这既不意味着美国文化都是好的，更不意味着它制定的这些规则都是公平的——相反，目前国际上的许多游戏规则是不公平的。对此我们当然希望有所改变。这就要求中国增强综合实力，提高文化影响力，争取更大的话语权，使这个世界变得更公平。

一个国家的话语权不仅取决于它的军事与经济实力，也取决于这个国家的文化被世界认可的程度。一个真正的世界强国必须是一个文化强国。

三、科技与创新

美国十分注重教育和科学技术，世界排名前100名的大学的绝大部分都在美国；当今世界的主要的高新科技成果也大多出自美国，比如因特网、纳米技术、转基因技术、页岩气开发技术、空天飞机，等等。其实，美国科技竞争力的源泉是其创新能力——这是一种只有人类才能产生的创造能力。

应该认识到的是，以诸如房地产、轻纺产品生产等资本密集型和劳动密集型产业所构成的物质财富虽然也可能很巨大，但它们却无法构成一个国家的核心竞争力，而科学技术水平所反映出的却是国家的核心竞争力。一个世界强国首先应该是一个科技强国。如果认识到了这一点，我们就可以看到自己的差距，就不会夜郎自大，就应该奋发图强。

美国的高等教育、创新精神和专利制度等，使得美国从20世纪初开始在科技领域走在了世界的前面。与此类似的科技发展优势曾在17世纪中期到18世纪初存在于英国，曾在18世纪70年代到19世纪30年代存在于法国，曾在19世纪初到20世纪初存在于德国。但从20世纪初开始，科技创新的优势一直被美国占据。

然而中国在科技方面依然缺乏关键核心技术。例如，根据2014年4月24日人民网报道，如今中国每年进口集成电路芯片的金额已超过2000亿美元，超过了石油的进口额。这说明，我们与国外先进水平的差距不但很大，而且这个距离还在扩大。当然这种情况已引起人们的重视。

要创新，必须有创新人才，而创新人才的成长需要适当的环境。那么，如何才能营造一个有利于产生创新人才的环境呢？这是一个引人思考的问题，也是我们欲缩小与世界先进水平存在的差距所要解决的问题。

许多人都会说，也常说，要鼓励科技发明和创新、保护知识产权、尊重科技人才；可是我们的现实中存在的问题却不容乐观：学术作假、论文剽窃、非法占有他人科技成果等恶习依旧顽固，重引进轻研发、重设备轻人才、重陈规轻创新等沉疴仍然难治，诸如此类，令人担忧。所有这些现象告诉人们，这里既需要有体制上的改革，更需要有观念上的更新。同样不容忽视的还有那些颇具有本土特色的诸多“潜规则”的负面影响——它们在潜移默化地毒化着包括科技发展在内的人文社会环境。毫无疑问，一个充满“潜规则”的科技部门是不可能具有很强竞争力的。因此，在这里，改革和净化科技发展大环境无疑是一个当务之急。其实这也是一个文化问题，或说是一个观念和价值观导向问题。

教育是科技之母。每当人们看到，中国有不少高中生、大学生把取得美国SAT、TOEFL、GRE和GMAT等考试的高分和被美国大学录取当作一种荣耀的时候，大家是否想象过：将来是否能有一天，我们会看到有大量的美国、英国和其他国家的高中生和大学生们会因收到了中国大学的录取通知书而表现出同样的兴高采烈呢?

这当然不是没有可能，但路还很长。

禽择良木而栖，这个道理不言自明。创新人才的成长需要有思想和梦想翱翔的空间——笼中之鸟是无法在蔚蓝的天空振翅高飞的。

让我们共同来做思想和梦想空间的开天人！

注 释

1. 萨勃拉曼尼亚著，倪颖、曹槟译：《大预测》，中信出版社，2012年，XV-XVIII。
2. 萨勃拉曼尼亚著，倪颖、曹槟译：《大预测》，中信出版社，2012年，第213-214页。
3. 萨勃拉曼尼亚著，倪颖、曹槟译：《大预测》，中信出版社，2012年，XXVI-XXVII。
4. www.haijiangzx.com/weekly/82/xs01.html
5. 黄树东：《选择和崛起：国家博弈下的中国危局》，中国人民大学出版社，2009年，第2页。
6. 约瑟夫·奈著，王吉美译：《权力大未来》，中信出版社，2012年，第209页。
7. 塞缪尔·斯迈尔斯著，刘曙光等译：《品格的力量》，北京图书馆出版社，1999年，第1页。
8. 张之洞：《劝学篇·外篇·设学第三》，原文为“旧学为体，新学为用”。
9. 余秋雨：《何为文化》，长江文艺出版社，2012年，第13页。